Flots de Grâce

Expériences de dévots

Flots de Grâce

Expériences de dévots

Publié par :
    Mata Amritanandamayi Center
    P.O. Box 613
    San Ramon, CA 94583-0613
    États-Unis

Première édition : avril 2019

En France :
    www.etw-france.org

En Inde :
    www.amritapuri.org
    inform@amritapuri.org

Flots de Grâce

Expériences de dévots

Mata Amritanandamayi Center, San Ramon
Californie, États-Unis

O Amma,

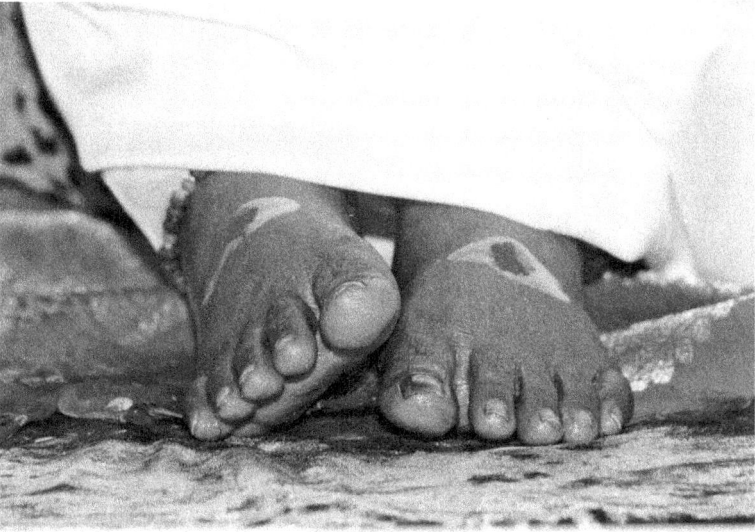

*Puissent les flots de la grâce divine
bénir notre vie et nous emmener jusqu'à toi*

Table des matières

Bénédiction

Le Passage

Préface

Samsara – le flux incessant de l'existence, caractérisé par le tourbillon de la vie dans le monde et par le cycle de la naissance, de la mort et de la renaissance – est souvent comparé à un océan. Celui qui cherche la Vérité doit traverser ce vaste royaume de la transmigration afin d'atteindre *moksha*, la libération spirituelle. La clé de la réussite de cette traversée est *ishwara kripa*, la grâce divine.

Comment obtient-on la grâce (*kripa*) ? En se cramponnant à Dieu, comme un petit singe qui s'agrippe à sa mère ? Ou comme un chaton, en laissant la Mère divine nous soulever, pour ainsi dire, par la peau du cou ? En étant à la fois le singe et le chaton ! C'est-à-dire, en luttant, puis en s'abandonnant, car ce sont différentes étapes du chemin jusqu'à Dieu.

C'est ce que nous enseigne Amma. Elle définit le mot *ashram* (généralement traduit par 'monastère') comme « *aa shramam* » - « cet effort-là » (l'effort déployé pour atteindre le but spirituel). Elle nous encourage ainsi clairement à accomplir une *sadhana* (l'effort/la pratique spirituels). Toutefois, elle insiste toujours sur le fait que, plus encore que l'effort humain, la grâce divine est nécessaire.

Qu'est-ce que la grâce exactement? C'est le facteur inconnu qui couronne l'effort de succès. Il se manifeste par la noble impulsion de faire le bien et de se tourner vers Dieu. Bien qu'intangible, *kripa* est palpable, ainsi que l'affirmeront des légions de dévots. Ce livre est un vivant témoignage de la façon dont la grâce divine s'est répandue sur eux et a béni leur pèlerinage à travers l'existence.

Amma est une présence hors du commun, dont l'influence bénéfique se fait parfois ressentir avant même que nous ne l'ayons rencontrée. *Flots de Grâce* commence par les récits de personnes qui ont rencontré Amma avant de s'être trouvées en sa présence physique, des rencontres qui ont dévoilé de nouveaux horizons dans leur vie spirituelle.

Pour la plupart des chercheurs, la vie spirituelle ne s'expérimente pas entre les murs d'un cloître, mais plutôt au cœur de la vie dans le monde, semée d'épreuves et de tribulations. Comme une lueur d'argent derrière ces nuages sombres se tient le gourou, guide dont la lumière et la grâce soulagent les souffrances de ses dévots, donnent un sens à leur existence et les remplit d'espoir. Les pages qui suivent racontent comment les paroles de sagesse d'Amma ont insufflé à ses enfants la force d'endurer leur sort et comment sa grâce salvatrice les a délivrés des ravages de la maladie, de l'addiction et d'autres infortunes.

Cela dit, n'imaginons surtout pas que l'unique but de la spiritualité consiste à éviter les écueils de l'existence. Ainsi que nous le rappelle souvent Amma, il ne s'agit aucunement d'une forme d'échappatoire.

Il s'agit au contraire d'assimiler des principes qui nous aideront à faire face aux circonstances, bonnes ou mauvaises, avec équanimité. Le fait le plus immuable de la vie est que nous sommes mortels. Certains des récits les plus poignants de cet ouvrage sont ceux de personnes confrontées au décès d'êtres chers, et qui y ont fait face avec force et courage.

Dans les profondeurs insondables de l'océan du samsara reposent de précieux joyaux. Nous pouvons recueillir ces perles de paix et ces joyaux de sagesse spirituelle grâce à un amour pur pour le Divin. De nombreux dévots disent comment Amma a enrichi leur existence des trésors inestimables de la dévotion, de la compassion et de l'altruisme.

Cet ouvrage est un condensé des nombreuses expériences de la grâce divine partagées au cours des trente dernières années par des dévots de tous horizons et de tous les coins du monde, dans les pages de *Matruvani*, la publication phare de l'ashram. Des milliers de remerciements à eux tous.

Un grand merci à Dayakaran Hirtenstein pour avoir minutieusement rassemblé et parcouru de multiples parutions de

Matruvani, spécialement les plus anciennes. Merci également à Vimalkumar, qui a peint les remarquables représentations d'Amma illustrant cet ouvrage. Merci, enfin et tout particulièrement, à Swami Amritaswarupananda Puri, Veena O'Sullivan and Jyotsna Lamb, pour leur précieuse contribution éditoriale et leurs remarques constructives. *Om amriteshwaryai namah.*

Br. Satish

Nouveaux horizons

« Que veux-tu? »

Dhanya Vingadassamy, Ile de la Réunion

Je suis née sur l'Île de la Réunion, près de l'Ile Maurice. Mon père était d'origine indienne et ma mère, d'origine indienne et chinoise. J'ai été baptisée et éduquée dans la foi chrétienne. Enfant, je priais la Vierge Marie. Je lui confiais tous mes petits soucis tout en ornant son autel de fleurs, à l'église. Elle était la Mère compatissante qui non seulement m'écoutait, mais me comprenait.

Je me suis mariée assez tard. Mon époux ne s'intéressait pas du tout à la spiritualité mais, avec la grâce de Dieu, j'ai pu l'amener sur ce chemin. En 1970, trois ans après notre mariage, j'ai donné naissance à mon premier enfant. Dès le premier jour, mon fils a été très malade. Ses chances de survie étaient quasiment nulles. A quatre jours, les médecins ont commencé à lui faire des transfusions sanguines. Ce calvaire a duré plusieurs mois. Je priais la Mère divine avec ferveur et faisais de nombreux vœux dans l'espoir de sauver la vie de mon enfant.

Une nuit de 1971, j'ai rêvé d'une femme rayonnante, revêtue d'une tenue indienne aux couleurs chatoyantes. Elle était si lumineuse que je distinguais clairement une aura de lumière autour de sa tête couronnée. Je n'avais jamais vu cette femme auparavant. Elle nous a pris dans ses bras, mon enfant et moi, et a demandé, « Que veux-tu ? » J'ai répondu que je voulais que mon enfant recouvre la santé.

Le miracle s'est produit presque instantanément. Mon enfant a complètement guéri. Mon époux était perplexe. Il m'a demandé de lui raconter mon rêve en détails. De lui décrire cette femme si radieuse. Les médecins ont été plus déconcertés encore, en voyant que les transfusions sanguines n'étaient plus nécessaires. Ma foi en la Mère divine a été renforcée et j'ai continué à lui adresser mes prières.

En 1978, alors que j'attendais mon deuxième enfant, une énorme tumeur bénigne dans mon utérus a rendu ma grossesse difficile. Un jour, après être rentrée du travail, je me suis allongée dans ma chambre. Soudain, j'ai vu à la fenêtre la même forme divine que celle qui m'était apparue en songe quelques années plus tôt. Elle me souriait. Mon mari, qui se trouvait également dans la chambre, n'a rien vu et a été effrayé en découvrant l'expression de mon visage. En dépit de la tumeur, mon deuxième enfant est né en bonne santé. Six mois plus tard, j'ai subi une intervention chirurgicale.

En 1982, j'ai fait par hasard la connaissance de Br. Madhu. Il m'a parlé d'Amma et m'a donné une petite photo d'elle. Il m'a suggéré de la conserver dans la maison et de placer une fleur à ses pieds. J'ai aussitôt été très attirée par cette photo. Dès lors, j'ai commencé à m'adresser à Amma en faisant mes prières habituelles.

Je contemplais sa photo et lui parlais. Br. Madhu, qui est devenu par la suite Swami Premananda, nous rendait souvent visite. Nous priions et célébrions tous ensemble les anniversaires d'Amma. Peu à peu, certaines choses ont changé dans ma vie. Je me suis rapprochée d'Amma, et mes pratiques spirituelles se sont intensifiées.

En 1987, Amma est venue à la Réunion pour la première fois. J'ai eu la chance d'aller l'accueillir à sa descente de l'avion. J'ai alors reçu mon tout premier darshan. C'était la première fois que je la rencontrais, mais j'avais le sentiment de la connaître depuis longtemps.

Lors du premier Devi Bhava qui s'est tenu à l'ashram de Saint-Louis de la Réunion, au moment où Amma m'a prise dans ses bras, j'ai revécu le rêve que j'avais fait 16 ans auparavant, en 1971. Mère était vêtue de la même façon, et me regardait avec exactement la même expression que dans mon rêve.

Et alors, à ma plus grande stupeur, elle m'a posé la même question que dans mon rêve, « Que veux-tu ? » Des larmes ont roulé sur mes joues car j'ai compris que devant moi se tenait la

Mère que j'avais priée tout au long de ces années – la Mère universelle, l'incarnation de l'Amour et de la Compassion.

(Mai 1999)

« Tu es venue à mon aide ! »

Shanti Jayaraj, Australie

Originaire du Sri Lanka, j'ai vécu de nombreuses années en Australie. J'ai trois filles. L'une d'entre elles, Yarlini, est une enfant qui requiert des soins particuliers et une attention de tous les instants. Je la considère comme un précieux cadeau de Dieu.

Yarlini est née au Sri Lanka, le 29 mars 1980. Elle souffre d'épilepsie depuis sa naissance. Elle faisait jusqu'à cinq à six crises par jour. Elle n'avait que quatorze jours lorsqu'un traitement censé prévenir les crises lui a été administré pour la première fois, mais il n'a jamais eu aucun effet.

Quand Yarlini a eu dix-huit mois, nous avons rencontré un médecin au Sri Lanka qui est parvenu à stopper ces crises à l'aide d'un remède traditionnel. Cependant, notre fille avait toujours besoin d'assistance à tous les niveaux.

Jusque tard dans son enfance, elle est demeurée, physiquement et mentalement, pareille à un bébé. Notre pire problème était qu'elle ne voulait jamais dormir la nuit. Nous avons essayé toutes sortes de médications dans le but de modifier le rythme de son sommeil. Rien n'a fonctionné. Comme elle ne parlait pas, elle ne pouvait pas exprimer ce qu'elle ressentait ou désirait. Cette situation a duré près de douze années.

J'ai eu la chance d'être entourée d'une famille qui m'a aidée à prendre soin de Yarlini, surtout la nuit, car elle voulait en permanence que quelqu'un reste auprès d'elle. Nous priions continuellement Dieu de nous donner le surplus d'énergie nécessaire pour continuer.

Même si c'était très difficile, j'avais le sentiment que Dieu nous avait confié une mission spéciale. Lorsque le désarroi et la frustration m'envahissaient, je me consolais à la pensée que j'étais venue sur terre pour prendre soin de cette âme si particulière.

Chaque fois que je priais Dieu, je m'adressais à Lui en ces termes, « Je ne suis que sa baby-sitter. Tu es sa véritable mère. Si Tu ne veilles pas sur Ta propre fille, qui le fera ? Tout ce que je Te demande, c'est de me donner la force requise pour prendre soin d'elle. »

J'avais foi en Dieu, mais je n'avais jamais eu foi en aucun gourou. Je jugeais inutile d'adresser mes prières à un être humain quand je pouvais communiquer directement avec Dieu, Lui confier tous mes problèmes et m'en remettre à Lui. Je n'avais jamais pensé qu'Il puisse prendre une forme humaine.

Une nuit d'août 1989, je me suis occupée comme d'habitude de Yarlini jusqu'à ce qu'elle finisse par s'endormir, vers 3h30. Ereintée, je me suis étendue auprès d'elle et me suis assoupie.

Deux heures plus tard, aux environs de 5h30, j'ai été réveillée par le bruit de la porte qui s'ouvrait. Lorsque j'ai levé les yeux, j'ai vu une femme, enroulée dans un sari blanc dont l'extrémité retombait en drapé le long de son bras gauche.

Son sari était trempé et tout dégoulinant d'eau. Ses cheveux étaient rassemblés en un chignon au sommet de sa tête. Elle avait le teint sombre et une silhouette robuste. Elle s'est approchée de moi et a dit : « J'ai pris mon bain. Je vais veiller sur ta fille. Tu peux aller dormir à présent. »

Je me suis levée silencieusement et me suis dirigée vers ma chambre. Je n'ai ressenti ni peur ni aucune curiosité à l'égard de cette femme. Mais dès que j'ai atteint ma chambre, j'ai recouvré mes esprits et réalisé que j'avais laissé ma fille en compagnie d'une inconnue. Je suis retournée précipitamment dans la chambre de Yarlini avec mon époux, mais la femme avait disparu. Ma fille dormait paisiblement. Je savais qu'il ne s'agissait pas d'un rêve. Il s'agissait, ainsi que je l'ai compris plus tard, d'une vision.

J'ai immédiatement appelé l'une de mes meilleures amies à Perth, puis ma mère, au Sri Lanka, afin de leur rapporter mon expérience. Toutes deux en ont été heureuses pour moi. Mais avec le temps, cette vision, pourtant extrêmement vivante, s'est estompée.

Deux ans plus tard, je suis devenue un membre actif de l'association du temple hindou de l'Australie-Occidentale. Au cours d'une de nos réunions, un homme présent dans la salle nous a annoncé que son gourou avait gracieusement accepté de venir en Australie. Il a demandé aux membres du comité s'ils pouvaient l'aider à organiser les programmes et à trouver une maison proche du temple hindou où accueillir son gourou, ainsi que le groupe qui l'accompagnait.

Bien que je n'aie jamais cru aux gourous, j'ai eu l'étrange sentiment que je devais apporter mon aide à cet évènement. J'ai offert ma maison, en affirmant que si elle pouvait convenir au gourou et à son groupe, je serais heureuse de les accueillir. Ma famille et moi nous arrangerions pour loger ailleurs ces jours-là. Lorsque cet homme est ensuite venu visiter ma maison, j'ai eu la forte intuition qu'il fallait à tout prix que son gourou vienne séjourner chez nous. Je lui ai confié que j'accueillais sa visite comme une bénédiction. Avant de partir, il m'a remis une vidéo afin que je puisse voir qui j'allais héberger chez moi.

En visionnant la vidéo, j'ai découvert, à ma grande stupéfaction, que le gourou était l'inconnue qui m'était apparue dans la chambre de Yarlini deux ans auparavant ! J'ai éclaté en sanglots et, du fond du cœur, lui ai adressé cette prière: « Je n'avais pas recherché ton aide. Et pourtant, tu es venue me l'offrir. Je dois te rencontrer ! Ô Amma, je t'en supplie, ne me déçois pas. Fais que cela advienne ! » Ma prière a été exaucée.

Mais plusieurs mois nous séparaient encore de la visite d'Amma en Australie. Nous ne pouvions pas attendre tout ce temps, mon époux et moi. En mai 1992, nous avons décidé de partir en Inde afin de rendre visite à Amma à Amritapuri.

Une fois à Chennai, située à une distance encore considérable d'Amritapuri, nous avons été surpris d'apprendre qu'Amma se trouvait elle-même à Chennai et donnait le darshan dans son ashram. Comme Yarlini nous accompagnait, j'ai ressenti une immense gratitude envers Amma pour avoir à ce point facilité notre rencontre avec elle.

C'était le dernier soir du programme d'Amma à Chennai et elle donnait le darshan de Devi Bhava. Le temps que notre tour vienne, il était minuit. Amma nous a demandé de lui apporter un morceau de bois de santal, qu'elle bénirait ; nous devions ensuite appliquer la pâte de santal sur le front de Yarlini, chaque soir au moment du coucher.

Où allions-nous trouver du bois de santal au beau milieu de la nuit ? Il nous le fallait sur le champ car le lendemain, Amma regagnerait Amritapuri et nous quitterions l'Inde.

Un homme, dans la file du darshan, nous a entendu parler. Il avait conservé chez lui un morceau de bois de santal qui traînait depuis plusieurs mois, inutilisé, dans un tiroir, a-t-il affirmé. Et il a offert d'aller tout de suite le chercher. Je l'ai regardé partir, abasourdie à la pensée qu'Amma avait préservé tout ce temps ce morceau de bois de santal pour nous, dans le placard de quelqu'un d'autre. Elle a béni le bois de santal et nous l'a donné. Elle a également apposé un autographe en malayalam sur un livre de *bhajans* (recueil de chants dévotionnels à la gloire de Dieu), 'Puisse la paix divine guider mes enfants chéris. Baisers aimants d'Amma !'

A partir de ce jour, j'ai constaté un changement notoire dans le rythme du sommeil de ma fille. Par la grâce d'Amma, Yarlini dort à présent seule toutes les nuits.

J'ai le sentiment qu'Amma n'est autre que la Mère divine en personne. L'avoir rencontrée est pour nous une bénédiction. Puisse-t-elle demeurer en permanence dans le cœur de tous.

(Octobre 1999)

« Ma mère ! »

Esther Mueni Wambua, Kenya

J'ai fait l'expérience du pouvoir infini d'Amma et du flot immense de sa compassion.

En 2006, je suis tombée malade et j'ai été admise à l'Hôpital Pine Breeze de Nakuru, où je suis restée une semaine dans le coma. Les médecins m'ont fait toutes sortes d'analyses, sans parvenir à faire un diagnostic. Les membres de ma famille étaient très inquiets. Ils pensaient que j'avais été ensorcelée et me croyaient perdue.

Le septième jour, vers 2 heures du matin, j'ai senti sur moi la caresse bienfaisante d'une énergie inconnue. J'ai ouvert les yeux et j'ai vu une personne qui se tenait devant moi, vêtue d'un sari rouge. Elle était entourée d'une aura de lumière si puissante que je ne parvenais pas à distinguer clairement son visage. Je me suis assise - j'ignore comment j'y suis parvenue et où je me trouvais. L'être mystérieux s'est approché et j'ai vu clairement qu'il s'agissait d'une femme.

Je lui ai demandé qui elle était et ce qu'elle voulait. Elle a répondu qu'elle était ma mère et qu'elle était venue afin que je puisse guérir. Puis, elle m'a prise dans ses bras et j'ai senti une joie intérieure monter en moi. Tremblante, j'ai dit : « Si tu es le Maître suprême, tu me connais. Tu sais qu'il ne me reste plus aucune volonté ni aucune confiance en moi. »

La femme a répliqué : « Ne t'afflige pas, car je vais t'aider. Je vais te donner de la force et je vais te soutenir. » J'étais restée tout du long dans ses bras aimants. Puis, soudain, elle a disparu.

Ce matin-là, lorsque les médecins et ma famille m'ont rendu visite, ils ont tous été stupéfaits de me trouver debout. Mais à l'exception de ma mère et de mon frère, personne n'a prêté foi à mon récit.

Cinq ans plus tard, alors que je travaillais à la ferme Sher Karuturi, j'ai appris que sa Sainteté Sri Mata Amritanandamayi Devi venait à Nairobi. Notre patron fournissait un transport gratuit à tous les employés qui souhaitaient se rendre à Nairobi pour recevoir son darshan.

En pénétrant dans le temple, j'ai éprouvé un choc en découvrant la même femme que celle dont j'avais eu la vision cinq ans plus tôt. Je n'ai pas douté un seul instant qu'il s'agissait d'elle, parce que j'ai ressenti la même impression qu'alors. Le destin m'avait guidée jusqu'à la ferme Karuturi à seule fin que je puisse revoir ma Mère aimante.

La file de darshan était longue. Je me rapprochais progressivement de Mère, mais il commençait à être tard. Je touchais presque au but, quand notre chauffeur nous a ordonné de remonter dans le bus afin de ne pas regagner la ferme trop tard. J'étais terriblement déçue de devoir partir avant d'avoir reçu le darshan d'Amma. J'ai imploré le chauffeur, en vain.

Peu de temps après, j'ai appris qu'Amma allait visiter les alentours de la ferme. J'ai voulu aller la voir, mais l'autorisation m'en a été refusée. J'ai décidé de quitter tout de même mon poste. Une fois devant le portail, le garde m'a demandé mon passe. Je n'en avais pas. Je n'ai pas eu d'autre choix que de retourner au travail. J'étais tellement en colère que j'ai refusé de parler à qui que ce soit pendant un moment.

La septième nuit qui a suivi le jour où j'avais vu Amma à Nairobi, elle m'est de nouveau apparue. J'ai retranscrit une partie des paroles qu'elle a énoncées :

1. Nous ne saurons jamais à quoi nous en tenir tant qu'Amma ne nous l'aura pas enseigné. C'est seulement quand elle aura amené la lumière dans nos cœurs et qu'elle nous aura montré la façon dont elle nous voit que nous nous connaîtrons tels que nous sommes véritablement.

2. Si nous dirigeons notre existence selon les conseils d'Amma, nous connaîtrons le salut. Mais si nous nous contentons de suivre nos propres inclinations, notre vie sera ruinée.

3. Quelles que soient notre culture, notre position sociale ou notre réputation, si nous n'affrontons pas avec le plus grand zèle et le plus grand sérieux la question fondamentale de notre évolution spirituelle, nous nous comportons comme des idiots.

4. Sois honnête avec toi-même, avec tes semblables et avec Dieu.

Depuis ce jour, mon cœur a été en paix avec tout le monde. Et la voix de Sa Sainteté est demeurée à mes oreilles la musique la plus douce qui soit. Je n'ai pas connu de plus grande joie que celle que procure la bienheureuse communion avec Amma.

En août dernier, ma sœur m'a téléphoné à 2 heures du matin. Son bébé ne respirait plus. Elle était en larmes. J'ai demandé à parler à ma mère, qui sanglotait elle aussi. Je n'avais pas peur. Je savais qu'Amma contrôlait la situation. Je me suis rappelée ce qu'elle m'avait assuré cinq ans plus tôt : « Ne t'afflige pas, car je vais t'aider. Je vais te donner de la force et te soutenir. » J'ai pris une photo d'Amma et l'ai serrée sur mon cœur.

J'ignore combien de temps je suis restée étendue là, la photo pressée contre ma poitrine. Au bout d'un moment, le téléphone a sonné ; ma sœur m'annonçait que son bébé allait bien. J'ai remercié Amma d'être toujours là pour nous.

Amma est digne de notre foi et digne que nous lui abandonnions notre intellect, nos doutes, nos émotions et notre volonté. J'aspire juste à dire à Amma, « J'abandonne tout mon être à tes pieds. »

Mon professeur de yoga, Sunil Khullungal, et mon employeur, Nagesh Karuturi, m'ont aidée à comprendre que mes sentiments pour Amma étaient sincères, et que je ne suis pas folle, comme le pensent certains de mes amis chrétiens. Mon souhait le plus cher, à présent, est de me trouver devant Amma et de lui ouvrir mon cœur. Puisse la gloire d'Amma être pleinement dévoilée à l'univers tout entier. Puissé-je découvrir sa présence divine en moi.

Je désire être l'enfant d'Amma, sa servante, sa fervente dévote, sa disciple, et marcher à jamais comme une ombre dans son sillage.

(Mars 2011)

« Elle écoute tout le monde »

I.C. Dave, Inde

Un jour, alors que je travaillais dans mon laboratoire, j'ai reçu un appel téléphonique de mon ami, le Dr. P.K. Bhattacharya, qui est directeur du Département de Radiation au Centre de Recherche Atomique Bhaha, à Bombay. De retour d'un voyage en Russie, il souhaitait me relater un incident qui, disait-il, allait grandement m'intéresser. Et voici ce qu'il m'expliqua lorsque j'allai le voir. « Pendant mon séjour en Russie, j'ai eu l'occasion de coopérer avec des scientifiques du Centre de Recherche Atomique de Sibérie. Cette expérience a été très positive. Mais ce que je tenais à te raconter d'extraordinaire m'a été relaté par l'un de ces scientifiques.

A mon arrivée à l'aéroport d'Irkoutsk, j'ai été accueilli par le Dr. Mikhailovich. Quand il s'est approché de moi, j'ai vu des photos qui dépassaient des deux poches de son manteau : c'étaient des photos d'Amma ! Qui ne serait surpris de découvrir des photos d'Amma dans les poches d'un chercheur en physique de l'atome, en Sibérie ?

Une fois les formalités d'immigration accomplies, j'ai demandé au Dr. Mikhailovich en quel lieu et à quelle occasion il avait rencontré Amma.

J'ai été bien étonné quand il m'a expliqué qu'il ne l'avait jamais vue. Devant mon insistance, il m'a narré l'histoire suivante :

« Je suis chercheur en physique atomique ici depuis dix ans. Il y a quelques années, j'ai épousé la fille de l'un de mes directeurs de recherche. Nous avons une petite fille adorable, âgée de trois ans. Certaines divergences d'opinion m'opposaient à ma femme, et elles se sont encore amplifiées après la naissance de notre fille. Mon épouse, du fait qu'elle était la fille de mon directeur de recherche, se considérait en fait comme supérieure à moi. Elle n'arrivait pas à l'oublier.

Finalement, elle m'a quitté et est retournée dans sa famille, en emmenant notre fille avec elle. Deux années et demie se sont écoulées et je n'étais toujours pas prêt à envisager un divorce. J'aimais trop profondément ma femme et ma fille.

Etant communiste, je ne croyais pas en Dieu. Mais un jour, je suis tombé dans un magazine russe sur un article qui parlait d'une sainte indienne, Sri Mata Amritanandamayi Devi. Un paragraphe de cet article a eu sur moi un impact si puissant, qu'il a transformé ma vie. Il disait à peu près cela :

> Il y a quelque chose de spécial chez cette sainte, connue dans le monde entier sous le nom d' 'Amma.' Tout le monde peut s'adresser directement et personnellement à elle.
>
> Elle écoute chacun avec attention, que cette personne se trouve en face d'elle ou à des milliers de kilomètres, que cette personne l'ait déjà rencontrée ou non.

J'en ai été bouleversé. D'ordinaire, à la lecture de telles assertions, j'aurais ri, mais à ce moment-là, j'étais déprimé et envahi par un terrible sentiment d'impuissance. Ces phrases ont éveillé de l'espoir en moi et, à ma propre stupéfaction, je leur ai prêté totalement foi. Suite à cela, j'ai commencé à converser avec Amma. Je lui parlais tous les jours, imaginant qu'elle était assise en face de moi. Les larmes aux yeux, je lui ouvrais mon cœur et partageais mes chagrins avec elle. Progressivement, j'ai commencé à ressentir sa présence, à sentir qu'elle m'écoutait. Il m'arrivait de pleurer à gros sanglots et, jour après jour, mes prières sont devenues de plus en plus ferventes.

Au bout d'une quinzaine de jours, ma conversation intérieure avec Amma a porté ses fruits. Mon épouse m'a téléphoné. Elle m'a avoué s'être laissé égarer par son ego. Elle en avait pris conscience, regrettait son erreur et souhaitait revenir.

Ma joie était sans bornes. Nous étions de nouveau réunis et la paix et le bonheur règnent depuis lors dans mon existence.

Suite à cette expérience, j'ai éprouvé l'intense désir de rencontrer Amma, mais j'ignorais comment et où. Je me suis renseigné auprès de ce magazine russe, qui m'a communiqué les coordonnées du Sri Mata Amritanandamayi Seva Samiti à Moscou. J'ai alors contacté cette organisation, qui m'a renvoyé une information détaillée concernant Amma, ainsi que des photos d'elle.

C'est Amma qui nous a réunis, ma femme, ma fille et moi. Je conserve en permanence sa photo près de mon cœur, non seulement le jour, mais même quand je m'endors. »

Ce récit a provoqué ma stupéfaction. Il m'a fait comprendre qu'Amma était omniprésente. Elle demeure dans le cœur de tous les êtres. C'est ainsi qu'elle peut entendre les prières de chacun, depuis n'importe quel endroit du monde.

Elle ne fait aucune distinction entre les gens, quels que soient leur religion, leur caste, leur langue, leur pays d'origine ou la distance qui les sépare d'elle. Le seul fait que le récit de cette expérience, survenue dans la lointaine Russie, soit arrivé jusqu'à moi sans l'aide d'aucun média, mais par l'intermédiaire d'une personne aussi digne de confiance que le Dr. Bhattacharya est également un exemple de l'immense pouvoir d'Amma.

Peu après, lors de l'un des programmes d'Amma à Delhi, j'ai eu l'occasion de faire un discours d'introduction sur Amma. A cette occasion, j'ai relaté l'expérience du Dr. Mikhailovich.

Le lendemain, le programme d'Amma avait été organisé au Shankar Math. Pendant qu'Amma donnait le darshan, un homme est venu vers moi et m'a parlé d'une voix lourde d'émotion. « Hier, je vous ai entendu relater l'expérience de ce scientifique russe et aujourd'hui, j'ai moi aussi vécu une expérience miraculeuse ! »

Ma curiosité éveillée, je lui ai demandé s'il accepterait de me faire partager son expérience.

« Aujourd'hui, pendant que je recevais le darshan d'Amma, des larmes ont brusquement jailli de mes yeux. » a commencé l'homme. « Amma m'a demandé pourquoi je pleurais. L'émotion me serrait à tel point la gorge que j'ai été incapable de répondre. Des larmes de joie coulaient à flot sur mes joues. Ces deux dernières années, j'ai souffert de dépression profonde. Les personnes atteintes de cette pathologie perdent tout intérêt à la vie, tout espoir, et développent de fortes tendances suicidaires.

Hier, après avoir entendu le récit de l'expérience du Dr. Mikhailovich, j'ai moi aussi entamé une conversation intérieure avec Amma. J'ai eu dès aujourd'hui l'occasion de revenir la voir. Quelle bénédiction ! Car, lors des précieux instants où elle m'a étreint dans ses bras, j'ai été totalement guéri de ma dépression. »

Des larmes de gratitude coulaient encore des yeux de mon interlocuteur. Je n'ai cependant pas pu m'empêcher d'exprimer mon scepticisme. « Monsieur, vous affirmez qu'Amma vous a guéri d'une profonde dépression. Ne pourrait-il s'agir d'une illusion ? Il me semble que seul un psychiatre pourrait le certifier. »

Sa réponse a achevé de me stupéfier « Je peux vous assurer en toute confiance être aujourd'hui libéré de la dépression parce que je *suis* psychiatre. J'ai exercé aux Etats-Unis pendant quinze ans et toutes ces dernières années, à Delhi. »

Je lui ai alors demandé si je pouvais relater son expérience durant les programmes d'Amma.

« Pourquoi pas ? Vous pouvez même mentionner mon nom : Vimal Kshetrapal, Docteur en psychiatrie. »

D'une voix pleine de dévotion, il a déclaré : « Amma est le Psychiatre des psychiatres. »

(Décembre 2012)

« Tu es mon enfant ! »

Lakshmi, Inde

Une jeune mère mendiait à l'angle d'une rue encombrée de monde. Elle tenait ses quatre enfants agrippés contre elle, qui pleuraient obstinément, impuissants à contenir la morsure de la faim. J'étais l'aînée de la fratrie. Mon nom est Lakshmi. J'ignore qui, de mon père, Monahan, ou de ma mère, Leena, m'a donné ce prénom. J'étais alors âgée de sept ans. J'avais deux frères cadets, Vijayan et Kumaran. Ma petite sœur, qui était dans les bras de ma mère en permanence, s'appelait Girija.

Tout l'argent que ma mère gagnait en mendiant, mon père le gaspillait en boisson. Tout ce que nous recevions de lui, c'était des coups.

Un soir, alors que ma mère et moi déambulions, la main tendue, dans une rue très passante de la ville, quelqu'un a jeté de l'eau bouillante sur ma mère. Je l'ai vue se recroqueviller de douleur sur elle-même et s'effondrer au sol sous mes yeux.

Une autre fois, poussée par la faim et la soif, je me suis penchée trop loin au dessus d'un puits et suis tombée à l'intérieur. Je revois encore les visages des inconnus qui m'en ont extirpée (à ce moment-là, j'aurais préféré qu'ils s'en soient abstenus) puis qui m'ont entourée, avec des soupirs de compassion.

J'ai beau m'efforcer d'oublier toutes ces expériences douloureuses, elles resurgissent de ma mémoire malgré moi. Si je tente de les relater par écrit, je ne sais pas par où commencer. Je ne sais même pas quel jour ni à quel endroit je suis née. Les mendiants des rues savent-ils ces choses ?

Mon tout premier souvenir est celui d'une hutte dressée dans une sorte de terrain vague. Un jour, mon père, devenu comme fou sous l'effet de l'alcool, a battu ma mère impitoyablement. Puis il est parti, en emmenant avec lui mes deux frères cadets. Il nous a laissées, Girija et moi, avec notre mère. Mes parents avaient-ils décidé de procéder au partage de leurs uniques possessions, leurs enfants ? Tout ce que je sais, c'est que la dernière sortie que ma sœur et moi avons faite avec ma mère, ce soir-là, était censée nous mener toutes les trois à la mort.

Nous avons atteint une plage déserte. Le sable était brûlant. Ma mère est entrée dans l'eau. J'étais juste derrière elle. Quand l'eau lui est arrivée aux genoux, elle s'est arrêtée. Et lorsque la vague suivante a déferlé sur nous dans un rugissement, elle a soulevé Girija, qu'elle tenait contre sa hanche, et l'a jetée dans les eaux bleues. Comme je demeurais là, bouche bée, sans savoir quoi faire, elle m'a agrippé le bras et m'a entraînée de force en direction de la grève, sans se retourner une seule fois.

J'ai regardé sans arrêt en arrière, jusqu'à ce que je ne distingue plus la plage au loin. J'ai prié Dieu pour qu'un oiseau blanc comme la neige vole jusqu'à ma petite sœur, l'arrache aux flots meurtriers et l'emmène en lieu sûr.

Ma malheureuse mère a ensuite marché jusqu'à la voie ferrée, me traînant à sa suite. Comme je ne parvenais pas à la suivre, j'ai été rapidement distancée. Puis, brusquement, elle a disparu de mon champ de vision, happée par le train qui passait dans un hurlement assourdissant. C'est la dernière image que j'ai d'elle.

« Une mendiante trouve la mort, heurtée par un train, » a dû mentionner le rapport de police.

Un homme, parmi la foule qui s'était rassemblée pour observer l'horrible scène, m'a saisie par le bras et m'a emmenée d'autorité avec lui. Sa motivation : il cherchait une servante. Lorsque cet homme et sa famille se sont finalement rendu compte que j'étais inapte aux travaux physiques, ils m'ont conduite à Amritaniketan, l'orphelinat d'Amma à Parippally, dans le district de Kollam. Ils m'ont abandonnée là, en prétendant qu'ils reviendraient quelques jours plus tard. Je ne les ai jamais revus.

Je suis arrivée à l'orphelinat quelques jours avant Onam, le festival de la moisson dans le Kerala. L'amour et l'attention que j'ai reçus dans ce lieu ont été pour moi une toute nouvelle expérience. Les jours suivants, la plupart des enfants ont été emmenés à l'occasion d'Onam par des membres de leurs familles. Personne n'est venu me chercher. Seuls quelques-uns d'entre nous sont demeurés à l'orphelinat.

J'ai demandé à l'une de ces enfants, « Est-ce que quelqu'un va venir te chercher ? »

« Non, » a répondu la fillette.

« Tu n'es pas triste ? » ai-je encore demandé.

En souriant, elle m'a pris la main et m'a assuré : « Pourquoi serais-je triste ? Nous allons tous à l'ashram voir Amma. Amma va nous servir un repas de fête pour Onam. Elle va nous faire asseoir sur une balançoire et nous pousser de ses propres mains pour que nous nous balancions. Elle va chanter et danser pour nous. Et tous nous couvrir de baisers. » Son visage, tandis qu'elle décrivait tout ce qu'Amma ferait, rayonnait de joie.

A cette époque-là, j'ignorais pratiquement tout d'Amma, dont j'avais vu les photos dans le bureau et dans les salles de classe d'Amritaniketan. La plupart des résidents de l'orphelinat priaient les mains jointes devant ces photos. Cette Amma, dont ma camarade chantait les louanges, allait-elle réellement me prodiguer tout cet amour ?

Nous sommes arrivés à Amritapuri quelques jours avant Onam. Nous nous sommes rendus dans le hall de prières et avons rejoint la longue file de darshan pour recevoir l'étreinte d'Amma. Les questions se bousculaient dans mon esprit tandis que nous avancions lentement vers Amma. Comment allait-elle m'accueillir ? Allait-elle également me rejeter, comme la vie semblait s'être évertuée à le faire jusque-là ? Si Amma m'abandonnait à son tour, où irais-je ?

Lorsque je suis enfin arrivée dans les bras d'Amma, elle a murmuré d'un ton affectueux, « Ma perle, ma fille chérie, ne t'inquiète pas. Amma est avec toi. »

La voix d'Amma était emplie d'un amour si doux ! Un amour que je n'avais jamais connu auparavant. J'ai éclaté en sanglots. J'avais envie de crier : « Je ne suis plus une orpheline ! Je ne suis plus une mendiante ! !

J'avais toujours été tourmentée par la crainte, étant l'enfant d'une mendiante, d'être condamnée à passer mon existence à mendier dans les rues, ou à affronter pire sort encore. Les paroles qu'Amma a murmurées à mon oreille m'ont insufflé de l'espoir, de la confiance et une joie indescriptible.

J'étais habituée à satisfaire ma faim avec de la nourriture trouvée dans les poubelles. Amma me donnait à présent de la bonne nourriture dans une assiette propre. J'étais habituée à porter des vêtements sales dont les gens s'étaient débarrassés. Amma m'a offert de beaux habits colorés. Amma m'a également enseigné les premières lettres de l'alphabet malayalam. Les personnes qui étaient venues recevoir le darshan d'Amma ce jour-là se souviennent peut-être de cette scène. Elle a pris mon doigt et écrit sur l'ardoise la première lettre 'A', tout en la prononçant à haute voix.

Ensuite, elle m'a tendu l'ardoise et a continué à donner le darshan. Quand j'ai eu inscrit plusieurs fois la lettre 'A', elle a interrompu le darshan un moment, a repris l'ardoise et écrit la lettre suivante, 'Aa'. Puis elle m'a rendu l'ardoise et a continué à donner le darshan. Je ressens comme une grande bénédiction le fait que la Mère divine, la Déesse de la Connaissance en personne, révérée par des millions de gens, m'ait initiée à l'étude ! Je peux affirmer en toute honnêteté que, bien plus que des larmes de chagrin et de souffrance, les larmes que j'ai versées depuis ce jour l'étaient en pensant à l'amour et à la compassion de Mère.

Parfois, le souvenir des vagues se fracassant sur la plage, du rugissement du train passant à toute allure, et des frêles silhouettes de mes frères s'éloignant en tenant la main de mon père, me transperce le cœur. A ces moments-là, Amma apaise ma douleur avec des paroles spéciales de réconfort.

Apprécieriez-vous qu'une fillette de sept ans aux cheveux sales et emmêlés et aux vêtements crasseux vous touche le bras dans un bus ou un train, ou sur un trottoir grouillant de passants, en vous appelant « Mère ? » Non. Aucune des personnes que j'ai touchées et appelées ainsi n'ont semblé l'apprécier. Dans leurs yeux, je ne lisais que mépris et répugnance. Combien de fois ai-je souhaité que l'une de ces personnes me sourie et pose une main aimante sur ma tête !

Amma a transformé mon destin. Combien de fois m'a-t-elle prise contre sa poitrine en murmurant à mon oreille : « Ma fille chérie, tu es mon enfant ! » Combien de fois a-t-elle essuyé mes larmes avec son propre sari ?

J'ai trouvé ma véritable mère. Elle est sûrement aussi la vôtre.

(Août 2001)

« Mon fils chéri »

Animon, Inde

Il y a longtemps, lorsque je suis arrivé pour la première fois à l'orphelinat qui porte à présent le nom d'Amritaniketan, l'établissement n'était pas dirigé par le Mata Amritanandamayi Math. Je suis entré dans le bâtiment, en tenant la main de ma mère. Je me sentais complètement perdu et me suis mis à pleurer, mais ma mère n'a prêté aucune attention à mes larmes. Elle a détaché de force sa main de la mienne et elle est partie. Une professeure m'a brutalement agrippé la main et traîné à l'intérieur d'une salle de classe. Elle m'a dévisagée avec mépris, comme si elle se disait, « Un miséreux de plus ! » Mes premiers souvenirs remontent à ce moment.

J'ai rassemblé mes esprits et promené mon regard autour de la salle. Il y avait un tableau sur trois pieds, dont la surface était en si mauvais état que rien n'y était plus vraiment lisible. Quelqu'un y avait inscrit des lettres mornes, sans vie. J'ai observé les enfants qui me fixaient avec curiosité.

Leurs yeux étaient enfoncés dans leurs orbites. Il y avait bien longtemps que leurs cheveux n'avaient vu ni shampoing ni huile de soin. Leurs vêtements semblaient n'avoir jamais été lavés. Certains d'entre eux étaient couverts de plaies et d'irritations cutanées. J'ai regardé la professeure. Il n'y avait aucune lumière, aucun amour dans ses yeux, aucun sourire sur ses lèvres. Son visage était recouvert de talc et un *bindi* autocollant ornait son front. Je me souviens avoir perçu l'effluve d'un parfum. J'étais trop terrorisé pour m'approcher d'elle. Si seulement elle avait souri, si seulement elle m'avait appelé « Fils... » Si seulement... si seulement... J'étais tellement assoiffé d'amour et d'affection !

Je n'oublierai jamais le médecin et l'infirmière de l'hôpital local qui venaient régulièrement procéder à l'examen sommaire de notre santé. Le visage du docteur était effrayant en soi. Ses visites nous terrifiaient davantage que toutes les maladies dont nous pouvions souffrir ! Avant même que nous ayons pu achever de lui décrire nos symptômes, il avait fini de remplir une ordonnance, l'arrachait à son bloc et nous la fourrait dans les mains.

« Au suivant… » appelait-il aussitôt, dans une langue que nous ne comprenions pas.

L'établissement était infesté d'éléments asociaux et nuisibles. Certains garçons se réunissaient pour échanger des paris. D'autres buvaient. La plupart d'entre nous étaient pétrifiés par la peur. Les adultes responsables de nous prétendaient dormir et ne rien voir. Nous représentions un fardeau dont ils n'avaient pas envie de se charger.

Nous avons alors appris qu'une femme nommée 'Amma' allait reprendre la gestion de l'orphelinat. En effet, dès le milieu de l'année 1989, le M.A. Math a officiellement pris la direction de l'établissement. Bientôt, de nouvelles personnes sont arrivées pour prendre soin de nous. Ces brahmacharis (disciples de sexe masculin) venus de l'ashram étaient des anges. Ils nous ont distribué du savon parfumé, de la nourriture savoureuse et de bons vêtements propres. Nous avons ainsi commencé à oublier notre statut d'orphelins.

D'importants travaux de construction ont rapidement été entrepris. De nouveaux bâtiments avec de nouveaux équipements ont surgi de terre. Beaucoup de gens ont travaillé dur sous la direction d'Amma pour développer cet orphelinat. En 1989, ainsi qu'en 1990, nous avons gagné le premier prix de la compétition *panchavadyam*[1] lors de la rencontre culturelle des écoles de l'état du Kérala. En 1991 et 1992, les élèves d'Amritaniketan ont remporté le deuxième prix. J'ai eu la chance de diriger les équipes. Aujourd'hui, l'établissement d'enseignement secondaire Amrita Sanskrit et l'Amritaniketan, qui lui est adjacent, sont des établissements reconnus dans le domaine de l'éducation.

---

[1] Ensemble instrumental traditionnel formé de cinq instruments, jouant habituellement dans les temples et/ou les festivals au Kérala

Nous les orphelins, les oubliés et les ignorés du monde, avons gagné une Mère qui est un océan d'amour et de compassion. La plupart d'entre nous imaginaient qu'il n'existait rien pour nous au-delà des murs de cet orphelinat, et que nous serions malmenés et meurtris si nous nous aventurions dans le vaste monde.

Amma est entrée dans l'univers lugubre qui était le nôtre, et nous a offert un refuge dans ses bras. Je me suis allégé de toutes mes souffrances dans ces bras aimants. Amma a posé une main sur mon épaule et de l'autre, elle a essuyé mes larmes. Elle m'a consolé, encore et encore : « Ne sois pas triste, mon cher enfant, ne sois pas triste... Amma est là pour toi. Amma est avec toi, mon fils chéri... » Les larmes et le chagrin ont fait place en moi à un immense sentiment de gratitude à son égard.

Nos vies ont recommencé à zéro, régénérées par l'espoir, la foi et l'optimisme. Amma, l'incarnation même de la Mère universelle, était et est encore totalement à l'écoute vigilante de nos besoins. Lorsque je regarde en arrière, j'ai toujours le sentiment que, bien qu'ayant connu le sort maudit d'un orphelin et d'un indigent, lourdement chargé de *prarabdha* (conséquences des actes commis dans des vies précédentes), de mes fautes passées, Amma m'a élevé au dessus de cette condition misérable.

Elle nous a recueillis, nous, la lie de la société, errant sur les effroyables chemins de traverse d'un monde indifférent, destinés à nous nourrir uniquement de restes. Elle nous a serrés tendrement dans ses bras et a insufflé dans nos vies un espoir neuf et un regain de vitalité.

A la fin de ma Seconde, je me suis trouvé de nouveau confronté à un dilemme. « Qu'allait-il advenir de moi, à présent ? » me suis-je demandé avec un frémissement intérieur. Amma a répandu une nouvelle fois sa grâce sur moi en m'offrant un emploi au sein même de l'orphelinat. Au bout de quelques mois, lorsque je me suis rendu à l'ashram pour y recevoir le darshan, Amma m'a fait asseoir auprès d'elle. Au bout d'un moment, elle m'a regardé et m'a demandé : « Fils, que fais-tu de ton salaire ? De quelle façon le dépenses-tu ? »

J'étais estomaqué par sa question, et j'ai éclaté en sanglots. Amma a poursuivi, tout en me regardant dans les yeux : « Vas-tu retourner vers tes anciens amis et gaspiller ton argent en paris et en cigarettes ? » Ses paroles, imprégnées d'amour maternel, étaient celles d'une mère qui souhaite un avenir brillant pour son fils et qui s'inquiète pour lui. Puis, elle me fit cette recommandation : « Fils, ouvre un compte en banque. Economise la moitié de ton salaire et envoie chaque mois le reste à ta famille, à Chittar. »

Je continue aujourd'hui à suivre les instructions d'Amma. Une fois par an, je rends visite à ma famille. Puis, je vois mes vieux amis. Des hommes qui mènent une existence misérable - aux corps émaciés, aux yeux injectés de sang, dépendants de l'alcool et des drogues, avec chacun trois ou quatre enfants à charge. Ils passent d'un enfer à l'autre. Ce spectacle m'est si pénible que je n'arrive même pas à demeurer là-bas une journée entière.

Il y a quelques mois, alors que j'allais recevoir le *prasad* (offrande consacrée) d'Amma, elle a lancé, à voix haute et d'un ton espiègle : « Ne serait-il pas temps que tu te maries ? »

Totalement déconcerté et très gêné, j'ai joint les mains et donné à Amma ma réponse habituelle à ce genre de questions : « Je t'en prie, n'enchaîne pas ce jeune bœuf ! Je souhaite poursuivre ma vie ainsi. » Amma a éclaté de rire !

Un seul désir m'anime : servir dans n'importe laquelle des institutions d'Amma, en accomplissant n'importe quel travail qui soit à ma portée. Je connais le martyre de la pauvreté et la morsure terrible de la faim. Par la seule grâce d'Amma, ces épreuves ne hantent plus mon existence, même si je suis en mesure de comprendre et de ressentir la souffrance de ceux qui les subissent. A l'orphelinat, tant d'enfants ont enduré de tels traumatismes ! Amma les a sauvés d'une pauvreté et de souffrances indicibles. J'aspire à servir humblement ces personnes. Existe-t-il plus grande joie que celle d'offrir aux pieds sacrés d'Amma l'existence même dont elle nous a fait don ?

(Avril 2003)

« Cet enfant ressemble à mon fils ! »

Cecile Villacampa Toubal, Espagne

Lors du programme d'Amma à Penang, en 2012, je me suis rendue à la table du *Matruvani* afin de m'abonner à ce magazine. J'ai communiqué mon adresse à Shanghai aux personnes chargées des inscriptions. Je leur ai demandé à deux reprises, « Etes-vous certaines que je recevrai *Matruvani* en Chine ? » Elles me l'ont assuré.

Et, en effet, je l'ai reçu ! J'étais ravie de trouver mon premier exemplaire de *Matruvani* dans ma boîte aux lettres, à Shangai. La photo, sur la couverture, représentait un enfant tenant une rose jaune. « Cet enfant ressemble à mon fils lorsqu'il était bébé ! » ai-je pensé. J'ai examiné la photo de plus près. *C'était* mon fils ! Le moment où ce cliché avait été pris m'est revenu à l'esprit. C'était au programme d'Amma à Barcelone en 2006. Je me suis rappelée avoir acheté cette rose jaune pour Amma.

« C'est extraordinaire ! » me suis-je dit. C'était la première fois de ma vie que je recevais *Matruvani,* qui plus est en Chine, et une photo de mon petit garçon prise en Espagne y figurait ! Quel cadeau merveilleux d'Amma ! J'ai le sentiment qu'elle m'assurait du fait qu'elle est toujours avec moi, et que je ne suis pas seule.

~

Je vis à Shanghai depuis juillet 2010. Au début, c'était très difficile. Les chinois sont des gens gentils et je les aime, mais la vie est si différente ici de celle de l'Europe que je me sentais perdue en permanence.

J'avais apporté tous mes livres avec moi, mes CD et mes photos d'Amma. J'ai cherché sur Internet un satsang local d'Amma, mais je n'en ai trouvé aucun.

En février 2011, mon beau-frère est décédé subitement. Mon époux, mon fils et moi-même étions très affligés. Ce deuil m'a fait éprouver encore plus douloureusement l'absence physique d'Amma. Un soir, tandis que je priais, je me suis mise à pleurer : « Amma, je sais que tu es avec moi, mais j'aimerais rencontrer des gens, à Shangai, qui te connaissent. Je me sens si seule ici ! » J'éprouvais le besoin de partager mon amour pour Amma avec d'autres dévots.

J'ai envoyé des e-mails à plusieurs dévots de ma connaissance, en leur demandant s'ils connaissaient des dévots d'Amma à Shangai ; ils n'en connaissaient pas. J'ai ressenti une grande tristesse. « Pourquoi n'as-tu pas appris la méthode IAM (Méditation Intégrée Amrita) tant que tu étais en Europe et que tu en avais l'occasion ? » me suis-je reproché. « C'est trop tard, à présent ! »

Trois jours après, j'ai reçu un e-mail d'une bramacharini, m'informant qu'un swami de l'ashram d'Amma serait à Shangai dans quatre jours pour y diriger une formation IAM. Amma avait entendu mes prières !

Pendant cette formation, j'ai rencontré Lyli, une dévote chinoise de Shangai. Nous avons organisé le premier satsang dans ma maison, où le swami a accompli une puja (rituel dévotionnel). Dix jours plus tôt, jamais je n'aurais imaginé qu'un swami de l'ashram d'Amma viendrait enseigner la technique IAM à Shangai, puis qu'il accomplirait une puja chez moi et jouerait des bhajans sur le piano de mon fils.

Depuis ce jour, des dévots de Shangai se réunissent chaque semaine pour prier ensemble. C'est ainsi que nous avons fondé une famille d'Amma à Shangai.

~

On me demande parfois comment j'ai rencontré Amma.

La réponse est : « J'ai rencontré Amma en rêve. »

Mon père est mort en 1991. J'avais dix-sept ans. Je l'aimais énormément. C'était un homme généreux, drôle et toujours joyeux. Les six années qui ont suivi son décès, j'avais un emploi dans l'immobilier et je me suis noyée dans le travail. Je me sentais coupée de tout le monde. Je n'avais ni amis ni famille pour m'aider. J'ai décidé de mourir. Je savais qu'il existait quelque chose après la mort, même si j'ignorais quoi exactement. Je voulais rejoindre mon père.

C'est alors que j'ai fait ce « rêve » : Je pouvais serrer mon père dans mes bras et il me disait : « Je ne veux pas que tu continues à être triste à ce point en pensant à moi. Je vais te montrer où je suis maintenant ! » Il m'a emmenée dans un monde empli d'amour et de félicité. Il m'est impossible d'exprimer par des mots le bonheur que j'ai ressenti en ce lieu. Jamais auparavant je n'avais été aussi heureuse. J'étais folle de joie de pouvoir de nouveau étreindre mon père. De nombreuses personnes tout auréolées de lumière blanche sont venues vers nous. Je ne comprenais pas ce qu'elles disaient, mais je sentais l'amour vibrer partout autour de moi.

Puis, une femme aux cheveux noirs et à la peau brune est arrivée et m'a dit : « Je suis Amma. Je vais te montrer quelque chose. » Elle m'a guidée jusqu'à un temple. Un espace carré sans murs, uniquement délimité par quatre colonnes. Au centre du carré se dressait une pyramide de lumière. Elle a affirmé, « Ceci est la vérité. Ne l'oublie jamais ! » Et j'ai senti un immense bonheur m'habiter.

Puis, mon père m'a demandé de retourner dans mon monde, mais je ne voulais pas repartir. J'ai protesté : « Comment peux-tu me demander cela ? Je veux rester ici, dans ce monde empli d'amour ! »

« Tu n'as pas le choix, » a répliqué mon père, et j'ai dû partir.

A mon réveil, j'étais sur un petit nuage. Tout semblait inhabituellement clair et limpide. Je me trouvais en face de la mer et j'ai dit : « Merci. » J'ai regardé tous les gens autour de moi, et j'ai eu la sensation qu'ils ne formaient qu'Un. C'était une expérience extraordinaire.

Avant ce « rêve », je croyais en Dieu, mais je n'étais attachée à aucune religion et j'en ignorais tout. Je n'avais jamais rien lu sur l'hindouisme ou le bouddhisme. Tout au long des sept années qui ont suivi, chaque fois que j'étais triste, je me disais : « Je ne peux pas être triste car il existe quelque part un monde empli d'amour. »

En 2004, je vivais à Barcelone avec mon fils, alors âgé de deux mois. En me promenant dans le parc Ciutadella, j'ai trouvé un prospectus avec une photo d'Amma. Je l'ai pris et j'ai pensé : « Non seulement cette femme ressemble à la femme de mon rêve, mais elle porte le même nom ! Comment est-ce possible ? » J'ai lu les phrases d'amour et de paix inscrites sur le papier, et j'ai eu le sentiment que ce message venait de cet autre monde où mon père se trouvait. J'ai emporté le prospectus avec moi. Je n'arrivais pas à croire que la femme qui m'avait visitée en songe puisse exister dans ce monde-ci. Le prospectus annonçait le programme d'Amma à Barcelone un mois plus tard.

Cette année-là, je n'ai malheureusement pas pu assister à ce programme car j'ai dû conduire mon fils chez un médecin en France. J'ai néanmoins conservé le prospectus et l'année suivante, j'ai assisté au programme d'Amma avec mon petit gar-çon, qui avait alors à peu près un an. Dès que j'ai vu Amma, je l'ai reconnue. J'ai aussi reconnu l'énergie, ou l'amour, qui emplissait l'espace autour d'elle. Identique à celui qui régnait dans cet autre monde. Quand Amma dit qu'elle est dans tous les mondes en même temps, je sais que c'est vrai.

Amma est avec nous à chaque instant de notre vie. Elle est avec tous ceux que nous aimons dans ce monde et dans les autres mondes. Une chose est sûre : la mort n'existe pas réellement, seul l'Amour existe.

(Janvier 2013)

Rite de Passage

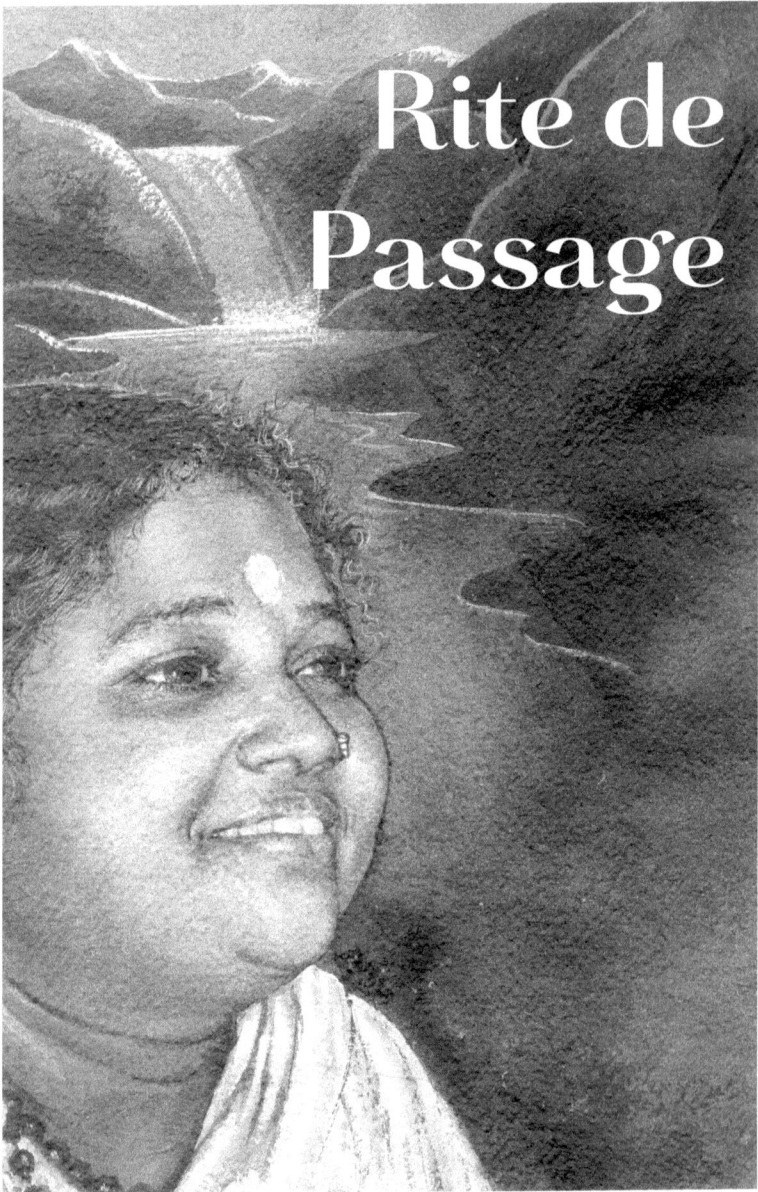

Mère de la Liberté

Aswathi, États-Unis

La vie nous donne beaucoup de leçons. Cette vie-ci m'en a donné un certain nombre. Premièrement, le Seigneur est l'unique véritable soutien et le plus proche ami de chacun d'entre nous. Dieu seul connaît nos pensées, nos besoins et nos désirs les plus intimes, et Lui seul peut porter le fardeau de nos peines et de nos souffrances. Deuxièmement, nous apportons avec nous les fardeaux de nos vies passées, et nous devrions nous efforcer de ne pas alourdir ce fardeau. Troisièmement, avec une foi réelle en Dieu, rien n'est impossible.

Amma m'aide à surmonter de nombreuses difficultés physiques et psychiques, au travers desquelles j'apprends ces importantes leçons.

Je suis née à Chicago, dans l'Illinois, en 1974. J'étais, d'après la description de ma famille, une enfant joueuse et communicative, n'affichant aucun signe de pathologie grave en dehors de l'eczéma, une affection allergique de la peau. De l'âge de deux ans à l'âge de six ans, j'ai vécu à San Antonio, au Texas, années au long desquelles j'ai souffert de sérieux problèmes d'eczéma, ainsi que d'asthme.

En 1983, alors que nous effectuions un voyage en Inde, j'ai eu de graves difficultés respiratoires, en réaction à un remède ayurvédique [2] qui m'avait été administré pour soigner mon eczéma. J'ai été transportée en urgence à l'hôpital. Le lendemain, j'étais rétablie, mais pour la première fois j'avais frôlé la mort et j'ai commencé à entrevoir la fragilité de l'existence.

A notre retour aux Etats-Unis, ma famille a déménagé au Nouveau-Mexique. De 1984 à mai 1985, je n'ai souffert d'aucun problème d'asthme ni d'eczéma. « Enfin libre ! » me suis-je imaginée. Mais Dieu avait d'autres projets pour moi...

---

[2] Ancien système de soins médicaux indien.

Au cours du week-end du Memorial Day de 1985, nous avons rendu visite à des amis à San Antonio. J'ai fait une nouvelle réaction à un aliment que j'avais ingéré, qui a entraîné un arrêt cardiaque et respiratoire. Bien que plusieurs médecins et infirmières se soient trouvés dans la maison, aucun n'est parvenu à me réanimer. Plus tard, nous avons même découvert qu'un possible antidote s'était alors trouvé sur les lieux. Mais, en voyant cette enfant de dix ans leur filer entre les doigts, tous les adultes étaient tellement paralysés par la peur qu'aucun ne s'en est souvenu.

Seule ma mère, que sa foi en Dieu a toujours guidée, a réagi. Elle m'a conduite en urgence à l'hôpital le plus proche. Cette fois, je me suis absentée de ce monde pendant quatre-vingt-sept jours. Les pronostics des médecins n'offraient aucun espoir. Ils affirmaient que mon cerveau était « mort », suggérant que je sois placée dans un établissement spécialisé. Comme ma famille se refusait à m'abandonner, j'ai été ramenée à la maison, inconsciente et dans un état végétatif.

Au spectacle de mon corps désespérément immobile et de ma totale incapacité à communiquer, les membres de ma famille voyaient leur angoisse augmenter de jour en jour. Mais ils n'ont pas perdu la foi. Ils ont prié pour que je revienne à la vie ou que je sois libérée, selon la volonté de Dieu. Ma mère a veillé à mon chevet en permanence, tout en priant.

Lorsque je considère les événements qui nous ont alors frappés, j'y vois la mise en pratique de nombreux enseignements d'Amma. Nous ne sommes rien face à la volonté de Dieu. En même temps, notre foi est déterminante dans la façon dont nous réagissons à la destinée qui est la nôtre. Allons-nous l'accepter stoïquement ou bien nous efforcer de remédier à la situation ? Ma famille a compris que la résolution de ma situation se situait bien au-delà des capacités humaines. Leur abandon total face à la volonté divine nous a tous aidés à développer une profonde intimité spirituelle avec Dieu, qui nous a rendus plus forts pour affronter les nombreuses difficultés à venir.

Ma grand-mère, qui ne savait ni lire ni écrire l'anglais, et qui n'était jamais montée dans un avion auparavant, a voyagé seule du Kerala jusqu'à Albuquerque afin de venir nous soutenir et nous offrir toute l'aide possible. Elle se sentait à tel point en devoir d'être auprès de nous qu'elle a refusé d'attendre que quelqu'un puisse l'accompagner jusqu'aux Etats-Unis. Tout au long du voyage, elle a porté un écriteau qui disait : « Je vais en Amérique. S'il vous plaît, aidez-moi. » Elle a manifesté un total abandon de soi, associé à la force de caractère qui nous vient lorsque nous sommes résolus à accomplir ce qui est juste dans une situation difficile.

Pendant ce temps, Dieu, inondé par les requêtes de centaines de parents et amis qui lui dédiaient prières et offrandes, a décidé de me renvoyer parmi les miens ! Le 20 août, alors que ma sœur me chatouillait les pieds, je me suis « réveillée » en riant.

Après avoir repris conscience, je pleurais constamment. J'ignorais ce qui arrivait à mon corps ; il n'était plus placé sous mon contrôle. J'étais clouée en permanence à un lit et j'avais partiellement perdu la vue. C'est alors que j'ai commencé à expérimenter réellement la fragilité de l'existence matérielle. Les médecins décrivaient mon état en ces termes, « encéphalopathie anoxique avec dommages cérébelleux. » Je le nomme, « chemin intérieur d'Amma, un passage spirituel. »

C'est en mai 1987 que nous avons entendu parler d'Amma pour la première fois. L'une de mes tantes nous a écrit au sujet d'une sainte du Kérala qui prêchait et pratiquait l'amour inconditionnel. Par chance, nous avons reçu sa lettre avant qu'Amma n'arrive aux Etats-Unis à l'occasion de son premier tour du monde. Nous avons appris qu'après la Californie, Amma s'arrêterait à Santa Fe, au Nouveau Mexique. Il n'existe au Nouveau-Mexique qu'un seul aéroport où Amma pouvait atterrir et c'est celui d'Albuquerque, à quinze minutes de chez nous !

Nous n'allions donc même pas devoir aller jusqu'à elle ; elle venait à nous, au beau milieu du désert du Nouveau-Mexique ! La venue d'Amma fut comme une pluie d'amour qui s'est déversée sur nos cœurs assoiffés. Je pense réellement que c'est l'intense adoration de la Terre Mère par de nombreux natifs américains, et par d'autres personnes vivant sur cette terre hautement chargée de spiritualité, qui a attiré Amma vers ses enfants.

Ma famille et moi étions parmi la poignée de dévots occidentaux rassemblés à l'aéroport pour accueillir la « sainte » venue d'Inde. J'étais dans un fauteuil roulant, mes capacités visuelles toujours limitées à une courte distance. Dès qu'Amma est descendue de l'avion, elle a marché les bras ouverts jusqu'au groupe que nous formions et a étreint et embrassé chacun de nous, en demandant comment nous avions été mis au courant de sa venue. Elle se comportait comme quelqu'un qui nous aurait connus depuis toujours, et nous nous sommes sentis étrangement à l'aise avec cela, comme si nous étions des membres de sa propre famille à qui elle rendait visite.

Nous étions la seule famille du Kérala présente à l'aéroport. Amma a immédiatement pris la rose que je tenais dans ma main à son intention. Puis elle nous a étreints, moi et les membres de ma famille, et a discuté un long moment de notre situation avec nous. Elle ne semblait pas remarquer que j'étais physiquement « différente » des autres. Elle s'est ensuite adressée à nous en malayalam et nous a demandé de venir à Santa-Fé, où elle allait séjourner. A notre arrivée là-bas, Amma nous a parlé longuement et elle m'a frotté tout le corps avec du *vibhuti* (cendre sacrée).

Je comprenais ce que disait Amma, mais je ne parlais pas couramment le malayalam. Amma nous a ensuite demandé, à mon frère, Ashok, ma sœur Asha, et moi-même, de ne pas oublier notre langue maternelle. Nous avons assisté aux bhajans du soir, après quoi, nous étions tous accros ! Une immense transformation s'est opérée en chacun de nous, que je serais bien incapable d'expliquer. Tout ce que je peux dire, c'est qu'imaginer la vie sans Amma nous est à présent impossible.

Nous avons demandé à Amma si elle accepterait de bénir notre maison par sa présence physique et le troisième jour, Amma est venue chez nous. Nous n'avons même pas songé à accomplir une adoration de ses pieds, ainsi qu'il aurait convenu.

Nous l'avons juste accueillie à bras ouverts, les larmes jaillissant spontanément de nos yeux. Elle a ri et plaisanté avec nous, puis un petit programme a eu lieu dans notre salon, composé d'une puja et de bhajans. Toutes les personnes venues chez nous ce jour-là ont reçu personnellement le darshan d'Amma. Les swamis (alors de jeunes brahmacharis) nous ont raconté des histoires sur Amma. Je me souviens avoir remarqué à quel point ils étaient heureux ; une joie enfantine rayonnait d'eux.

Plus que tout, le doux sourire d'Amma et son étreinte aimante ont considérablement allégé notre chagrin. Depuis ce jour, je me suis efforcée de vivre autant que possible dans cet état d'esprit, qui consiste à être heureux.

En 1989, nous avons déménagé dans l'Indiana et avons commencé à voir Amma lors des programmes de Chicago. Amma donnait toujours des *Hershey's Kisses* (un petit chocolat américain) en *prasad*, depuis qu'un dévot lui en avait offerts dans les premiers temps du tour des Etats-Unis, et qu'elle en avait alors distribué tout autour d'elle. En 1992, l'omnisciente Amma m'a donné un de ces bonbons, fourré d'amandes à l'intérieur. Jusqu'à ce jour, nous étions convaincus que j'étais mortellement allergique à toutes les sortes de noix, pensant que c'était leur ingestion qui m'avait plongée dans le coma. Parce que c'était du *prasad*, je l'ai mangé. Mon *prasad* contenait des amandes, mais pas celui de ma mère. Ma mère s'est tournée vers moi pour me demander quelque chose. Lorsque j'ai répondu, elle a senti l'odeur d'amande dans mon haleine et a paniqué. Mais il ne s'est rien passé du tout. Nous avons alors éprouvé une immense gratitude à l'égard d'Amma pour sa protection.

Depuis l'enfance, ma sœur aspirait à retourner en Inde pour y accomplir du service désintéressé, et Amma l'a encouragée et guidée sur cette voie. Quant à mon frère, il a complètement changé de vie après sa rencontre avec Amma. Peu à peu, notre famille entière a de nouveau tourné son regard vers l'Inde. Nous nous y sommes finalement réinstallés et je vis à présent la plupart du temps à Amritapuri.

1994 a été pour moi une période d'effondrement physique et émotionnel. J'ai tout d'abord fait deux chutes successives. Je suis tombée à travers une grande fenêtre. Ma robe était toute déchirée, mais mon corps ne présentait aucune coupure. Puis, alors que je réapprenais à marcher, un second accident est survenu. Une voiture qui avait démarré de façon inattendue m'a percutée. Par chance, elle roulait lentement. A part quelques nerfs froissés, j'étais indemne ! Cette même année, mes allergies ont empiré et j'ai sombré dans la déprime.

J'écoutais en permanence des bhajans chantés par Amma, je priais constamment, en la suppliant d'alléger ma détresse. Elle a accédé à ma prière, mais à sa façon, et bien souvent pas aussi vite que je l'aurais souhaité !

Une année, alors que ma famille se trouvait en Californie avec Amma, elle m'a demandé de proposer quelques prénoms indiens à donner aux dévots occidentaux. J'ai mentionné des prénoms longs et un peu démodés comme 'Parameshwaran' et 'Narayani', parce que je les aimais vraiment. Amma a plaisanté et ri un long moment à ce sujet. Elle m'a rappelé de toujours rire et de toujours conserver à l'esprit l'image de l'arc-en-ciel qui apporte du bonheur aux gens, en dépit de sa nature éphémère.

En 1997, nous sommes allés voir Amma à Boston et à Rhode Island. A notre arrivée, j'ai eu le sentiment que quelque chose allait survenir et cela a été le cas ! Comme d'habitude, j'ai consommé la nourriture que ma mère avait préparée spécialement pour moi. Mais j'ai également voulu goûter quelque chose que les autres mangeaient.

Ma mère m'a donné un morceau de concombre provenant de la salade préparée pour les dévots. Ce n'était pas la première fois que j'ingérais du concombre, mais, pour une raison inconnue, cette fois-là, j'ai été très malade. Nous sommes allés au darshan d'Amma et je lui ai expliqué que je ne me sentais pas bien. Elle m'a recommandé d'aller m'allonger immédiatement et de me reposer. Nous allions donc sortir du hall pour regagner notre chambre quand une voix intérieure m'a soufflé de m'étendre par terre, à l'endroit-même où je me trouvais.

A peine allongée, j'ai éprouvé de graves difficultés respiratoires. J'ai été immédiatement entourée par ma « famille d'Amma » qui, sous sa direction, a fourni l'assistance adéquate. Nous avons demandé à Amma si je devais me rendre à l'hôpital. Elle a dit oui, et j'ai été conduite en hâte aux urgences par un dévot qui connaissait bien les hôpitaux de Boston.

Le « hasard » a voulu que le médecin de garde cette nuit-là soit un homme enclin à la spiritualité et un ancien camarade de classe de ma sœur à l'école de médecine. Ses marques d'attention et d'empathie nous ont beaucoup rassurés. La compassion sincère de si nombreuses personnes, nos frères et nos sœurs en Amma, nous a aidés bien davantage que toutes les compétences médicales dont j'avais été entourée en 1985, lors de mon premier arrêt respiratoire. J'ai ressenti de façon tangible la puissance de guérison à l'œuvre en la présence d'Amma.

J'ai été placée dans un service de soins intensifs et sous respirateur artificiel mais, dès le lendemain matin, j'allais beaucoup mieux. Je me suis réveillée si fraîche que j'ai renommé ce service « service de soins intérieurs ». J'ai prié mentalement Amma de me faire quitter cet hôpital au plus vite, afin que je puisse retourner au programme contempler sa forme physique. Comme je me sentais bien, j'ai été très rapidement autorisée à sortir, juste à temps pour participer à la retraite de Rhode Island. Tout le monde était ébahi de me voir revenir aussi vite, comme si j'étais juste allée « faire un petit tour » (ce qui était le cas !) Avec la grâce d'Amma, tout s'est bien terminé.

Amma répond toujours aux appels spirituels de ses enfants. Si nous faisons un pas vers elle, elle en fera cent dans notre direction. Avec l'aide d'Amma, je m'efforce de devenir quelqu'un de meilleur. Parce que mon aspect, ma façon de parler et ma façon de marcher sont « différents », la plupart de mes amis d'enfance ne savent pas comment se comporter avec moi et au fil du temps, nous nous sommes éloignés les uns des autres. Les gens ont souvent du mal à voir au-delà de mon handicap physique. Ils ont tendance à avoir peur de me blesser, ou à prendre ma situation en pitié. En 1998, ma condition physique m'a plongée dans un état de dépression et de frustration très profond. Suivant le conseil d'Amma, nous nous sommes rendus à Amritapuri, et ma mère et moi y sommes restées. Depuis, ma santé physique et mentale s'améliore continuellement.

J'ai compris qu'Amma voyait jusque dans mon cœur, bien au-delà de mon état physique ou même mental. Et elle connaît parfaitement mes pensées et mes désirs les plus intimes.

Enfant, je n'ai jamais pu exceller dans les études, comme le faisaient mon frère et ma sœur, à cause de mes constantes maladies. J'ai toujours aspiré à enseigner, d'une façon qui m'aurait permis de manifester de la compassion et de la compréhension envers les enfants.

Puis, le coma est survenu, suivi de longues années de rétablissement qui ont sapé mon énergie. Il semblait que je ne serais jamais en mesure de faire quoi que ce soit d'utile dans la vie. Ainsi que je l'ai mentionné plus haut, en 1987, Amma m'avait conseillé d'apprendre le malayalam. Cette simple recommandation avait eu un très fort impact sur moi.

En dépit de mes difficultés motrices et de mes problèmes de vue, j'ai appris à parler, à lire et à écrire le malayalam. Amma savait que ma dépression et ma frustration provenaient de ma peur d'être inutile du fait de mon état physique. Elle a donc suggéré que j'utilise mes connaissances du malayalam et de l'anglais pour aider les résidents étrangers de l'ashram à apprendre le malayalam.

Je l'enseigne à présent à quelques personnes dans l'ashram, et nous rions de bon cœur de nos erreurs mutuelles. Lorsque j'ai commencé, j'ai éprouvé pour la première fois le sentiment d'être utile et d'avoir réussi quelque chose. Je sais que c'est uniquement par la grâce d'Amma que ce bonheur a pu m'être accordé.

Un adage est inscrit aux portes des Etats-Unis, au pied de la Statue de la Liberté. « Amenez-moi vos masses fatiguées, pauvres et assoiffées de liberté, et je les élèverai jusqu'aux portes du paradis. » Amma est la véritable Déesse de la Liberté. Elle se tient en silence dans l'océan du *samsara*, la torche d'amour qu'elle brandit glorieusement dissipant les ténèbres et le désespoir de nos cœurs. Elle est le guide suprême sur le chemin de la vie et au-delà, et c'est à ses pieds de lotus que nous pouvons finalement venir nous reposer.

(Avril 2005)

Amma m'a relevé

Vijaykumar, Inde

Certaines réminiscences peuvent être très douloureuses, spécialement lorsqu'elles dépeignent nos pires moments de défaillance. Je m'accroche pourtant précisément à ces souvenirs-là, car une fois les plus rudes épreuves passées, ils se sont cristallisés dans mon esprit comme les plus grandes leçons que la vie m'ait données. L'existence m'a entraîné jusqu'aux plus profonds abysses, à seule fin de faire émerger le meilleur de moi-même. Et je suis devenu croyant.

Mon histoire débute en 1989. Je vivais à Calcutta où je dirigeais ma propre petite entreprise de marketing en produits chimiques. Les affaires étaient florissantes et j'avais à ma disposition tous les pièges du succès : une voiture avec chauffeur, la carte de membre d'un club prestigieux, et une famille heureuse.

Un jour, ma mère m'a écrit de Shoranur, dans le Kérala, pour me parler d'Amma, me recommandant d'aller la voir lorsqu'elle serait à Calcutta. Elle incluait dans sa lettre toutes les dates des programmes. Je ne pouvais pas heurter ma mère par un refus, malgré toutes mes réticences à rencontrer une femme que les gens acclamaient sous le nom de Mère divine. Des réticences encore renforcées par le fait que la plupart de ses dévots lui présentaient leurs salutations en touchant ses pieds, un geste dévotionnel qui n'avait pas la faveur de mon arrogance.

Mon épouse Girija et moi nous sommes néanmoins rendus au programme d'Amma, davantage poussés par la curiosité que par la dévotion, dois-je avouer. Le darshan se tenait au temple Shastha Samooham Ayyappan, dans le sud de Calcutta. Nous avons rejoint la file de darshan et, lorsque mon tour est venu, un ami de ma famille m'a présenté à Amma.

A ma grande surprise, Amma m'a dit qu'elle avait rencontré ma mère au programme de Shoranur, au cours duquel lui avait été remis un manuscrit du commentaire du *Lalita Sahasranama* (Mille noms de la Mère divine) rédigé par mon arrière-grand-père, Thiruvali Vallikkat Narayana Menon. Elle m'a ensuite étreint affectueusement dans ses bras. Submergé par l'émotion, je me suis immédiatement prosterné et ai touché ses pieds sacrés. Et j'ai répété ce geste lors de chacun des programmes ultérieurs d'Amma à Calcutta !

L'année suivante, Amma est revenue à Calcutta à l'occasion de son second tour de l'Inde. Cette fois, je faisais partie du comité d'organisation. En ce temps-là, chacun de nous pouvait passer beaucoup de temps auprès d'Amma. Girija et moi avons profité de toutes les occasions qui s'offraient à nous de lui parler et de lui poser des questions, auxquelles Amma répondait chaque fois avec humilité et humour. Suite à cela, je me suis mis à vénérer Mère et à la prier.

Les deux années suivantes ont passé en un éclair. Cependant les premiers signes de récession dans mes affaires avaient commencé à influer sur mon mode de vie. J'ai dû vendre ma voiture, et mes visites au club se sont considérablement espacées. L'un de mes amis m'a alors suggéré de tenter ma chance à Ajman, dans les Emirats Arabes Unis. Un homme d'affaires du Pendjab, engagé comme moi dans le commerce de produits chimiques, cherchait quelqu'un capable de développer ses affaires dans cette région du globe. J'ai accepté l'offre et suis parti pour Ajman.

C'est ainsi qu'a débuté ma descente aux enfers. Mon employeur à Ajman, bien que fortuné, était un rustre. Il n'a pas fallu longtemps avant que ses méthodes de travail et l'atmosphère délétère de l'entreprise ne commencent à sérieusement m'affecter. Je souffrais terriblement de la solitude, à des milliers de kilomètres de ma famille, sans personne à qui parler. Compte-tenu de ma nature extravertie, la situation aurait difficilement pu être pire.

Malgré les efforts que je fis pour réprimer mon anxiété et ignorer la tension qui pesait sur moi en me concentrant sur les affaires à mener, rien ne sembla fonctionner. Pressé d'échapper à ce marasme, j'ai commencé à prendre des antidépresseurs. Les drogues ont altéré durablement ma personnalité. J'ai fait ce que les médecins appellent un « burn-out. »

Six mois plus tard, je suis rentré à Calcutta. J'avais perdu près de quinze kilos. Mon visage était tellement émacié et vieilli que certains de mes plus proches amis ont eu du mal à me reconnaître. J'avais regagné la sécurité et la chaleur de mon foyer, mais les regards consternés de chacune de mes connaissances m'incitaient à me réfugier davantage dans ma coquille. Le résultat, c'est que j'ai sombré dans une dépression profonde. Je faisais tout pour me couper du monde, refusant de voir qui que soit ou même de répondre au téléphone.

Durant les premières années de ma maladie, je me souviens avoir prié Amma religieusement. Mais à mesure qu'augmentaient les ravages causés par les médicaments, j'ai cessé de prier. Quelques visites faites avec réticence à un psychiatre du coin n'ont guère soulagé mon malaise. Mon épouse et mes enfants adolescents s'entendaient assener chaque jour de ma part le même refrain : je finirais bientôt dans la rue.

Girija et les enfants ont fait face à la situation en prenant en mains toutes les affaires dont j'avais, dans mon abattement, totalement abandonné la gestion. Girija s'accrochait aux encouragements qu'Amma lui avait prodigués dans une lettre, pour y puiser la confiance nécessaire. Alors que j'étais encore à Ajman, elle avait écrit à Amma, en quête de conseils pour l'aider à traverser cette période difficile. Amma lui avait répondu sur-le-champ, en lui assurant qu'elle était à ses côtés en permanence, qu'elle priait pour son bonheur et son bien-être et que, quelle que soit la dureté de la situation, elle ne devait pas oublier de sourire et d'être joyeuse.

J'ai été assiégé par la maladie quatre années durant, au bout desquelles j'ai commencé à développer des tendances suicidaires. Ma femme faisait tous ses efforts pour me ramener à la raison. Elle m'a emmené dans différents temples dans l'espoir que l'atmosphère qui y régnait aurait quelque effet sur mon esprit. Elle a également projeté plusieurs visites à l'ashram d'Amma mais étrangement, aucune ne s'est concrétisée ; jusqu'au mois d'août 1997.

A mon arrivée à l'ashram, j'ai rencontré Swami Amritaswarupananda et Swami Amritatmananda. Ils avaient tous deux été mis au courant de mon état et m'ont prodigué le même conseil : je devais en parler à Amma.

Le lendemain matin, nous sommes allés au darshan. La file était longue, et j'ai passé tout le temps que j'ai attendu à tenter de donner un cadre à la conversation que je souhaitais avoir avec Amma. Je voulais qu'elle m'offre une solution à mes problèmes, qu'elle m'explique comment m'extirper de ce chaos.

Rien ne s'est déroulé selon mes plans. Dès que je me suis trouvé devant Amma, elle s'est exclamée de façon charmante : « Mon fils de Calcutta est finalement venu me voir ! » Elle a remarqué à l'intention de mon épouse que nos enfants avaient grandi. Ces quelques paroles affectueuses ont suffi à briser la carapace que je m'étais forgée. J'ai éclaté en sanglots.

Pendant les quatre années où je m'étais débattu contre la maladie mentale, mes émotions s'étaient comme asséchées. La capacité de rire ou de pleurer avait fait place en moi au cynisme et au sarcasme. Et voilà qu'après une seule rencontre avec Amma, une transformation radicale s'était opérée. En l'espace de quelques heures, mes émotions sont revenues, ainsi que tous les traits de caractère autrefois liés à ma nature extravertie, avant que les médicaments n'aient fait de moi un zombie.

Lorsque je suis parvenu à contrôler quelque peu mes larmes, Amma m'a de nouveau étreint dans ses bras. Puis, elle a demandé à Girija, à nos enfants et à moi, de nous asseoir auprès d'elle. Ensuite, elle a continué à recevoir les dévots, tout en se tournant de temps en temps dans ma direction en souriant. Je n'ai pas dit grand-chose. Je ne voyais qu'Amma et son amour pour moi et ne pouvais penser à rien d'autre. Au bout de deux bonnes heures, Amma s'est levée et est partie. Un peu plus tard dans la soirée, j'ai rencontré Swamiji, qui m'a demandé si j'avais parlé de mes problèmes à Amma. J'ai secoué silencieusement la tête.

Le lendemain matin, j'étais un autre homme ! L'être tourmenté qui m'avait si longtemps habité avait disparu et j'étais de nouveau moi-même. Je n'arrivais pas à y croire ! Ma réaction immédiate a été d'en informer mon épouse et mes enfants. Eux non plus n'en revenaient pas. Un miracle s'était opéré sous nos yeux ; un miracle qui allait totalement transformer mon existence.

La joie que je ressentais était indescriptible. Par quelque prodige inexplicable, j'étais redevenu la personne volubile que j'avais toujours été. Le temps que nous regagnions Shoranur, les effets de ce miracle avaient commencé à se manifester sur chacun d'entre nous. Mes proches, fous de joie, ont accueilli le bon vieux Vijayan qui leur avait tant manqué avec force rires et embrassades. Quelques jours plus tard, je me suis rendu à Calcutta, à seule fin de réitérer cette expérience avec les amis que j'avais là-bas.

Jusque-là, je considérais Amma comme une sainte. A présent, je la vois comme l'incarnation de la Déesse personnifiée. La façon dont elle a transformé mon esprit demeure pour moi un mystère.

Qui est Amma ? Qu'est-ce qui la rend si exceptionnelle ? Comment rend-elle les épreuves de la vie et ses tribulations plus faciles à endurer ? Le mécanisme ici mis à l'œuvre demeure au-delà de ma compréhension.

Ma situation s'est rétablie aussi vite qu'elle s'était désagrégée. Un mois plus tard, apprenant qu'Amma venait à Chennai, j'ai décidé d'aller la voir. Pendant le darshan, j'ai acquis la conviction qu'Amma est tout ce que Dieu est censé être... et davantage encore. Lorsque je me suis retrouvé devant Amma, son visage s'est illuminé et elle m'a demandé, « Fils, es-tu en mesure de te remettre au travail, à présent ? »

Puis, elle m'a serré fort dans ses bras. Cette fois, je n'ai pas été submergé par mes émotions et j'ai pu m'exprimer. J'ai répondu à Amma que j'étais de nouveau « totalement moi-même ». Que j'avais en fait bien davantage confiance en moi que par le passé et que, par sa grâce et ses bénédictions, j'étais impatient d'affronter l'existence.

Peu de temps après, un vieil ami et associé m'a appelé pour me proposer d'organiser l'implantation de sa société à Singapour. Son offre représentait un défi pour moi. Mais je savais qu'avec la grâce d'Amma, je serais en mesure de tenir mes engagements.

J'ai la ferme conviction que, quelles que soient les épreuves qu'il nous faudra endurer à l'avenir, sa grâce continuera à nous protéger, ma famille et moi. Exactement comme elle protège les multitudes qui ont expérimenté la chaleur de son étreinte. Puisse cette foi ne jamais faiblir en moi.

(Décembre 2000)

Une leçon douloureuse

O. Sham Bhat, Inde

Autrefois, les étudiants indiens considéraient leurs professeurs comme des gourous. Cette pratique n'est pas injustifiée car quelqu'un qui nous a enseigné ne serait-ce qu'une lettre de l'alphabet a contribué à réduire les ténèbres de notre ignorance.

Nous considérons Amma comme le *Paramaguru* (gourou suprême.) Elle nous dit que le gourou est en fait l'incarnation de la *shakti* (pouvoir/énergie cosmique) qui imprègne tout. Celui qui nous mène jusqu'à la Vérité ultime, jusqu'à Dieu, est le *Paramaguru*. Rien n'est impossible au *paramaguru*. Elle peut tout accomplir, en faisant usage de son immense *shakti*, pour élever le disciple venu chercher refuge à ses pieds.

J'ai expérimenté la *shakti* infinie d'Amma et le flot de sa compassion.

Je suis né dans une ville appelée Odiyur, dans le district de Dakshina Kannada, au Karnataka. En 1973-74, j'étais en année de licence à l'université Vivekananda de Puttoor. A cette époque-là, je passais mon temps à créer des problèmes et à me bagarrer.

Un professeur, M.S. Appa, a été nommé directeur de la faculté. Quelques jours à peine après sa nomination, nous avons eu un désaccord au sujet du journal de l'université et je me suis querellé avec lui. Accompagné d'un groupe d'étudiants, j'ai fait irruption dans son bureau, j'ai déchiré le magazine sous ses yeux et j'en ai jeté les morceaux à ses pieds. Le département administratif est intervenu et le différend a été réglé. Toutefois, mon comportement insultant avait sans nul doute gravement offensé le directeur. Il n'y aurait rien eu de surprenant à ce qu'il ait maudit mon arrogance d'alors !

J'ai terminé mes études universitaires, que j'ai complétées par l'obtention d'un diplôme en droit, et je me suis finalement installé à Mysore en tant qu'avocat.

Au bout de quelques années, peut-être grâce à quelque mérite spirituel acquis dans une vie passé, j'ai rencontré Amma. A cette époque-là, j'étais déçu par ce que m'offrait l'existence et surtout, attristé par le fait de ne pas obtenir une juste compensation pour le travail que j'accomplissais. C'est alors que j'ai fait la connaissance d'un *sadhak* (aspirant spirituel) réputé être médium ; ce *sadhak* a affirmé que j'étais victime d'un *guru shaapa*, la malédiction du gourou.

J'étais très surpris ! A ma connaissance, je n'avais rien fait qui me vaille d'encourir la malédiction d'Amma ou du Swami de Ramachandrapura, le gourou vénéré traditionnellement par ma famille. Je l'ai expliqué au *sadhak*, lequel a répliqué qu'il ne s'agissait pas nécessairement d'un de ces maîtres ; il pouvait également s'agir d'un de mes professeurs à l'université.

Ses paroles m'ont remémoré cet incident honteux que j'avais provoqué à l'université. Le *sadhak* a souri et affirmé, « Un de tes professeurs a lancé une malédiction sur toi ! »

J'étais abasourdi. Ce *sadhak* avait passé son entière existence à Mysore. Il ne pouvait en aucun cas avoir eu connaissance de faits survenus dans ma jeunesse. Son étonnante clairvoyance commençait déjà à m'effrayer. Imaginez le choc qui a par la suite été le mien lorsqu'il a prononcé le nom du professeur M.S. Appa, le directeur de mon école ! En dépit de ma stupeur, j'ai soudain clairement vu la situation.

J'ai demandé humblement au *sadhak* s'il pouvait me suggérer une antidote. « Va voir le professeur Appa et supplie-le de te pardonner, » m'a-t-il simplement conseillé.

J'ai entrepris de retrouver le Professeur Appa, et j'ai finalement appris qu'il était à la retraite et s'était installé à Bangalore. Il avait publié une autobiographie dans laquelle il décrivait cet incident, au cours duquel j'avais cherché à l'humilier, rapportait-il, comme l'unique expérience amère de toute son existence !

S'il m'en tenait encore rigueur à ce jour, comment allais-je obtenir un rendez-vous avec lui ? Et qu'adviendrait-il si le fait de me voir ne réussissait qu'à l'importuner davantage ? Que devais-je faire ?

Un jour, j'ai reçu la visite d'un vieil ami de Shimoga. Etudiant, il avait beaucoup fréquenté les dirigeants politiques, mais il avait changé. Devenu le dévot d'un saint illustre, il menait à présent une existence orientée vers la spiritualité. Comme son gourou n'était plus en vie, il souhaitait rencontrer Amma afin de lui poser des questions se rapportant à lui. Il désirait que je le conduise immédiatement jusqu'à elle. « En Amma, je verrai mon gourou ! » affirmait-il.

Nous nous sommes donc rendus à Cochin, où Amma consacrait un nouveau temple Brahmasthanam. Et tout au long du voyage, mon ami m'a relaté maints récits vantant la grandeur infinie du gourou. Une pensée m'est venue à l'esprit : « Amma est un *satguru*. Elle est l'incarnation de la compassion. Ne m'accorderait-elle pas son pardon pour la faute que j'ai commise envers le directeur de l'université ? »

Tout en recevant le darshan d'Amma, j'ai prié en invoquant mentalement son pardon.

Un mois plus tard, alors que je me trouvais à mon cabinet, j'ai entendu une voix familière s'écrier : « Sham Bhat! »

Le cabinet était alors rempli de clients. J'ai levé la tête et j'ai découvert parmi eux le professeur Appa ! J'ai bondi de ma chaise et je l'ai salué avec révérence. J'ignorais si je devais aborder le sujet qui me tourmentait et comment m'y prendre.

Mais c'est lui qui, de but en blanc, m'a avoué avoir ressenti le désir urgent de me voir, de me pardonner et de m'accorder sa bénédiction. Il s'était rendu une fois à Mysore dans le but de me retrouver, sans succès. Il avait alors contacté des membres de ma famille à Dakshina Kannada. Enfin muni de mon adresse, il était revenu à Mysore dans le seul but, encore une fois, de me donner sa bénédiction !

Il n'est resté que quelques minutes mais avant de prendre congé, il m'a invité à lui rendre visite à Bangalore. Et une fois de retour chez lui, il m'a également écrit une lettre.

Quelques jours plus tard je me suis rendu avec mon épouse chez le vieux professeur Appa, à Bangalore. Je l'ai sincèrement prié de me pardonner mes erreurs passées. Ses yeux se sont emplis de larmes et, de tout cœur, il m'a accordé sa bénédiction. Je lui ai tout raconté : ma rencontre avec le médium qui m'avait appris que j'étais l'objet d'un *guru shaapa*, ainsi que ma fervente prière à Amma.

Au fil de la conversation, nous avons découvert que le jour où je m'étais rendu à Cochin pour recevoir le darshan d'Amma, le professeur Appa s'était de son côté rendu au célèbre temple Vadukkunnaathan (un temple dédié à Shiva), à Thrissur, situé à seulement quelques heures de Cochin. C'est là qu'il avait ressenti le désir de me retrouver pour m'accorder son pardon. Ce sentiment était si intense qu'il avait même acheté un souvenir à mon intention. Le vieux professeur nous a offert ce présent, apposant ainsi sur mon épouse et sur moi-même le sceau de sa bénédiction.

J'ai pris conscience du fait que si nous insultons quelqu'un – un professeur ou qui que ce soit, d'ailleurs – nous en récolterons la conséquence karmique. Cette leçon est gravée à vie dans mon esprit.

C'est uniquement grâce à l'omnipotence d'Amma que j'ai été délivré de l'enfer de cette malédiction. Lorsque nous enroulons autour de nous comme un lien l'amour de la Mère de l'univers, toutes les autres chaînes se brisent.

Puisse mon expérience être pour tous une leçon d'humilité, de sincérité et de loyauté. C'est ma prière à Amma. Sa compassion est illimitée. Tout ce que nous avons à faire, c'est incliner la tête et la rivière de sa compassion se répandra sur nous.

(Novembre 2008)

Un nouveau départ dans la vie

Rahul Menon, Inde

J'ai rencontré Amma pour la première fois quand j'étais à l'école primaire. Mes parents étaient d'ardents dévots d'Amma et m'emmenaient souvent avec eux lors de leurs visites à l'ashram d'Amritapuri. Ces séjours à l'ashram étaient pour moi synonymes de liberté – par opposition à la routine de l'école et à celle que j'étais tenu de respecter à la maison. Et synonymes de bonheur – le bonheur d'être dans les bras d'Amma, d'inhaler son doux parfum, puis de recevoir un bonbon à la fin du darshan. En grandissant, je me suis porté volontaire pour accomplir du *seva* (service désintéressé) et j'ai participé à des camps organisés par l'ashram. Je m'étais également inscrit, là où nous vivions, dans un groupe de bhajans qui chantait lors de fêtes organisées par les dévots en certaines occasions.

Après l'université, la vie m'a mené d'abord à Chennai, puis à Bombay. J'ai décroché ensuite un emploi dans le service commercial d'une société de Dubaï, aux Emirats arabes unis. Je me suis marié, mon épouse et moi avons eu la grâce d'avoir un enfant. Ma femme a trouvé également un emploi, même si sa rémunération était moins élevée que nous ne l'avions espéré. La vie s'écoulait comme un fleuve ni trop lent ni trop turbulent.

Je n'étais pas très sérieux dans mes pratiques spirituelles, même si Amma figurait toujours en toile de fond de mon existence. Ma mère, qui continuait à se rendre à Amritapuri régulièrement, me parlait d'Amma chaque fois que nous nous entretenions au téléphone.

Je passais mes week-ends – le vendredi et le samedi, à Dubaï – à me détendre à la maison ou à sortir avec mon épouse et mon enfant. La catastrophe s'est abattue sur nous une nuit où je rentrais chez moi en voiture, après avoir festoyé avec des amis. J'avais dû m'endormir au volant, à cause de la fatigue et parce que j'avais consommé quelques verres. Lorsque je suis revenu à moi, je me suis rendu compte que j'avais renversé un homme et que je l'avais tué. D'autres personnes étaient également blessées et contusionnées. J'avais commis l'irrévocable.

Le lendemain, je suis allé au commissariat et j'ai confessé ma faute. J'étais bouleversé à la pensée d'avoir ôté la vie à un être humain. Le mot « remords » ne peut en rien décrire l'accablement qui était le mien. J'implorais le pardon d'Amma ; je priais pour qu'elle prenne soin des proches du défunt ; maintes fois, je me suis demandé si Dieu me pardonnerait jamais.

Le tribunal a mis environ trois mois à prononcer son verdict : 34 *lakhs* (3.4 millions de roupies) de dommages et intérêts, assortis d'une amende de 5 lakhs (500.000 roupies) et de deux ans d'emprisonnement.

Je n'avais pas les moyens de payer une telle somme. Tout ce qui était en mon pouvoir, c'était de prier Amma. Jusque-là, je pensais que je n'avais pas suffisamment de temps pour prier, j'invoquais un emploi du temps professionnel surchargé. Mais je me surprenais à présent à réciter le *Lalita Sahasranama* trois fois par jour, à prier intensément, accroché aux pieds d'Amma, tout au long de la journée.

J'ai déposé une requête auprès du gouvernement afin qu'il réduise l'amende mais, pendant une année entière, rien ne s'est passé. En réponse à mes ferventes prières à Amma, mon épouse s'est vu offrir un bien meilleur emploi, agrémenté d'un bon salaire, presque au moment où j'ai été emprisonné. Cette nouvelle fit taire mes inquiétudes les plus immédiates concernant la survie financière de ma femme et de mon enfant.

Le miracle suivant survint à la fin du *Ramadan*, le mois de jeûne observé dans l'Islam. A Dubaï, une amnistie est accordée ce jour-là à quelques prisonniers. Mais normalement, seuls des citoyens des Emirats peuvent bénéficier de ce geste de clémence.

Cependant, cette fois-là, mon nom figurait parmi celui d'autres condamnés qui avaient été graciés.

Mon séjour en prison allait être réduit et l'amende de 500.000 roupies, annulée. Le gouvernement ne pouvait toutefois pas intervenir concernant les 3.4 millions de dommages et intérêts que j'avais été condamné à verser aux familles des victimes. En réviser la somme était à la seule discrétion de ces familles. Les parents du défunt étaient compatissants. Mais les autres membres de la famille se montraient intraitables : « Je devais payer l'intégralité de la somme. »

Ma mère est allée voir Amma une nouvelle fois pour l'informer de la situation. Amma lui a conseillé de vendre immédiatement la maison que je venais de faire construire et de transférer rapidement l'argent à Dubaï, car les lois y sont très rigoureuses. Ma mère a fait sur le champ les démarches nécessaires. Elle a vendu la maison et organisé le transfert de l'argent quand, miracle suprême, une annonce m'est parvenue à travers le système de communication de la prison : « Vous êtes libre. Vous pouvez partir ! » Lorsque je me suis précipité hors de ma cellule afin de connaître la cause de ce dénouement inattendu, les autorités m'ont informé que quelqu'un – qui souhaitait garder l'anonymat - avait payé ma dette !

Ma mère se précipita de nouveau aux pieds d'Amma, débordante de gratitude, « Amma, c'est toi qui as payé la dette de mon fils, n'est-ce pas ? » Amma s'est contenté de sourire gracieusement et lui a demandé de s'asseoir auprès d'elle. En voyant l'exubérance qui régnait autour d'Amma, de nombreux curieux voulurent savoir ce qui s'était passé. Me voici donc, vous narrant mon histoire – une nouvelle preuve de ce qu'Amma, notre gourou bien aimé, est capable de faire pour nous.

Dans des situations de total désespoir, il se peut que nous courions voir l'astrologue, sans avoir conscience que le gourou est derrière toutes les prédictions et qu'il peut transformer notre destinée si telle est sa résolution. De nombreux astrologues avaient prédit à ma mère que je ne survivrais pas au-delà de 2012.

Peut-être Amma m'a-t-elle caché dans une cellule de prison à seule fin de me soustraire à la vue du Seigneur de la Mort !

Merci, Amma, pour ce nouveau départ dans la vie. Rends-moi digne de ta grâce. Puisse mon histoire permettre à d'autres de renforcer leur foi en toi et d'avancer plus rapidement vers le but de l'existence.

(Septembre 2014)

Transfiguration

VSK, India VSK, Inde

Tel un navire balloté par les flots tumultueux, j'étais depuis de longues années totalement à la merci des désirs et des caprices de mon esprit. J'en avais conclu qu'il n'existait aucune issue à ma situation. C'est alors qu'Amma est entrée dans ma vie. Elle a allumé dans mon cœur la lampe de l'amour, m'a offert un refuge et m'a ramené patiemment jusqu'au rivage de la paix.

Je faisais une brillante carrière et j'avais une famille aimante. Malheureusement, j'étais également affligé de nombreux vices. J'étais un buveur invétéré et je fumais des cigarettes à la chaîne. Je gaspillais parfois mon salaire entier pour satisfaire mes envies. Il m'arrivait de boire au point que mes amis devaient me porter jusque chez moi.

Chaque fois qu'un ou plusieurs membres de ma famille tentaient de me convaincre de renoncer à mes addictions, je me mettais en colère et me querellais avec eux. Il m'arrivait de regretter mes actes et de vraiment vouloir m'extraire du cercle vicieux dont j'étais prisonnier, mais je semblais avoir perdu toute volonté. Je succombais à la moindre tentation. Même les cures de désintoxication ne m'étaient d'aucun secours.

En 1995, l'un de mes amis proches m'a parlé d'Amma. Tout en m'expliquant à quel point elle était extraordinaire, il m'a conseillé d'aller la rencontrer lorsqu'elle viendrait à Puna. J'ai rétorqué que je n'étais pas le moins du monde intéressé par les gourous ou les déesses vivantes. Mais mon ami a insisté jusqu'à ce que j'accepte finalement de l'accompagner. En pénétrant dans l'ashram, j'ai vu Amma assise sur la scène, qui chantait des bhajans. L'intense dévotion qui emplissait l'atmosphère m'a procuré une sensation de paix que je n'avais pas éprouvée depuis de nombreuses années. Vers la fin de la session, Amma a chanté un bhajan qui semblait dépeindre ma situation pathétique :

Ô mon mental, souviens-toi de cette vérité suprême : personne ne t'appartient !
Engagé dans des actions dénuées de sens, tu tournes en rond dans l'océan de ce monde…
Emprisonné dans le piège subtil de Maya, n'oublie pas le nom sacré de la Mère divine.

Mes yeux se sont emplis de larmes. Malgré cela, je ne voulais pas aller au darshan. Je commençais également à ressentir une certaine agitation intérieure, car je n'avais pas fumé depuis une heure. J'ai prétendu devoir partir, à cause d'un « travail urgent. » Mais mon ami, qui ne voulait rien entendre, m'a forcé à rejoindre la file du darshan. A mesure que je me rapprochais d'Amma, mon cœur a commencé à cogner douloureusement dans ma poitrine. « Elle ne me touchera sans doute même pas. Je suis un si grand pêcheur, » ai-je pensé.

Mais les moments qui ont suivi se sont révélés être le tournant le plus décisif de mon existence. Lorsque mon tour est venu, Amma m'a pris dans ses bras et m'a dit à l'oreille : « Vilain fils, je sais dans quelles difficultés tu te débats. Ne t'inquiète pas. Amma est avec toi. Ne perds jamais courage ! »

Ces paroles m'ont atteint si profondément que je me suis mis à pleurer comme un tout petit enfant dans les bras d'Amma. Elle m'a alors demandé de m'asseoir un moment à côté d'elle. Une telle manifestation d'amour et de compassion envers un être aussi insignifiant que moi était, à mes yeux, incroyable ! Les larmes ont continué à couler tandis que je la regardais donner le darshan à l'immense foule rassemblée dans le hall.

Après le darshan, j'étais si comblé par l'amour d'Amma que j'étais incapable de prononcer un mot. Voyant cela, mon ami a souri et demandé, « Tu reviens demain ? » J'ai dit « oui » de la tête avec ferveur.

Ma femme et mes enfants ont été très surpris de ne pas me voir rentrer ivre à la maison, ce soir-là, et à ce point apaisé et aimant. Le lendemain, j'ai emmené ma famille recevoir le darshan d'Amma et dès ce premier darshan, ils sont tous devenus des dévots. Peu à peu, j'ai commencé à sentir que je recouvrais ma force mentale et que la grâce d'Amma allait me sauver.

Au cours d'un des darshans que j'ai alors reçus d'Amma, elle a murmuré à mon intention, « Mon fils, fais juste un pas et Amma en fera cent pour t'aider. Je sais que tu as du mal à t'abstenir d'un seul coup de boire et de fumer, ce qui est dans tes habitudes depuis de si nombreuses années. Réduis graduellement ta consommation et au bout d'un moment, tu acquerras la force d'arrêter complètement. »

J'ai alors pris la décision de m'efforcer de mon mieux de surmonter mes faiblesses. Mais une autre pensée a presque aussitôt traversé mon esprit, « Amma n'est ici que pour quelques jours. Qu'adviendra-t-il ensuite... ? » J'ai senti une grande terreur monter en moi.

Lors du darshan suivant, j'ai exprimé mes craintes à Amma. « Vais-je retomber au fond du gouffre ? » Amma m'a assuré qu'elle ne m'abandonnerait pas. Elle a ajouté qu'elle me donnerait un mantra pendant le darshan de Devi Bhava. Après quoi, je me suis senti grandement apaisé.

A la fin du Devi Bhava, Amma m'a initié à un mantra. A ce moment béni, j'ai senti mon cœur s'alléger, comme délivré de tous les fardeaux qui avaient pesé sur lui. J'ai senti une grande joie et une grande béatitude m'envahir. Après le Devi Bhava, un brahmachari m'a donné les instructions relatives à la récitation du mantra. Quelques heures plus tard, Amma est partie pour Bombay. Je lui ai dit au revoir, les larmes aux yeux, en lui promettant en mon for intérieur de ne plus jamais m'écarter du droit chemin et de réciter mon mantra avec sincérité et dévotion.

Depuis ce jour, je fais régulièrement le *mantra japa* (la répétition du mantra) matin et soir, durant un petit moment.

Bien sûr, contrôler le mental chancelant et l'empêcher de retrouver ses vieux fonctionnements a été un véritable combat. Il y a eu des moments où je me suis senti sur le point de partir de nouveau à la dérive. Mais la récitation du mantra m'a chaque fois donné la force nécessaire et a maintenu mon esprit concentré sur Amma. Mon addiction à l'alcool et au tabac s'en est trouvée grandement diminuée.

Un mois après avoir reçu un mantra d'Amma, j'avais réduit ma consommation d'alcool à un ou deux verres par jour. Ma famille se réjouissait de mes progrès. Un jour, alors que je me servais un verre, l'odeur de l'alcool m'a à tel point écœuré que je n'ai pas pu porter le verre jusqu'à mes lèvres. C'était pourtant la même marque d'alcool que celle que j'avais bue des années durant. A partir de ce moment-là, j'ai développé une telle aversion pour l'alcool que je n'arrivais même plus à en supporter l'odeur. Ainsi, avec la grâce d'Amma, j'ai totalement cessé de consommer de l'alcool.

J'avais également réduit ma consommation de tabac de trois paquets à environ cinq cigarettes par jour. Deux mois après avoir arrêté de boire, j'ai commencé à trouver l'odeur de la fumée de cigarettes si dégoûtante qu'il m'arrivait de m'étouffer. Même lorsque d'autres personnes fumaient autour de moi, j'avais l'impression de suffoquer. C'est ainsi que j'ai arrêté de fumer.

J'étais non-végétarien depuis de nombreuses années. Je ne pouvais imaginer un repas sans viande. Mais avec le temps, je me suis mis à ressentir une aversion pour les plats carnés et à en trouver le goût et l'odeur détestables.

Amma a ainsi progressivement travaillé sur mes faiblesses et m'en a délivré, une par une.

Les mots sont trop faibles pour exprimer ma gratitude envers Amma. Elle a donné à ma vie, qui était devenue un fardeau pour les autres, un véritable sens. Je passais une grande partie de mon temps dans les bars et les restaurants. A présent, je le passe à l'ashram à faire du seva et une *sadhana*. En voyant l'énorme changement qui s'est opéré dans ma vie, bon nombre de mes amis et collègues sont devenus d'ardents dévots d'Amma. La tristesse qui avait longtemps assombri les traits de mon épouse et de mes enfants a fait place, sur leurs visages, à de larges sourires.

L'amour et la compassion d'Amma ont transformé d'innombrables vies. Avoir pris refuge auprès de la Mère divine, dont la protection est indéfectible, est pour nous tous une immense bénédiction.

(Décembre 1997)

Bienvenue dans la vie

Rebekka Roininen, Finlande

J'ai toujours ressenti un vide et un manque que je ne parvenais pas à expliquer. Enfant, déjà, je m'interrogeais sur les mystères de la vie, la mort et l'éternité. Je posais beaucoup de questions, mais personne n'était vraiment en mesure de m'expliquer ce qui survenait après la mort, ou ce qu'était l'éternité, par exemple. Je sentais que la vie ne pouvait pas se résumer à ce que mes yeux en voyaient, qu'il existait quelque chose au-delà, mais j'ignorais quoi.

Mes parents avaient appris la Méditation Transcendentale. Ils nous emmenaient avec eux, ma sœur et moi, à des retraites durant lesquelles nous en acquérions également les bases. En tant qu'enfants, nous n'aimions pas la méditation transcendentale ; cela nous paraissait un peu bizarre, au même titre que les gens qui participaient à ces retraites ! A cette époque-là, la méditation, le yoga et le végétarisme étaient considérés comme bizarres et étrangers à notre culture, si bien que nos parents nous conseillaient de ne pas trop en parler à nos amis, qui risquaient de ne pas comprendre.

Nous aurions préféré être plus « normales », mais nous avons néanmoins eu une enfance heureuse. En ce temps-là, je n'étais pas en mesure de l'apprécier, mais les fondements spirituels que j'ai reçus dans mon enfance m'ont aidée, et m'ont peut-être même par la suite sauvé la vie.

En grandissant, le sentiment de vide et de manque s'est intensifié. J'avais l'impression de ne jamais être à ma place et j'éprouvais un sentiment de non-appartenance. Je ne m'intéressais à rien et presque tout ce que le monde avait à offrir me semblait dénué de sens. L'éducation avait pour principal objectif la réussite sociale. Elle n'encourageait pas les personnes douces et sensibles à développer les valeurs du cœur. De nature silencieuse, introvertie et affreusement timide, je trouvais la vie à l'école et en société difficiles. Un fort sentiment d'être différente des autres me maintenait isolée dans ma tête.

J'ai trouvé un remède à ma souffrance et à mon anxiété en société : l'alcool. En Finlande, les gens boivent beaucoup. M'y essayer semblait donc naturel. Chaque fois que je buvais, je me sentais libre et délivrée de toute peur. Très vite, je suis devenue alcoolique.

Puis j'ai commencé à consommer de la drogue. J'ai voyagé et vécu dans différents pays, tentant de soulager ma souffrance et mon sentiment de vide intérieurs, mais ruinant chaque fois mes chances de rédemption à cause des drogues et de l'alcool. J'ai perdu mes emplois, trahi la confiance des gens, et détruit les amitiés que j'avais pu tisser. J'ai même été arrêtée par la police, causant l'inquiétude incessante de ma famille et sa déception.

Je me suis installée à New York en quête d'une vie meilleure. Mais mon existence, au lieu de s'améliorer, est devenue encore pire. Je n'aspirais qu'à m'amuser et à consommer toujours plus de stupéfiants. J'ai fini par m'injecter de la drogue. Bientôt, la drogue est devenue toute ma vie. Je ne vivais plus que pour en consommer et pour tenir la douleur à distance. Je me levais chaque matin avec la peur d'affronter une nouvelle journée.

Il m'arrivait de manger dans les poubelles ou bien de me nourrir des restes de restaurants. Etonnamment, il y avait toujours de bons samaritains désireux de venir en aide même à des gens comme moi. C'est la leçon que j'ai retirée de cette période sombre de ma vie : il existe beaucoup de gens gentils, et j'ai toujours été protégée.

J'ai essayé à maintes reprises de me débarrasser de mes addictions, mais j'ai chaque fois échoué. J'ai fait plusieurs cures de désintoxication dans des cliniques. A peine sortie, je recommençais à prendre de la drogue. J'étais convaincue qu'il n'y avait pas d'issue, que j'étais folle, et que j'allais continuer ainsi le restant de ma vie, que je n'imaginais pas durer encore très longtemps.

Un jour, j'ai décidé que j'en avais assez. Après m'être battue une semaine durant pour intégrer un programme de désintoxication de longue durée, j'ai finalement été admise dans l'hôpital concerné et, en dépit de tout, j'ai réussi à y rester. Les deux premières semaines, je n'ai pu ni manger ni dormir et pendant les deux semaines suivantes, j'ai continué à vomir tout ce que j'ingurgitais.

J'avais peur de parler aux gens. Malgré cela, je me suis forcée à rester et à supporter cette épreuve. Je refusais de retourner à mon ancienne existence. Il m'a fallu déployer une force quasi surhumaine pour avoir foi en ce programme de rétablissement et y rester, me confronter à moi-même et m'efforcer de changer et de changer ma vie.

Le programme de rétablissement était formidable. Il acceptait les personnes qui n'avaient aucun autre refuge. Il y avait là des criminels, des prostituées et des vagabonds. J'ai connu des personnes qui avaient tué pour de la drogue. Elles n'avaient pas bénéficié des mêmes chances que celles que la vie m'avait offertes. Le slogan du programme était « Bienvenue dans la vie ».

Le programme promouvait une discipline stricte et de nombreux idéaux spirituels. Là, pour la première fois, j'ai senti que les gens m'aimaient pour ce que j'étais et qu'ils croyaient en moi. Et pour la première fois, j'ai eu le sentiment d'avoir des amis.

J'ai vu que même les êtres les plus désespérés et les plus endurcis avaient de la bonté dans le coeur. Ils se sont montrés si généreux à mon égard que j'ai le sentiment de leur devoir la vie.

Ma mère et ma soeur ont entrepris un long voyage jusqu'à ce quartier dangereux de New York pour me rendre visite. Il m'a été douloureux d'être face à elles, mais elles m'ont beaucoup encouragée. Ma mère m'a seulement demandé, « Comment pouvons-nous t'aider? » Mes parents n'ont jamais perdu espoir en moi. Ma mère m'a expliqué qu'elle avait rencontré une « Mère divine indienne », nommée « Amma » et m'a donné un *mala* (rosaire) béni par elle, que j'ai tout de suite accepté. Bien plus tard, ma mère m'a confié avoir rêvé qu'Amma me prenait dans ses bras, avant même qu'elle l'ait rencontrée.

Peu après cette visite, quelque chose a changé. Je me souviens l'avoir dit au psychologue qui me suivait. Il m'a demandé ce qui, à mon sens, avait changé. Je me souviens encore de ma réponse exacte : « Je ressens une paix de l'esprit. »

Etrangement, mon addiction n'avait plus la même emprise sur moi. Ma vie s'est transformée. J'ai laissé tomber les drogues et l'alcool et je n'ai plus jamais cédé à mes anciennes habitudes.

Je suis retournée en Europe et j'ai recommencé à méditer. Je savais que la spiritualité était la seule réponse durable à toutes les problématiques. Le seul moyen de survivre. Ma mère m'a appelée pour m'annoncer qu'Amma venait dans notre ville et que je pouvais aller la voir. J'ai ressenti une grande joie, un grand enthousiasme, et le désir immédiat de la rencontrer. Je me souviens être montée dans un bus par une nuit d'automne pluvieuse.

A mon arrivée, à peine franchie la porte du hall où se déroulait le programme, j'ai éprouvé une sensation particulière. J'ai reçu le darshan d'Amma, puis je suis restée assise au fond de la salle, sans pleinement comprendre tout ce qui se passait. J'avais du mal à croire qu'un être tel qu'Amma puisse exister, quelqu'un capable d'accepter et d'aimer tout le monde de façon inconditionnelle. Je n'aurais jamais pu l'imaginer, jusqu'à ce que je rencontre Amma.

Cette première rencontre n'a rien eu d'extraordinaire. Je n'ai pas eu le sentiment que ma vie avait profondément changé. Cependant, j'en ai gardé quelque chose. J'ai accroché la photo d'Amma au mur, chez moi. Je regardais parfois son visage souriant, mais je n'ai pas beaucoup pensé à elle jusqu'à l'année suivante, où j'ai ressenti le besoin impérieux de la revoir.

Entretemps, ma vision de l'existence avait commencé à changer. Les mystères de la vie avaient toujours occupé mon esprit, mais à présent, je désirais vraiment y trouver une réponse, et j'avais le sentiment que le seul intellect ne serait pas en mesure de m'en fournir une. J'ai commencé à aspirer à une vie plus spirituelle. C'était déstabilisant, parce que j'avais à présent une nouvelle existence dont j'avais envie de profiter pleinement : je voulais étudier, me bâtir une carrière, et mener une vie confortable et « normale ». Autrement dit, je voulais faire ce que je n'avais pas été en mesure de faire auparavant.

Au lieu de cela, j'ai commencé à penser davantage à Amma et à la vie spirituelle. Rien de ce que le monde avait à offrir ne semblait suffisamment satisfaisant, ni valoir la peine de lutter pour l'obtenir. En tout cas, j'avais déjà tenté de trouver le bonheur à l'extérieur, avec des résultats désastreux !

Peu à peu, la présence d'Amma a imprégné mon existence, et après être venue en Inde, j'ai su que je n'avais pas d'autre choix que de rester auprès d'elle. Je voulais dédier ma vie à mon idéal spirituel.

J'ai un jour demandé à Amma pourquoi j'avais dû subir les souffrances liées à l'addiction à la drogue. J'avais besoin de savoir pourquoi quelqu'un comme moi, qui avait eu dans la vie toute les chances possibles, avait sombré de cette façon. Elle m'a regardée avec beaucoup d'amour et a posé sa main sur mon bras. Je revois encore l'expression de son regard et je sens encore le contact de sa main. Elle m'a répondu qu'il m'avait fallu connaître le versant négatif de l'existence afin de ne jamais plus m'y aventurer. Je devais accepter ce qui était advenu et le laisser derrière moi.

Ce fut la touche de guérison finale. Je pense sincèrement que depuis ce jour, j'ai été libre. Je n'ai plus jamais eu envie de consommer de la drogue. Amma m'a non seulement sauvée de mon addiction, soulageant du même coup ma famille de ce terrible poids, mais elle m'a donné bien plus : la quête de l'idéal suprême, une vie fondée sur l'humanité et l'amour véritable.

Avant de rencontrer Amma, j'avais mené l'existence la plus chaotique et indisciplinée qui soit. Suivre une discipline spirituelle n'a pas été facile, mais Amma m'a encouragée à faire ce que je pouvais. Elle ne nous force pas à accomplir ou à accepter quoi que ce soit, tant que nous n'y sommes pas prêts. D'après mon expérience, elle concentre toujours son attention sur l'aspect positif en nous, et j'ai le sentiment qu'elle veut que nous procédions de la même façon.

Elle nous fait des suggestions, mais je pense qu'elle souhaite réellement que nous choisissions nous-mêmes. Elle sait que nous devons être prêts et si nous ne le sommes pas, elle attend patiemment que nous ayons acquis la maturité nécessaire pour recevoir ce qu'elle souhaite nous donner. Je ne me considère pas comme un grand *sadhak*, ni particulièrement douée dans quelque domaine que ce soit. Je n'arrive même pas à me tenir assise le dos droit pendant la méditation !

Mais je peux faire tout mon possible pour m'améliorer. Je le dois au monde, à mes parents et à toutes les personnes qui m'ont aidée à tirer le meilleur parti de moi-même. Même si j'ai parfois le sentiment d'être une ratée, je me dis, « Du moins, j'essaie de m'améliorer. Je ne suis plus la même que celle que j'ai été. »

Après avoir vécu une existence déshumanisée, égoïste, négative et dénuée d'amour, je ne peux que m'améliorer. Ma vie m'ayant été restituée comme un cadeau, j'ai le sentiment qu'elle ne m'appartient même pas. J'ai une dette envers le monde.

Amma n'attend rien de nous, pas même notre amour. Je lui ai avoué une fois que j'ignorais si je l'aimais. Elle a répondu, « Ne te soucie pas de savoir si tu aimes Amma ou pas. Amma t'aime. Aime ton Soi. » Si nous ne pouvons pas nous ouvrir à l'amour divin, comment pourrions-nous donner de l'amour à partir du stock limité dont nous disposons ?

Parfois, je regarde en arrière et me demande comment je me suis retrouvée dans l'ashram d'Amma. Quelle grâce divine m'a sauvée et offert cette vie, si pleine de beauté, d'amour et d'épanouissement ? J'ignore encore comment c'est arrivé et ne le comprends toujours pas. Je sais que de nombreuses personnes ne parviennent pas à se débarrasser de leurs addictions. Je suis reconnaissante et souhaite vivre du mieux que je peux l'existence qui m'a été rendue et tenter, si possible et même de façon infime, d'aider les autres et de leur apporter du bonheur.

Certains d'entre nous doivent souffrir intensément pour pouvoir se tourner vers Dieu. La souffrance est également porteuse d'un cadeau précieux : une compréhension plus profonde de la vie, l'humilité, la gratitude et, plus que tout, une aptitude à comprendre les souffrances des autres. Peut-être mon expérience pourra-t-elle inspirer ou aider quelqu'un. Puisse Amma répandre sur nous tous sa bénédiction en nous dotant d'un cœur bon et aimant.

(Octobre 2014)

Ce mégot de cigarette-là

Indira, Inde

Certaines maisons sont ornées de vases remplis de fleurs superbes, bien qu'artificielles, qui peuvent même exsuder des fragrances agréables. Mais aucune abeille ne s'approche jamais de ces fleurs car il n'y a pas de vie en elles.

Pour beaucoup de gens, la spiritualité est comme ces fleurs artificielles. C'était mon cas. Le matin, un chauffeur me conduisait jusqu'à l'un des temples importants proches de chez moi. Le chef des prêtres se précipitait pour m'accueillir et me donner du *prasad*. Je lui remettais une généreuse *dakshina* (honoraires) et faisais de généreuses donations au temple. Lorsque j'allais écouter un enseignement spirituel, je m'assurais d'être assise au premier rang, avec les invités de marque. En bref, mon époux et moi faisions partie de l'élite « spirituelle » de la ville. Aux yeux de mon mari, faire un don était une façon respectable de dépenser de l'argent qui ne devait pas figurer dans sa comptabilité.

De nos jours, contracter une assurance pour tous les aspects de la vie n'est-il pas chose courante ? Mon époux et moi avions décidé de contracter également une assurance sur la grâce divine. Nos primes prenaient la forme de *homas* et de *pujas* (formes de rituels d'adoration) que nous organisions régulièrement chez nous. De nombreux amis et membres de notre famille y participaient. A ces occasions, mon époux n'éprouvait aucune culpabilité à boire un verre avec ses amis. Il fumait également cigarette sur cigarette. Les seuls moments où on ne voyait pas de la fumée sortir de sa bouche, c'était quand il mangeait, dormait ou priait au temple.

Aujourd'hui, tout cela ressemble à un mauvais rêve. « Oh, Indira ! Une dame qui a toujours fait preuve d'une telle piété ! » se lamentent nos vieux amis. « Tout a changé quand elle a rencontré Sri Mata Amritanandamayi Devi. A présent, elle se promène vêtue de blanc, telle une veuve. Quelle honte ! »

Comment les blâmer pour leur incompréhension ? Ils ne peuvent plus venir festoyer chez nous sous prétexte de participer à des *pujas*. Ni profiter de notre voiture pour se rendre dans des temples éloignés et autres lieux moins spirituellement inspirants, parce que nous ne possédons plus de voiture. Les dons que nous avions coutume de faire pour l'organisation de spectacles de danse ou de théâtre, lors des festivals des temples, se limitent à présent à de très modiques sommes.

Au début, lorsque nous avons appris qu'Amma venait dans notre ville, nous avons totalement ignoré cette nouvelle parce que personne ne nous avait invités à diriger le comité d'accueil. Mais en voyant qu'Amma attirait des foules aussi immenses, nous avons décidé de nous rendre au programme, en pensant que nous n'avions rien à perdre, et peut-être même quelque chose à y gagner.

Nous sommes donc allés voir Amma, avec un grand plateau chargé de fruits, de vêtements, de *dakshina* et autres offrandes. Répondant solennellement aux humbles marques de bienvenue des organisateurs et des *brahmacharis*, nous avons pris place parmi les invités importants qui attendaient le darshan spécial d'Amma.

« A quelle heure pourrons-nous rencontrer Amma ? » avons-nous demandé.

« C'est difficile à dire. Swamiji a informé Amma de votre présence. Elle va vous appeler, » nous a-t-on répondu.

Au bout d'un moment, fatigués d'attendre, nous avons pensé : « N'y a-t-il donc ici aucun protocole approprié pour recevoir des hôtes de marque ? Amma n'a-t-elle pas été informée de qui était là pour la voir ? »

Peu après, un bramachari est arrivé en courant. « *Om namah shivaya !* Amma vous appelle. »

Je suis incapable de décrire notre première rencontre avec Amma. Les vers d'un bhajan me viennent à l'esprit :

kannangu poka manavum calikka
vaakkangu mookam nin munnilamme

Les yeux ne peuvent t'atteindre.

L'esprit ne peut t'appréhender.

Les paroles sont étouffées en ta présence.

Amma a ri de bon cœur à la vue de toutes nos offrandes. « Fils, ce n'est pas ce qu'Amma veut. »

« Dis-moi simplement ce qu'Amma veut, et je l'apporterai, » a répliqué mon époux.

Tandis qu'il prononçait ces mots, j'ai pensé qu'Amma allait nous réclamer une somme d'argent pour le financement du temple.

« Fils, lorsque tu viendras la prochaine fois, apporte un paquet de cigarettes pour Amma. Inutile d'apporter de bonnes cigarettes. Apporte simplement les mégots que tu jettes après avoir fumé. Me les apporteras-tu ? »

J'ai vu l'expression de mon époux se figer, comme celle d'un enfant surpris en train de fumer par sa mère. Le temps que nous regagnions notre voiture ce soir-là, quelque chose dans son attitude avait changé.

« Pourquoi me limiter à un seul paquet de mégots ? Je lui en apporterai une pleine valise. Il ne faut jamais donner trop peu, » a-t-il ironisé. Il a conclu avec un rire amer : « C'est la blague de l'année ! »

Dès qu'il est monté en voiture, il a allumé une cigarette. Mais où était passé l'enthousiasme qu'il manifestait habituellement en le faisant ? Il a pris une ou deux bouffées, avec une expression aussi dégoûtée que s'il avait bu de l'huile de ricin ! La cigarette est restée entre ses doigts tout le long du trajet jusqu'à la maison. Il l'a jetée en arrivant, quand elle a été sur le point de lui brûler les doigts. Je suis descendue du véhicule, j'ai ramassé le mégot et l'ai mis dans un paquet de cigarettes vide, en comptant tout haut : « Un ! »

Ni lui ni moi n'avons dîné. Nous étions occupés à dévorer tous les livres que nous avions achetés au programme d'Amma, en versant souvent des larmes à leur lecture. Nous nous sommes endormis tard cette nuit-là, non pas dans notre chambre équipée de l'air conditionné, mais sur le tapis de notre véranda. Nos enfants, qui avaient alors décidé que leurs parents étaient devenus fous, ne le disent plus, car depuis lors, Amma est devenue leur père, leur mère, leur gourou et leur Dieu.

Lors de notre deuxième darshan, c'est à dire, dès le lendemain matin, nous nous sommes rendus au programme en autobus avec nos enfants et avons attendu patiemment notre tour dans la longue file de darshan, munis du seul présent que nous pouvions offrir aux pieds d'Amma : un paquet de cigarettes contenant un unique mégot !

(Juillet 2016)

Bénédiction

Grâce divine

MKR, Inde

C'est en mars 1998 que j'ai rencontré Amma pour la première fois. Bien que croyant, je nourrissais la stupide illusion qu'il était important tout d'abord de gagner de l'argent et d'atteindre un statut social élevé ; puis, qu'après l'âge de 60 ans, une fois retiré de la vie active, un homme pouvait commencer à accomplir des pratiques spirituelles !

Je possédais une entreprise qui fournissait des produits chimiques. Les commandes affluaient et j'avais le vent en poupe. J'étais très fier de mon succès, que je pensais uniquement dû à mes dons de gestionnaire. Je me considérais comme doté d'une très grande force mentale et d'un optimisme à toute épreuve. Je n'allais pas tarder à comprendre à quel point l'opinion que je me faisais de moi-même était fausse.

Au mois de juin 1997, mon existence a basculé de façon radicale. Mes concurrents ont fait circuler une rumeur mensongère concernant les produits que nous diffusions, et les clients les ont crus. De ce fait, la livraison d'importants stocks de marchandise a été bloquée, ce qui a entraîné la perte de sommes considérables. Tous mes efforts pour trouver de nouvelles ouvertures sont demeurés vains. Malgré des recettes devenues inexistantes, je devais continuer à payer mes factures et mes salariés.

Durant cette crise financière, j'ai passé de nombreuses nuits sans sommeil, à ressasser mes problèmes. Mon fils venait de terminer ses études secondaires et souhaitait intégrer une école d'ingénieur, mais je ne disposais pas de l'argent nécessaire pour payer ne serait-ce que ses frais d'inscription. Pour ajouter à mon infortune, mon épouse est tombée terriblement malade et a dû être hospitalisée. Mes fournisseurs, à qui je devais de l'argent, ont bientôt engagé des poursuites judiciaires à mon encontre. Tous ces mauvais coups du sort étaient plus que je ne pouvais en supporter. Je n'entrevoyais aucun espoir en l'avenir. Qui aurait pu m'extraire de l'océan de misère dans lequel j'avais sombré ?

J'ai commencé à envisager le suicide. Mais alors même que je prenais des dispositions dans ce sens, la pensée d'abandonner ma femme et mes enfants m'a empêché de franchir ce pas radical.

C'est à ce moment-là que j'ai entendu parler d'Amma, par un membre de ma famille venu rendre visite à mon épouse à l'hôpital. Ardent dévot d'Amma, il m'a insufflé de l'espoir, affirmant que je devais avoir foi en Amma, qui était l'incarnation de la Mère divine, de l'amour et de la compassion. Il m'a communiqué les dates de la venue d'Amma à Bombay, et m'a donné une cassette audio de bhajans d'Amma. Lorsque j'ai entendu sa voix, je n'ai pas pu contrôler mes larmes. J'ai senti une grande paix emplir mon cœur, et le fardeau de mes chagrins se réduire considérablement. J'ai alors décidé de la rencontrer.

Je suis arrivé à l'ashram de Bombay le premier jour du festival du temple Brahmasthanam. Le rassemblement humain, dans le hall, était si important que j'ai douté de pouvoir rencontrer Amma et lui confier mes problèmes. Mais un des brahmacharis avec lesquels j'ai parlé ce jour-là m'a assuré qu'Amma rencontrerait chacune des personnes présentes.

Tout en avançant dans la file du darshan, je me demandais, l'esprit assailli par les doutes, « On dit qu'Amma est omnisciente et omnipotente. Mais connaît-elle réellement mes problèmes ? » Lorsque je me suis enfin approché d'elle et que j'ai vu son visage souriant et plein de compassion, j'ai commencé à pleurer. Et quand mon tour est venu de passer au darshan, je me suis effondré dans ses bras. Amma m'a murmuré à l'oreille, « Mon fils chéri, le Divin va s'occuper de tout. Donne cette pomme à ta femme à l'hôpital. » Elle a déposé le prasad, ainsi qu'une pomme, au creux de mes mains. Je n'avais pas exposé mes problèmes à Amma. Comment pouvait-elle savoir que mon épouse était hospitalisée ? En ressortant du hall, j'étais un autre homme. Je savais qu'Amma allait prendre soin de moi.

Je me suis rendu directement de l'ashram à l'hôpital, et j'ai donné le prasad d'Amma à mon épouse. Elle était très affaiblie par la maladie. Cependant, les médecins n'arrivaient pas à faire un diagnostic.

Cette nuit-là, j'ai dormi profondément pour la première fois depuis de longs mois. Lorsque j'ai rendu visite à ma femme l'après-midi suivant, les médecins m'ont informé que sa température, très élevée depuis plusieurs jours, était redevenue normale. Et les résultats des tests sanguins effectués ce matin-là étaient tous bons. Les médecins étaient très surpris. Je leur ai expliqué que le rétablissement de mon épouse était dû aux seules bénédictions d'Amma, le médecin divin. Mon épouse et moi avons tous deux versé des larmes de gratitude envers Amma.

De l'hôpital, je suis directement retourné voir Amma. Quand je l'ai remerciée d'avoir guéri mon épouse, Amma a ri et répliqué : « La grâce divine l'a sauvée. »

J'ai répondu, « Je sais qui est le Divin : Amma ! »

Les deux jours suivants, j'ai passé la plupart de mon temps à l'ashram et le dernier jour, j'ai senti une grande transformation s'opérer en moi. Pendant le darshan de Devi Bhava, j'ai reçu un mantra d'Amma. Elle partait le lendemain matin pour Baroda. Lui dire au revoir a été un réel crève-cœur.

J'ai commencé à réciter mon mantra de plus en plus régulièrement et, dès que j'en avais le temps, je me rendais à l'ashram. Au bout de quelques jours, mon épouse est sortie de l'hôpital. Même si l'état de mes finances ne s'était guère amélioré, je sentais en moi une grande force intérieure qui me permettait d'affronter la situation.

Un matin, j'ai reçu une mise en demeure m'informant que je devais verser une importante somme d'argent avant une semaine, sous peine de poursuites judiciaires. J'ai essayé de mon mieux de rassembler cette somme, mais personne n'était disposé à m'aider. Trois jours avant la date limite, j'ai pleuré devant la photo d'Amma, en la priant instamment de m'indiquer une issue à cette crise.

L'après-midi suivant, j'ai reçu un courrier d'un de mes vieux clients, m'exprimant ses regrets pour avoir annulé une précédente commande à cause de la propagande mensongère diffusée par mes concurrents ; il souhaitait reprendre les transactions avec ma société et avait inclu un chèque en guise d'avance. La somme correspondait exactement à celle que je devais verser deux jours plus tard. J'ai posé l'enveloppe devant la photo d'Amma et me suis prosterné devant elle, les joues inondées de larmes.

Aujourd'hui, la situation a changé du tout au tout. La plupart de mes clients me sont revenus, et j'ai presque remboursé toutes mes dettes. Par la grâce d'Amma, mon fils a été admis à l'école d'ingénieurs. Tous les membres de ma famille sont devenus d'ardents dévots d'Amma. Nous récitons chaque jour sans faillir l'*archana* (récitation d'une litanie de noms divins) et chantons des bhajans. Et chaque fois que nous avons du temps libre, ne serait-ce qu'une semaine, nous nous précipitons à l'ashram d'Amritapuri afin de recevoir le darshan d'Amma.

(Février 1999)

Véritable payasam

Ahalya (Maila Korhonen), Finlande

J'ai entendu parler d'Amma pour la première fois au printemps 1995, dans un documentaire diffusé à la télévision finnoise. Ce court programme a suffi à me faire comprendre qu'Amma était mon seul espoir de saisir le but réel de l'existence. Auparavant, j'avais tenté de donner un sens à ma vie en m'engageant dans la lutte révolutionnaire. Mon idéal était de réduire les souffrances des pauvres. [3] Je pensais que le bien-être matériel résoudrait leurs problèmes. On peut consacrer sa vie entière à aider les pauvres. Mais même mille vies n'y suffiraient pas, si l'on n'a pas saisi le sens et le but de l'existence. Au bout de plusieurs années, j'en étais venue à comprendre que rien n'avait réellement changé. Rien, sauf l'espoir qui m'avait autrefois animée – je l'avais perdu.

Mais la découverte d'Amma lors de ce programme télévisé a ravivé mon espoir de parvenir à comprendre le sens et le but de l'existence. J'ai recherché le producteur du documentaire et acheté une copie de la vidéo afin de mieux voir Amma. Tout au long des mois qui ont suivi, elle a occupé mon esprit en permanence. Il m'est même arrivé de rêver d'elle. J'ai finalement su que je devais à tout prix la rencontrer. J'avais appris qu'elle se rendrait à Stockholm au mois d'août. Je n'avais pas l'argent du voyage, mais j'ai trouvé un moyen de me le procurer.

J'ai passé des journées inoubliables à Stockholm, auprès d'Amma. J'avais le sentiment d'avoir déjà vécu auprès d'elle et que bientôt, je serais de nouveau près d'elle. J'ai ressenti cette même proximité avec ses enfants de l'ashram. J'ai commencé à m'interroger sur les moyens de me rendre en Inde. Je savais que ce projet exigerait du temps. En attendant, j'ai donc décidé

---

[3] La guerre civile qui eut lieu au Salvador entre 1980 et 1992.

d'apprendre le malayalam, la langue maternelle d'Amma. Mais comment apprendre le malayalam en Finlande?

Je me suis assise devant la photo d'Amma et me suis adressée à elle : « J'aimerais parler ta langue. Un jour, je te parlerai en malayalam. » J'ai également confié ce désir à l'une des enfants d'Amma en Finlande, qui m'a alors offert un livre d'apprentissage du malayalam. De retour chez moi ce jour-là, j'ai couru jusqu'à la photo d'Amma pour la remercier. Mais en ouvrant le livre, j'ai découvert qu'il enseignait le malayalam en anglais et non en finnois. Je me suis mise à chercher partout quelqu'un susceptible de m'enseigner cette langue. Très peu de personnes originaires de l'Inde résident en Finlande. En trouver une qui vienne du Kérala semblait presque impossible.

J'ai prié Amma sans relâche. Un vendredi après-midi, j'ai même appelé l'ambassade indienne, mais elle était fermée. Même ce mince espoir allait devoir attendre la semaine suivante. Le lendemain, je me suis rendue chez un photographe pour y faire faire une copie d'une photo d'Amma. L'homme qui se tenait derrière le comptoir m'a demandé d'y déposer la photo et de revenir une demi-heure plus tard. Comme je m'apprêtais à ressortir, il a regardé le cliché et, se ravisant, a déclaré qu'il pourrait peut-être faire la photocopie d'ici quelques minutes.

Il y avait peu de clients dans la boutique et la plupart attendaient devant l'autre comptoir. En regardant derrière moi, j'ai découvert un couple avec un enfant en bas âge, qui ne se trouvait pas là un instant plus tôt. Ils m'ont adressé un grand sourire, auquel j'ai répondu. Ils me paraissaient étrangement familiers et semblaient être originaires de l'Inde. L'épouse s'est approchée de moi et a demandé si la femme sur la photo était indienne. « Oui, » ai-je répondu. « C'est une Sainte-Mère du Kérala. »

« Je suis moi aussi du Kérala, » a renchéri mon interlocutrice.

« C'est formidable ! » me suis-je aussitôt exclamée. « J'aimerais justement apprendre le malayalam. »

« Je peux vous l'enseigner, » a assuré la femme.

Tout s'est déroulé à une vitesse et avec une fluidité extraordinaires.

L'offre de cette femme n'était pas motivée par l'argent, ce qui était heureux car je n'en avais guère. Elle était disposée à enseigner sa langue non seulement à moi, mais aux autres enfants finnois d'Amma. Cette femme ne connaissait pas Amma. Maintenant, elle la connaît et à présent, j'apprends le malayalam. Nous avons toutes deux le sentiment que c'est Amma qui nous a réunies. Nous avoir amenées, elle - une des rares personnes en Finlande à parler le malayalam - et moi, au même moment et en un même lieu, ne peut être que l'œuvre de Dieu.

~

Je me suis souvent interrogée sur la source de la douceur qui nous attire vers Amma. Le seul endroit où j'aie goûté une telle douceur est dans les *Puranas*,[4] spécialement dans les récits relatifs au Seigneur Krishna.

Peu à peu, à force d'observer Amma, j'ai commencé à comprendre la raison de cette douceur si attrayante. C'est grâce à sa pureté, à son amour, à son altruisme et à son détachement que chacune de ses actions, chacune de ses paroles, que tout en elle, est incroyablement doux. Elle exprime tout si pleinement et si parfaitement ! Je l'ai un jour vue recueillir un minuscule insecte sur son genou à l'aide d'une brindille, puis le déposer sur le sol, avec une concentration, une patience et une attention totales. J'ai senti, dans ce simple geste, la douceur de son amour envers chacun des êtres de la création. De même que le sucre a la propriété de conserver la nourriture, la douceur d'Amma préserve dans nos cœurs le souvenir d'expériences vécues auprès d'elle,

---

[4] Anciennes Écritures traditionnelles hindoues contenant les enseignements éthiques et cosmologiques relatifs aux Dieux, à l'homme et au monde. Ils s'articulent autour de cinq thèmes : la création 'primitive,' la création secondaire, la généalogie, les cycles du temps et de l'histoire. Il existe 18 Puranas majeurs.

de façon à ce que nous puissions les savourer, y réfléchir encore et encore, et nous imprégner ainsi de leur sens véritable.

L'expérience suivante m'a montré qu'Amma est omniprésente et que c'est elle qui accomplit en réalité toute action. C'était il y a quelques années, à Amritapuri, quelques jours avant mon anniversaire. Amma se trouvait alors en Amérique du Nord. Ce jour-là, assise en méditation dans le hall, je me suis adressée mentalement à Amma. Ce serait merveilleux, lui ai-je dit, si du *payasam* (dessert sucré) pouvait être distribué à tous les résidents de l'ashram le jour de mon anniversaire. D'ordinaire, nous ne recevons du payasam que lorsque quelqu'un a fait un don à l'ashram, avec la requête spécifique d'utiliser cet argent pour offrir du *payasam* aux résidents de l'ashram. Dans ma prière à Amma, j'ai ajouté qu'il me serait égal de ne pas en recevoir personnellement. Puis j'ai totalement oublié cette requête.

Le jour de mon anniversaire, je ne suis pas allée déjeuner au réfectoire. Je me suis réunie avec quelques amies finlandaises. Nous avons mangé des fruits et chanté des bhajans, puis, nous sommes allées nager à la piscine.

Là, j'ai demandé à une autre résidente ce qu'elle avait eu à déjeuner. Elle m'a répondu qu'elle ignorait ce qui avait été servi pour le déjeuner. Elle ne s'était rendue dans la salle à manger que pour aller y chercher une part du *payasam* qui y était distribué.

Interloquée, j'ai aussitôt couru jusqu'à la cuisine afin de vérifier qu'il y avait bien eu du *payasam* pour le déjeuner. L'une des personnes qui travaillait là me l'a confirmé, tout en précisant qu'il n'en restait pas. Je désirais uniquement savoir qui avait sponsorisé cette distribution, lui ai-je expliqué. Une brahmacharini m'a alors indiqué qu'il s'agissait d'un homme âgé qui séjournait à l'ashram et qui avait souhaité fêter son anniversaire en faisant distribuer du *payasam* à tous les résidents. Ce n'était en fait pas encore le jour de son anniversaire. Mais comme il était malade et avait été admis à l'hôpital de l'ashram, il avait souhaité le célébrer d'ores et déjà ainsi, au cas où il ne vivrait pas jusque-là.

En entendant cela, j'ai aussitôt voulu rendre visite à ce vieil homme à l'hôpital. Je lui ai parlé de ma prière à Amma. Il a été enchanté d'apprendre que son propre souhait de célébrer son anniversaire à l'avance, en faisant ce plaisir aux résidents de l'ashram, y avait si bien fait écho. Nous nous sommes tous deux sentis bénis d'avoir été les instruments d'Amma en cette douce occasion. Il a quitté ce monde quelques mois plus tard. Durant cette période, c'est la seule fois où du *payasam* nous a été offert.

La façon dont Amma a orchestré cet épisode du début à la fin m'a rappelé le précepte qui affirme que Dieu accomplit tout sans rien accomplir. Amma nous fait agir. Cette expérience m'a également montré que, bien que nous puissions ne pas en avoir conscience, nous sommes des instruments entre les mains de Dieu.

Bien sûr, doutant de la divinité d'Amma, on pourrait parfaitement demander : « Comment sais-tu que c'est Amma qui a répondu à ta prière ? Peut-être est-ce Dieu qui y a accédé ! » Je lui narrerais alors l'expérience suivante, laquelle m'insuffle la foi dans le fait que Dieu et Amma ne font qu'un.

Une nuit - c'était il y a longtemps - je réfléchissais, assise sur mon lit, dans une chambre qui faisait face à la cour du bâtiment où réside Amma. Il était environ minuit. Par la fenêtre, je voyais Amma assise sur un tabouret sous un arbre, entourée de quelques swamis et brahmacharis. Je me demandais, le cœur plein de tristesse, si j'allais pouvoir demeurer plus longtemps à l'ashram. Cela faisait deux ans et demi que j'y résidais. Je n'avais plus d'argent. Je ne savais pas quoi faire. Ma foi en Amma n'était alors pas suffisamment forte, et j'ai sombré dans le désespoir.

Dans cet état d'affliction, j'ai commencé à prier Dieu – non pas Amma. En ce temps-là, avant d'avoir développé une foi totale en la divinité d'Amma, j'adressais mes prières à Dieu, un Dieu sans nom, sans forme ni qualité spécifiques. Je lui ai demandé de me guider : « Dieu bien aimé, dis-moi ce que je dois faire. Je veux Te consacrer ma vie. Où devrai-je aller si je ne suis pas destinée à demeurer ici ? »

Cette prière montait du plus profond de mon cœur. Je voulais réellement connaître la volonté de Dieu concernant la suite de mon existence. Ma prière achevée, j'ai vu qu'Amma était toujours assise sur le tabouret, entourée des mêmes personnes. Je me suis demandé si elle savait que j'avais dirigé mes prières vers Dieu et non vers elle.

Le lendemain même, quelqu'un est venu me dire qu'Amma m'appelait. Mais le temps que cette information me parvienne, le darshan était déjà terminé et Amma avait regagné sa chambre. Le jour de darshan suivant, je me suis donc rendue auprès d'Amma. Elle m'a appelée par mon nom et m'a regardée dans les yeux, me donnant ainsi le sentiment d'être très proche d'elle. Puis elle a décrété : « Tu restes ! » Après quoi, elle a continué à donner le darshan, comme d'habitude. Etait-ce tout ? me suis-je demandée, légèrement désorientée. Mais c'était tout, en effet. Par cette réponse, elle avait tout dit. Je n'avais parlé à personne de la prière que j'avais adressée à Dieu quelques jours plus tôt. Seul « Dieu » en connaissait la teneur exacte. Et Amma avait répondu directement aux questions que j'avais posées à Dieu.

Amma affirme que les paroles d'un *mahatma* (âme spirituellement éveillée) sont si puissantes qu'elles se réalisent tôt ou tard. Mon problème était résolu et je réside toujours à Amritapuri.

J'ai fait plusieurs expériences similaires de l'omniscience d'Amma. Celles-ci m'ont fait comprendre qu'elle est, en réalité, l'Être omniscient suprême. Nous n'avons pas conscience du rôle d'Amma dans tout ce qui est. Nous sommes si absorbés par notre bavardage mental que nous ne parvenons pas à entendre la douce voix d'Amma à l'intérieur de nous. Un soir, avant de m'endormir, j'ai prié Amma, en lui demandant pourquoi je ne parvenais pas à la voir - c'est-à-dire, à voir la véritable Amma, pas seulement sa manifestation physique.

Pendant mon sommeil, elle m'est apparue sous la forme de Balagopal, l'enfant Krishna, tout en se révélant à moi au travers de ses yeux à elle et de son sourire. Puis, Amma est arrivée d'une autre direction, interrompant la vision onirique qui s'offrait à moi, et a dit : « Parce que tu es toujours absorbée par un si grand nombre de choses. » Elle n'a fait précéder sa phrase d'aucune introduction telle que : « *Om namah shivaya*. Voici la réponse à ta question d'hier soir. » Elle a simplement dit : « Parce que tu es toujours absorbée par un si grand nombre de choses. » Puis, elle a disparu. Après avoir réfléchi à cette visite inattendue et à la réponse si directe d'Amma, j'ai su sans l'ombre d'un doute que cette affirmation n'avait pu être énoncée que par quelqu'un qui connaissait chacune de mes pensées et qui veillait sur moi en permanence, jusque dans mes rêves.

De telles expériences ne nous font pas seulement prendre conscience de l'omniprésence et de l'omniscience d'Amma. Amma n'est pas intéressée par le fait de nous démontrer sa grandeur. Pour elle, « Je » et « vous » n'existent pas, seul existe le Soi suprême ou la pure Conscience, quels que soient les termes par lesquels nous désignons cette réalité. Tout ce qui intéresse Amma, c'est de nous aider à progresser sur notre chemin vers cette réalisation.

La conscience de la présence constante d'Amma nous rend plus vigilants et plus alertes concernant nos pensées, nos paroles et nos actions. Nous sommes habitués à croire que personne ne sait ce que nous faisons ou pensons lorsque nous sommes seuls.

Mais une fois que nous aurons réellement pris conscience - et ce, pas seulement de façon superficielle - une fois que nous ressentirons de façon tangible l'omniprésence d'Amma, et que nous comprendrons que pas une seule pensée ne peut surgir dans notre esprit sans qu'elle en ait connaissance, nous descendrons inévitablement de notre trône illusoire du « moi » et du « mien ». Nous nous inclinerons humblement à ses pieds sacrés et, nos mains vides rassemblées en coupe, nous attendrons patiemment le véritable payasam qu'elle veut nous offrir, le nectar d'immortalité. Puisse ce jour venir vite !

(Mars 1997)

Caresse magique

Andrew Bukraba, Australie

C'était un samedi soir de janvier 1994. Le temps était chaud et humide le long de la côte sablonneuse de la mer d'Arabie, au Kérala, en Inde du sud. Mais une douce et fraîche brise marine offrait quelque soulagement. De temps à autres, les lueurs bleutées de lucioles gigantesques illuminaient l'obscurité sous les palmiers. Elles semblaient vouloir atteindre les étoiles dont était rempli le ciel indien. L'atmosphère de l'ashram était saturée de la présence d'Amma, de son énergie divine. Elle distribuait le *prasad* à tous les résidents de l'ashram dans la hutte de méditation. Des gens alignés en une longue file émergeaient brièvement de l'obscurité dans le rectangle de lumière formé par l'ouverture de la petite hutte de chaume, avant de disparaître à l'intérieur. Tous étaient silencieux, semblant savourer le précieux privilège d'être nourris par l'Incarnation de l'Amour, leur bien-aimée Amma.

Non loin de la hutte de méditation se tenait un visiteur, dissimulé dans l'ombre d'un buisson épais. Originaire d'Australie, il était arrivé quelques jours plus tôt. Il n'était jamais venu en Inde ni dans l'ashram d'Amma auparavant mais dès le premier instant, il s'était senti chez lui. Cet après-midi-là, il avait appris qu'Amma distribuait du *prasad*, le samedi soir, aux résidents de l'ashram qui avaient jeûné ce jour-là.

Il ne pouvait pas se joindre aux autres pour recevoir le *prasad*, car il ne résidait pas à l'ashram et il n'avait pas non plus jeûné. Son état émotionnel était tel qu'il vivait cette privation comme une tragédie insoutenable. Un conflit faisait rage en lui, entre son identification à la vie de l'ashram et son statut de visiteur. La souffrance qui en résultait se manifestait par des torrents de larmes incontrôlables et un désintérêt momentané pour tout ce qui l'entourait.

Au bout d'un moment, la distribution de prasad a pris fin, et il a entendu la récitation du quinzième chapitre de la *Bhagavad*

Gita. Bien qu'il ne comprît pas le sanskrit, les versets lui semblaient familiers et lui apportèrent un léger soulagement. La récitation a eu sur ses nerfs un effet apaisant, résonnant à ses oreilles comme l'écho d'un vieux souvenir, oublié depuis longtemps.

Puis les résidents de l'ashram sont sortis de la hutte de méditation. Soudain, l'une des résidentes occidentales, qu'il avait rencontrée lors des tours d'Amma en Australie, s'est avancée jusqu'à l'endroit exact où il se cachait. Sans paraître surprise de découvrir une silhouette sombre dissimulée à l'abri du buisson, elle s'est assise par terre à ses côtés, comme si c'était la chose la plus normale du monde, et a proposé : « Accepterais-tu un peu de mon *prasad* ? Nous pouvons le partager, non ? »

Le visiteur a accepté bien volontiers la part de *prasad* que la résidente a déposé dans sa main. Il était si surpris qu'il a eu le plus grand mal à dire « Merci ». La douceur du *prasad* dans sa bouche était incroyable ! C'était comme un nectar divin. Il a eu l'impression qu'il provenait directement de la main d'Amma. Tout cela était si inattendu et stupéfiant ! C'était comme l'acte final d'une pièce de théâtre dirigée par quelque dramaturge invisible.

Mais ce n'était pas l'acte final. Quelques minutes plus tard, il a remarqué un mouvement parmi les résidents de l'ashram qui se tenaient à l'entrée de la hutte. Amma sortait ! Le visiteur s'est enfoncé plus profondément dans l'ombre du buisson. Il ne voulait pas être sur le chemin d'Amma, ni qu'elle le remarque dans son état actuel de détresse. A sa grande stupeur, Amma s'est dirigée droit sur lui. Il était si épuisé après sa longue crise de larmes et tellement sidéré à son approche qu'il ne fut même pas capable de se prosterner devant elle. Il est resté là, immobile, avec le sentiment d'être un parfait idiot. En passant devant lui, Amma lui a touché doucement la poitrine et lui a frotté le bras de ses doigts de fée.

Elle ne s'est pas arrêtée, n'a pas prononcé une parole, mais a poursuivi son chemin en direction du bosquet de jeunes manguiers. Il ne voyait pas l'expression du visage d'Amma dans l'obscurité, mais il a senti qu'elle souriait avec amour et comprenait totalement son état intérieur.

L'effet de cette caresse magique fut instantané. Son impression d'être un naufragé, non désiré, non reconnu et inutile, s'est évanouie sur le champ. Un sentiment d'amour est né dans son cœur, fait de béatitude et de gratitude pour la compassion omnisciente d'Amma et pour le miracle de cette guérison instantanée de son cœur blessé.

Il était calme, et il a médité un long moment sous les palmiers. Les vagues puissantes de la mer toute proche frappaient le sable de la grève, gravant dans son subconscient la vérité sur sa destinée : « Om... tu es ici chez toi. Om... sois patient. Om... tout advient selon la volonté divine. Om... Amma est toujours avec toi. Om... Om... Om... »

Au début du mois de décembre 1995, un nouveau résident de l'ashram se tenait dans une longue file afin de recevoir pour la première fois le *prasad* d'Amma du samedi. Il se concentrait profondément sur chaque détail de cette nouvelle expérience. C'était l'homme qui, un an plus tôt, se dissimulait, en larmes, à l'abri d'un épais buisson dans l'obscurité nocturne, près de la hutte de méditation où Amma distribuait le *prasad*.

Son tour était venu, à présent. Il s'est agenouillé devant Amma avec un grand respect. Elle a déposé prestement le prasad dans son assiette et l'a regardé droit dans les yeux. Elle n'a prononcé aucune parole et s'est contentée de sourire avec amour, mais il a compris le langage du silence : « Tu vois, tout est bien. Je t'ai dit que tu étais ici chez toi. Maintenant, concentre-toi sur le présent. Ne pense plus ni au passé ni au futur. Fais ta *sadhana*. Ne t'inquiète de rien. Je prendrai soin de toi. Je suis avec toi à chaque instant. »

Une boucle de temps s'était refermée. Une bataille, dans sa lutte pour la Liberté, avait été gagnée. Il y en aura d'autres, mais il sait à présent qu'il n'est pas seul. Amma marche avec lui, pas à pas, le long du chemin.

(Décembre 1996)

Mystérieuse messagère

Satish Kumar V., Inde

La mèche demanda à la chandelle
Pourquoi te dissous-tu quand je brûle
La chandelle répondit,
Lorsque ceux qui sont dans mon cœur souffrent,
Je ne peux que verser des larmes

Le soir du 15 décembre 2005, j'étais fiévreux, le corps perclus de douleurs. Je n'arrivais même pas à marcher. Je parvins néanmoins à consulter le médecin du campus, qui diagnostiqua un début de fièvre d'origine virale et me donna un médicament. Je pris une première dose du remède et allai me coucher. Mais mes douleurs étaient si intenables que même la position allongée ne les soulageait pas. Au bout d'un moment, je me mis à pleurer et à appeler, « Amma ! Amriteshwari ! »

Au bout d'un moment, submergé par un sentiment d'impuissance grandissant, je criai : « Amma, laisse-moi mourir ! Quelle différence cela fera-t-il si le pécheur que je suis meurt ou reste en vie ? » Je continuai à supplier Amma de me délivrer de l'existence, jusqu'à ce que je glisse dans un sommeil profond.

Le lendemain matin, contre toute attente, la douleur physique s'était quelque peu calmée et je fus en mesure de me lever. Je pris un bain chaud qui contribua à me régénérer. Puis, tandis que je me préparais pour la journée, je reçus un SMS qui disait : « La mèche demanda à la chandelle /Pourquoi te dissous-tu quand je brûle ? / La chandelle répondit/ Quand ceux qui sont dans mon cœur souffrent, je ne peux que verser des larmes... Bonjour ! »

J'appréciai la saveur philosophique du message. Je ne parvins pas en identifier l'expéditeur grâce au numéro, mais je lui répondis par un autre SMS : « Bonjour et merci pour votre message. »

L'après-midi, après le déjeuner, je reçus un autre SMS alors que je remontais l'escalier en direction de ma chambre. Celui-ci disait : « LA VIE ne semble jamais se dérouler comme nous le souhaitons, mais nous la VIVONS de la meilleure façon possible. Il n'existe pas de vie PARFAITE, cependant nous pouvons la remplir de MOMENTS PARFAITS... Bon après-midi ! »

Stupéfait de lire de nouveau un message aussi philosophique, je répondis, « Bon après-midi, et merci pour votre aimable message. Puis-je connaître l'identité de l'expéditeur ? »

Je reçus bientôt une réponse, « N'es-tu pas Sati ? Si ce n'est pas le cas, je suis vraiment désolée pour le dérangement. » J'étais de plus en plus stupéfait. Seuls mes parents et les membres de ma famille les plus âgés m'appelaient Sati.

L'auteur des messages n'ayant pas révélé son identité, je décidai d'appeler ce numéro. Une femme répondit. Je me présentai, puis demandai comment elle me connaissait. Elle demanda à son tour : « N'es-tu pas celui qui s'est battu avec moi la nuit dernière ? » Elle parlait anglais avec un accent étranger. Sa question était totalement dénuée de sens. Premièrement, j'avais passé toute la nuit précédente cloué au lit.

Deuxièmement, même si j'avais harangué Amma jusqu'à ce que le sommeil ait raison de moi, je ne m'étais battu avec personne. Je demandai à la femme comment elle avait obtenu mon numéro. Elle répondit que son amie avait mon numéro. Cette réponse évasive ne fit qu'ajouter à ma perplexité. J'affirmai ne m'être bagarré contre personne la nuit précédente. La femme s'excusa alors de m'avoir dérangé et me dit au revoir.

Désireux d'entrer de nouveau en contact avec elle et d'en apprendre davantage à son sujet, je lui envoyai un SMS : « J'apprécie les messages philosophiques que vous m'avez envoyés. Pourquoi ne pas démarrer une amitié sur la base d'échanges philosophiques comme ceux-là ? J'espère que ce sera possible. » Mais je ne reçus aucune réponse à mon message. Je tentai plusieurs fois de rappeler ce numéro mais je tombais toujours sur le même message : « Le numéro que vous avez composé ne répond pas. Veuillez rappeler ultérieurement. » Après un certain nombre de tentatives, j'abandonnai.

Le matin suivant, tout en récitant le *Lalita Sahasranama*, une question s'insinua dans mon esprit. « Ne t'es-tu pas d'une certaine façon battu avec Amma la nuit où cette fièvre t'a terrassé ? Ne la suppliais-tu pas, à grands cris, de te délivrer de tes souffrances ? » Une idée se fit progressivement jour en moi. Les messages que j'avais reçus par téléphone le 16 décembre étaient la juste réaction à la confusion qui avait envahi mon esprit la nuit précédente, et les réponses aux questions dont j'avais accablé Amma. L'usage de mon surnom « Sati », un détail si étonnamment personnel, et l'allusion de mon interlocutrice à mes coléreuses invocations à l'adresse d'Amma vinrent renforcer cette conviction.

Par la suite, j'appelai le numéro non identifié à de nombreuses reprises, tout en m'attendant chaque fois à entendre le même message : « Le numéro que vous avec composé ne répond pas. Veuillez rappeler ultérieurement. » Jusqu'à ce qu'un jour, un autre message m'annonce : « Le numéro que vous avez composé n'existe pas. » Après quoi, chaque fois que j'appelais, j'entendais ce même message.

Je ne peux m'empêcher d'être convaincu que l'auteur de ces messages philosophiques, et la personne qui avait répondu à mon appel, n'était autre qu'Amma. Si bien que j'ai enregistré et conservé ce numéro dans mon téléphone sous le nom de « Vallickavu Amma » [5].

(Juin 2006)

---

[5] Amma est connue parmi certains dévots sous le nom de Vallickavu Amma car son ashram se trouve à Vallickavu.

Mère omnisciente

Amit Kadam, Inde

Amma a béni mon existence en m'accordant de nombreuses expériences extraordinaires. Laissez-moi vous raconter quelques-unes d'entre elles, survenues lorsque je me suis rendu à l'ashram d'Amma à la fin de l'année 2005.

Ma mère et moi avions programmé d'y séjourner du 22 au 27 décembre. Mon épouse attendait un enfant. Mais l'accouchement n'était prévu qu'aux alentours du 14 janvier.

Le 10 décembre : Mon épouse a subi sa troisième échographie. Le rapport montrait que le fœtus était entouré d'une importante quantité d'eau et que sa tête était beaucoup plus grosse qu'elle n'aurait dû l'être. Elle entamait sa trente-deuxième semaine de grossesse et la tête du bébé était celle d'un fœtus de trente-huit semaines. Le médecin nous annonça que l'enfant risquait de naître prématurément, entre le 22 et le 24 décembre.

Mon épouse allait devoir passer une nouvelle échographie aux alentours du 19 décembre afin de déterminer la date précise de l'accouchement, qui se ferait par césarienne. Cela signifiait que j'allais devoir annuler mon voyage à Amritapuri. Juste avant d'annuler ma réservation, je posai ma main sur le ventre de ma femme et adressai cette prière à Amma, « Si tu écoutes réellement les prières de tes dévots, tu résoudras ce problème et m'appelleras à tes côtés. » J'ai consolé mon épouse en lui assurant que, par la grâce d'Amma, tout se passerait bien.

19 décembre : D'après les résultats de la nouvelle échographie, la tête du fœtus n'avait pas grossi davantage et la quantité d'eau était en diminution. Les miracles avaient commencé ! Nous avons apporté le rapport au médecin, qui en a conclu qu'il n'opérerait pas mon épouse avant le 27 décembre (date à laquelle je devais rentrer d'Amritapuri.) Il l'examinerait d'abord le 26 afin de

s'assurer qu'il pourrait bien pratiquer la césarienne le 27. Amma avait ouvert la voie pour que je puisse lui rendre visite !

25 décembre, Amritapuri : Nous avons appris qu'Amma était rentrée de son voyage à Chennai aux environs de deux heures du matin. J'exultais à la pensée de la voir bientôt. Plus tôt dans la matinée, déjà, j'avais décidé que je ne mangerais rien jusqu'à ce que j'aie reçu le darshan d'Amma. J'ai commencé à faire du seva dans la cuisine, aidant à la cuisson de la nourriture, et de toutes les façons possibles. A un moment, ma mère est venue m'informer qu'Amma ne donnerait sans doute pas le darshan ce jour-là, ajoutant qu'il était inutile que je jeûne. Mais j'étais déterminé à m'en tenir à ma résolution.

J'ai travaillé dur dans la cuisine toute la journée, tout en priant Amma, « Tu es le pouvoir divin omniscient. Tu peux me donner le darshan si tu le veux. Je suis venu de si loin ! Je t'en prie, ne me laisse pas repartir ainsi. Mon vol de retour est le 27 et j'ai entendu dire que tu ne donnerais pas le darshan avant le 27. Je t'en prie, accorde-moi ton darshan. »

J'ai appris ensuite que des journalistes de la radio de la BBC étaient venus dans le but d'interviewer Amma. J'ai été légèrement déçu, me disant que ma dernière chance de recevoir le darshan d'Amma s'envolait ainsi. Les journalistes sont venus dans la cuisine interviewer ceux qui y travaillaient et j'ai pensé qu'ils m'interrogeraient aussi. Mais ce ne fut pas le cas. Ils n'ont interrogé qu'une personne, puis ils sont partis. J'ai attendu un moment à l'extérieur de la cuisine dans l'espoir d'apercevoir la forme merveilleuse d'Amma, si elle descendait de sa chambre. Tout en attendant, j'ai soudain eu le sentiment que je devrais changer de chemise. Celle que je portais, auparavant blanche, était à présent souillée de taches de nourriture. A mon retour, j'ai appris que les reporters avaient été appelés dans la chambre d'Amma. J'ai ressenti une immense tristesse à la pensée de ne pas avoir pu recevoir le darshan d'Amma.

Tandis que je commentais la bonne fortune des journalistes auprès des gardes assurant la sécurité, l'un des reporters est descendu de la chambre d'Amma en réclamant des chaises. J'en ai attrapé prestement deux et j'ai informé le garde que je les montais dans la chambre d'Amma. La porte était ouverte – j'ai vu Amma, assise dans un fauteuil. J'étais si heureux ! Cette brève vision d'elle avait suffi à me combler ! C'était le darshan que j'avais tant espéré. Mais d'autres surprises m'attendaient. Une personne qui se trouvait dans la chambre m'a dit de laisser les chaises dehors et de venir m'asseoir à l'intérieur.

Je suis rentré dans la pièce et quelqu'un a fermé la porte. Je ne parvenais pas à y croire ! J'étais là, assis dans la chambre d'Amma, tout près d'elle, les yeux fixés sur sa forme captivante. Des larmes roulaient sur mes joues. Je voulais embrasser ses pieds, mais je me suis maîtrisé. Pendant toute l'heure ou les deux heures qui ont suivi, je suis resté assis à contempler Amma, totalement inconscient des questions que lui posaient les journalistes ou de ce qui se déroulait autour de moi. J'étais dans un état d'indescriptible béatitude !

Lorsque l'interview a pris fin, Amma a offert du *prasad* à tout le monde. Je voulais recevoir moi aussi du *prasad* de la main d'Amma, mais j'avais trop peur pour le demander. Et si Amma me demandait qui j'étais ? Quelle réponse pourrais-je lui fournir ? Je n'étais ni un brahmachari ni un journaliste. A ce moment-là, Amma m'a regardé et m'a tendu du *prasad*. Incapable de me contrôler plus longtemps, je suis tombé à ses pieds et j'ai fondu en larmes. J'ai embrassé ses pieds sacrés et suis demeuré un moment dans cette position. Amma a attendu que je me redresse. Puis elle m'a serré dans ses bras et m'a demandé pourquoi je pleurais. Lorsque j'ai expliqué à tous ce qui s'était passé, l'émerveillement des journalistes fut total – ne venaient-ils pas justement d'interroger Amma concernant Dieu et les miracles ? Amma a assuré que je n'aurais pas dû m'inquiéter de la sorte, car elle avait de toute façon prévu de donner le darshan. Après quoi elle m'a offert une pomme et m'a invité à la manger ; elle devait savoir que je n'avais rien avalé de la journée !

Après le darshan, nous sommes descendus de la chambre d'Amma et les journalistes sont venus m'interviewer. C'était peut-être la raison pour laquelle Amma m'avait fait mettre une chemise propre ! Sans doute n'avait-elle pas voulu que je me retrouve tout sale, face aux journalistes. Amma se charge de tout. Elle veut simplement que nous nous abandonnions totalement à Dieu.

26 décembre : J'ai de nouveau travaillé dans la cuisine. Apprenant qu'Amma donnait le darshan à ceux qui partaient le jour-même, je me suis rendu dans le hall et assis juste en face d'elle. Mon tour venu, j'ai parlé à Amma de la grossesse de mon épouse et des complications survenues récemment. Elle a posé sa main sur ma tête, m'a béni et m'a dit de ne pas m'inquiéter. Ce soir-là, ma femme m'a appelé pour me dire que tout allait bien, et m'a invité à me détendre et à savourer mon séjour à l'ashram d'Amma. Le médecin ne pratiquerait finalement la césarienne que le 4 janvier.[6]

Le darshan terminé, Amma a demandé à tout le monde de prier pour les âmes des personnes qui avaient perdu la vie lors du tsunami qui avait frappé toute la région un an auparavant. Nous allions faire une procession jusqu'à un endroit situé à deux kilomètres de l'ashram. Je venais de terminer d'aider un autre dévot à nettoyer le sol juste en dessous de la chambre d'Amma. Nous avons décidé d'emporter le fauteuil d'Amma et quelques autres objets de première nécessité jusqu'au lieu de prière. J'ai remarqué des éventails qui servaient à éventer Amma. Quelle chance ce serait si elle me demandait de l'éventer, songeai-je. J'ai vérifié auprès d'une des dévotes présentes que je pouvais emporter également les éventails, et elle a acquiescé sans hésiter.

Lorsque nous sommes arrivés au lieu de la prière, l'une des dévotes qui se trouvait là a déclaré que les éventails étaient totalement inutiles. La brise soufflait si fort que les gens riraient s'ils me voyaient avec ces éventails à la main. Surmontant un

---

[6] Par la grâce d'Amma, le 4 janvier 2006, mon épouse donna naissance à un bébé en parfaite santé.

pincement de déception, j'ai répliqué, « Laissons Amma décider si elle souhaite que je l'évente ou non. »

Au bout d'un moment, Amma est arrivée. Elle a planté quelques jeunes pousses d'arbres sur le site, puis elle s'est assise sur le fauteuil que nous avions apporté. Ensuite, à ma grande surprise, elle s'est tournée vers moi et m'a demandé de l'éventer. Je n'en croyais pas mes oreilles ! Un être capable de deviner les désirs que nourrit une personne dans son cœur est forcément divin ! J'étais dans un tel état de choc que lorsqu'Amma s'est de nouveau tournée vers moi et a voulu me tendre le micro pour que je chante, j'ai été incapable de réagir. Elle a tenté une seconde fois de me passer le micro, mais je n'ai pas réagi, submergé par l'émotion, face à la grâce infinie d'Amma.

(Avril 2006)

Protection divine

N. Vasudevan, Nigeria

La foi se situe au-delà de la logique. Celui qui a la foi voit les coïncidences comme des miracles. Mais si quelqu'un n'a pas la foi, même le plus grand des miracles lui apparaît comme une simple coïncidence. La foi ouvre nos yeux aux miracles.

Depuis le jour où Amma est entrée dans ma vie et dans celle de ma famille, il y a vingt-cinq ans, une série d'évènements hors du commun ont jalonné mon existence. Au début, je n'en percevais pas la dimension extraordinaire. J'aimerais juste vous raconter trois d'entre eux, qui ne peuvent être considérés d'aucune façon comme des coïncidences.

Je vis en Afrique depuis presque quarante ans. La première fois que nous reçûmes le darshan d'Amma ce fut à Boston, aux Etats-Unis, il y a environ vingt-quatre ans. Je m'étais rendu aux Etats-Unis avec ma famille à l'occasion de l'admission de mon fils dans une école américaine. Je n'étais pas très motivé par le fait d'aller rencontrer Amma, mais sous la pression insistante de mon épouse, je finis par céder. Depuis ce jour, nous sommes des dévots d'Amma.

Plus tard, en 2003, lors d'un voyage imprévu en Inde, je me rendis à Amritapuri afin d'y recevoir le darshan d'Amma. Mais elle ne s'y trouvait pas. Attendre son retour aurait retardé mon départ pour le Nigéria de quatre jours. Bien que très réticent à cette idée et après maintes hésitations, je décidai de rester. J'eus donc le bonheur de recevoir un beau darshan d'Amma. Cependant, la veille de mon départ, un appel téléphonique en provenance du Nigéria m'informa que des cambrioleurs armés s'étaient introduits par effraction dans l'immeuble où je demeurais, qu'ils avaient assassiné un des gardes qui en assurait la sécurité, puis frappé tous les résidents, avant de dérober l'ensemble de leurs possessions. Les malfaiteurs s'étaient également introduits chez moi, mais les dommages occasionnés étaient très légers. J'avais eu de la chance de ne pas m'être trouvé moi aussi confronté à eux. J'en fus heureux et soulagé, mais à aucun moment je ne pensai sérieusement qu'une quelconque force invisible ait pu me protéger.

Quelques années plus tard, au mois de septembre 2007, je me trouvais en vacances en Inde. Mon vol de retour pour Lagos n'ayant pu être confirmé à temps, mon départ dut être repoussé d'une semaine car il n'y avait aucun vol pour cette destination au cours des trois jours à venir, et aucune place n'était libre non plus les jours suivants. Mon départ, initialement prévu le 8 septembre, fut repoussé au 13. J'en fus contrarié et furieux. Mais la veille de mon départ, le 12 septembre, je reçus un appel d'un collègue de Lagos m'informant que la nuit précédente, le climatiseur de ma chambre avait pris feu suite à un dysfonctionnement électrique et que l'incendie avait détruit tout l'appartement.

Le feu s'étant déclenché en pleine nuit, l'alerte avait été donnée trop tard pour pouvoir le contenir. J'avais eu beaucoup de chance de ne pas me trouver là, ajouta mon collègue. Car avant même d'avoir été pris par les flammes, j'aurais été intoxiqué par la fumée et ne serais sûrement pas ressorti vivant de cette chambre. Tout mon entourage s'accorda à dire que j'étais très chanceux et je ne poussai guère plus loin ma réflexion.

L'ensemble de mes possessions avait été réduit en cendres, à l'exception de trois objets, retrouvés quasiment intacts sur le sol :

Une représentation du Seigneur Ganapati, celui qui enlève les obstacles. L'étagère en bois sur laquelle je la conservais avait été entièrement détruite. Mais l'image, elle, était intouchée. Seul son bord inférieur comportait quelques traces de brûlure.

Une photo d'Amma accrochée au mur ; seule une fine couche de fumée en opacifiait la surface.

Un numéro de *Mountain Path*, dont la couverture représentait Ramana Maharshi, qui était rangé en haut d'un rayonnage de bibliothèque.

Certaines personnes arguèrent que le vent pouvait avoir projeté ces trois objets au sol. Mais cela n'explique pas pourquoi aucun autre objet n'avait été épargné. De plus, comment se pouvait-il que tout ce qui s'était trouvé sur l'étagère en bois, incluant l'étagère elle-même, ait été entièrement détruit par les flammes, à la seule exception de la représentation du Seigneur Ganapati ?

Le troisième incident survint en 2013, m'amenant enfin à penser que ces évènements n'étaient pas les fruits de coïncidences.

Nous avons des usines à Ibadan, une ville située à deux mille mètres d'altitude. Un immeuble d'habitation, perché sur une butte, se dresse au centre du complexe industriel. Mon appartement se trouve au second et dernier étage de ce bâtiment. Je séjourne à Ibadan une semaine tous les deux mois dans le cadre officiel de mon travail. J'arrivai à Ibadan le 16 février 2013, avec le projet d'y rester quatre jours et quatre nuits. A environ 23 heures cette nuit-là, une énorme tempête, accompagnée de pluies diluviennes, s'abattit sur la ville. La tempête, à cette altitude, fut particulièrement violente. Je distinguais à peine l'extérieur par la fenêtre tant les nuages étaient noirs, mais j'entendais le bruit assourdissant des arbres qui tombaient, abattus par le vent. Le niveau du son continua à s'amplifier jusqu'à donner l'impression qu'une vingtaine de trains passaient en même temps et à toute allure sous nos fenêtres ! Je n'obtenais plus aucun signal sur aucun de mes téléphones.

Je cherchai à ouvrir les fenêtres coulissantes, mais la force du vent qui soufflait dans la direction opposée m'en empêcha. Je perçus bientôt le bruit de toits et de poutres qui s'effondraient. Je tentai d'ouvrir la porte de la chambre. Elle était bloquée. Après un effort intense et une prière paniquée, je parvins à entrouvrir la porte. Pour découvrir que le toit de la chambre adjacente s'était envolé et que l'eau s'engouffrait à présent dans la mienne. L'autre chambre à coucher, ainsi que le salon et les salles à manger, désormais à ciel ouvert, étaient également confrontés au déluge. Malgré la présence des fils électriques qui couraient dans tout le bâtiment, je n'eus pas d'autre choix que de patauger dans l'eau jusqu'au rez-de-chaussée, en quête d'assistance pour couper l'alimentation électrique, puis d'attendre patiemment dans ma chambre jusqu'au lendemain matin.

Les dommages étaient considérables. Le toit et les poutres métalliques qui le soutenaient s'étaient effondrés dans toutes les pièces, à l'exception de ma chambre.

Les architectes et les ingénieurs en bâtiment, venus constater les dégâts, décrétèrent que les travaux prendraient au minimum trois semaines et que le toit de ma chambre risquait de s'écrouler à tout moment. Ils me conseillèrent d'évacuer immédiatement les lieux. J'avais du travail et il était plus pratique pour moi de rester sur place. Mon séjour ne devait durer que trois nuits de plus et la pluie avait cessé. Arguant que le pire était passé, je refusai de partir. Je demeurai donc dans cette chambre les trois jours et les trois nuits qui suivirent. On m'y montait de la nourriture et je dînai chaque soir aux chandelles, à ciel ouvert.

Mon obstination surprit, inquiéta et irrita à la fois mes collègues. J'ignore ce qui me poussa à rester – l'ignorance, la témérité, ou le simple fait qu'il était plus confortable pour moi de travailler là. Mes collègues me rendaient visite chaque matin afin de s'assurer que le toit de ma chambre était toujours intact et moi, toujours en vie.

Le quatrième jour, après avoir achevé mon travail à Ibadan, je repartis pour Lagos. Le lendemain matin, je reçus un appel du comptable de la compagnie à Ibadan, m'annonçant qu'au cours de la nuit précédente, le toit de ma chambre, ainsi que les poutres métalliques qui l'avaient soutenu, s'étaient écroulés.

Tous les membres de mon entourage se demandèrent ce qui avait pu retenir le toit de tomber quatre jours durant, et pourquoi il ne s'était effondré qu'après mon départ. Cela, sans qu'aucune pluie ni aucune autre tempête n'en ait provoqué la chute. Je leur répondis que, bien que je ne sois pas certain de vraiment le mériter, j'avais un parapluie divin qui me protégeait de tous les dangers.

Mes collègues, principalement des musulmans chiites libanais, connaissent désormais l'existence d'Amma. Ils ont vu sa photo et m'ont entendu parler d'elle. Aucun d'eux n'a proclamé une réelle dévotion envers Amma, mais dès qu'un problème survient, ils me demandent, « Si tu en parlais à Amma ? Elle saura nous aider ! » Au travers de ces remarques innocentes, j'ai commencé à comprendre que le rayonnement d'Amma est bien plus grand que j'aurais jamais pu l'imaginer. Son amour, qui émane même de sa photo, est tel qu'il affecte l'existence de tous ceux qui entrent en contact avec elle. Puisse la protection d'Amma bénir nos vies !

(Octobre 2016)

Imprimerie Mata Pita

Lalitha Unny, Inde

Ammuma,[7] ainsi qu'elle est connue de tous à l'ashram d'Amritapuri, se tient souvent assise sur la véranda du bâtiment Amritanjali, un sourire affable sur son doux visage. Ayant précédemment été une dévote de Sai Baba, Ammuma avait déjà reçu un mantra de lui. Si bien que lorsqu'elle demanda un mantra à Amma, Amma lui recommanda de continuer à réciter celui qui lui avait été donné.

Avant son arrivée à l'ashram d'Amritapuri, Ammuma avait eu de nombreuses expériences spirituelles, comme celle d'entendre le son de la flûte intérieure. Mais Amma lui suggéra de se concentrer davantage sur Parashakti[8] et de ne pas accorder trop d'importance aux expériences.

En contemplant Amma lors des darshans de Devi Bhava, Ammuma la voyait souvent prendre la forme effrayante de Kali. Dès qu'Amma remarquait que cette vision rendait Ammuma mal à l'aise, elle lui révélait la forme souriante de Krishna, puis reprenait le Devi Bhava. Lorsqu'Ammuma restait assise derrière Amma les jours de Devi Bhava, il lui arrivait souvent de voir un aveuglant flash lumineux tout près d'Amma. Et si elle s'endormait pendant l'archana, elle avait remarqué qu'Amma la réveillait d'une façon ou d'une autre ; quelqu'un la pinçait ou faisait suffisamment de bruit pour l'arracher à sa torpeur.

L'époux d'Ammuma, Acchan [9] (ainsi qu'il était communément appelé) croyait davantage aux vertus de la méditation qu'à celles de l'archana. Sa foi en Amma était également très forte. Après son installation à l'ashram, il se trouva un jour dans l'incapacité de bouger correctement les mains. Il en parla à Amma, qui affirma

---

[7] Grand-mère en Malayalam
[8] Pouvoir Suprême, personnifié par la Déesse
[9] Père en Malayalam

que le problème se situait au niveau de son cerveau et non de ses mains. Après l'avoir examiné, les médecins détectèrent en effet une petite tumeur au cerveau. Progressivement, son corps tout entier finit par se paralyser. Il demeura cloué au lit trois mois durant. Amma s'enquérait de façon régulière de sa santé. Elle recommanda également à Ammuma de lui lire continuellement le *Bhagavatam*[10]. Quelques minutes avant son trépas, Amma se rendit personnellement à son chevet et versa dans sa bouche un peu d'eau sacrée du Gange. Amma dit que M. Nair, un bon ami d'Acchan, lui-même mort quelques jours auparavant, attendait Acchan dans l'autre monde.

Lorsqu'Acchan rendit son dernier souffle, Amma dit qu'il avait atteint *moksha*. Elle lui ferma les yeux et installa son corps dans la position appropriée. Puis, regardant par la fenêtre, elle s'exclama : « Regardez-le qui rit ! Il est libre de son ego. Il connaît à présent la vérité. » Amma assura également qu'elle parlait à Acchan dans son cœur. Elle voulut que son corps soit recouvert de la robe ocre du *sannyasi* (moine ordonné) avant d'être emmené pour que soient pratiqués les derniers rites. Amma répandit sur Acchan et sur Ammuma de si nombreuses bénédictions qu'Ammuma n'éprouva aucun chagrin suite à la mort de son époux.

Quand Amma revint un peu plus tard dans la chambre du couple, Ammuma n'avait rien à lui offrir. Elle se rendit en hâte dans une chambre voisine et en revint avec du lait et des biscuits, qu'Amma distribua sous forme de *prasad* à toutes les personnes présentes. La visite d'Amma et ses paroles de réconfort convertirent la mort même en une célébration.

Ammuma se remémore un autre évènement fort de sa vie, survenu bien avant qu'elle ne vienne vivre à l'ashram d'Amritapuri. Une femme brahmane se présentait alors chez elle chaque jour de

---

[10] Egalement connu sous le nom de *Srimad Bhagavatam* ou *Bhagavata Purana* (Récits sacrés sur le Seigneur suprême), l'un des textes puraniques de l'Hindouisme. Il contient des histoires relatives à Vishnou, incluant la vie et les actions de Krishna.

Dwadashi [11]. Elle acceptait des dons d'aliments crus, mais refusait toujours d'entrer manger dans la maison et même d'y pénétrer. Elle s'asseyait à l'extérieur, sur la véranda. Cette femme était illettrée et ne parlait aucune autre langue que le tamil.

A ce stade de son existence et de nombreuses années avant sa rencontre avec Amma, Ammuma avait développé une puissante aversion envers les tâches ménagères. Elle n'aspirait plus qu'à lire des livres spirituels ou à écouter des bhajans et à danser sur eux. Elle était si malheureuse de son sort qu'elle écrivit une lettre qu'elle conserva derrière la représentation de Devi, sur son autel. « Que doit faire une femme mariée, lorsqu'elle répugne à accomplir toute tâche ménagère ? Lorsque son cœur est tellement empli de *bhakti* (dévotion) qu'elle désire uniquement prier, » demandait-elle dans cette lettre à la Déesse. Assise sur sa véranda, Ammuma priait en sanglotant : « Ô, Mère Parashakti ! Réponds à ma question! »

Elle fut frappée de stupeur en voyant soudain cette femme brahmane surgir de l'intérieur de la maison et entamer, sans aucun préambule, un discours sur le *stri dharma*, le devoir d'une épouse. Sans penser sur le moment à interroger la femme concernant cette arrivée inattendue, elle reçut, médusée, les instructions suivantes : « Une femme pure apporte la sainteté au sein d'une maison. Et une femme mariée ne peut pas s'accrocher à Dieu à deux mains : une main est pour Dieu, mais l'autre est pour le karma. Le devoir d'une épouse est de bien traiter son mari en toute circonstance – de l'accueillir avec un sourire à son retour du travail et de lui offrir à boire. Elle ne doit jamais se plaindre de son époux à personne. » Tandis que la femme brahmane parlait, un mendiant se présenta à la porte de la maison. Ammuma se leva pour lui donner de la nourriture. La femme en fut très satisfaite et affirma, « C'est également là le devoir d'une maîtresse de maison : traiter un mendiant comme s'il s'agissait de Dieu. »

---

[11] Le douzième jour de chaque quinzaine de jours, avec ou sans lune, de chaque mois lunaire.

La femme brahmane évoqua ensuite la relation *guru-sishya* (maître-disciple.) Elle relata l'histoire d'un dévot qui mendiait régulièrement afin de nourrir son gourou. Suite à quoi il acquit de nombreux pouvoirs occultes. Le sishya devint alors orgueilleux et commença à ignorer son gourou. Un jour, en sortant de chez lui, il remarqua que tout son tas de bois avait été changé en métal. Effarouché par cette incompréhensible transformation, il retourna voir son gourou qui lui expliqua que c'était son ego qui avait provoqué cette aberration.

Après avoir délivré ce discours, la femme brahmane s'en alla pour revenir dès le lendemain, en priant Ammuma de la nourrir. Malgré sa surprise, car la femme n'avait jusque-là jamais accepté de manger à l'intérieur de la maison, Ammuma en fut heureuse et lui servit un repas à la fois bon et copieux. Cette fois, la femme lui demanda si elle possédait une copie du *Devi Mahatmyam*.[12]

Ammuma n'en possédait pas. La femme repartit en assurant qu'elle en apporterait un exemplaire le lendemain. Fidèle à sa promesse, elle apporta le livre et recommanda à Ammuma d'en lire quatre versets chaque jour, sans faillir. Ammuma suivit ses instructions et conserva soigneusement le livre, jusqu'au jour où elle le perdit dans un hôpital où elle dut subir une intervention chirurgicale. Malgré tous ses efforts, elle ne réussit pas à en retrouver une copie, car l'imprimerie (Mata Pita Press), ainsi que l'éditeur (Govindan Namboodiri), n'existaient pas !

Quelques jours plus tard, la femme brahmane se présenta de nouveau à la porte d'Ammuma. Mais lorsqu'Ammuma fit allusion à ses deux précédentes visites, elle en fut agacée et nia farouchement être venue une seule fois au cours des derniers jours. Et quand Ammuma l'invita à entrer prendre un thé, elle refusa. C'est seulement alors qu'Ammuma assembla mentalement les pièces du puzzle. Elle comprit que la femme qui lui avait rendu visite était Parashakti en personne !

---

[12] 700 versets à la gloire de la Mère divine.

De nombreuses années plus tard, lorsqu'Ammuma rencontra Amma, elle comprit qu'Amma était la Parashakti qu'elle avait vénérée tout ce temps. Les fréquentes références au *stri dharma* dans les enseignements d'Amma, renforcèrent sa conviction.

A présent, Ammuma est confortablement assise à l'extérieur de sa chambre, en écoutant les enseignements et les bhajans, sereine à la pensée d'être ainsi bercée dans les bras aimants d'Amma, et paisiblement entourée de ses enfants et petits-enfants ; trois générations de fervents dévots d'Amma, tous installés de façon permanente à l'ashram, le contentement inscrit sur leurs visages épanouis.

(Novembre 2013)

Ointe d'Amour

Sharadamani, Inde

Je suis née dans une famille de dévots de Sri Ramakrishna Paramahamsa, et j'ai donc naturellement baigné dans ses enseignements dès mon plus jeune âge. Enfant, je lisais et relisais ses livres, attristée par le fait de ne pas avoir été sa contemporaine. Lorsque quelqu'un m'a un jour parlé d'Amma – de ses manifestations divines, des miracles qu'elle accomplissait, de la façon dont elle avait guéri le lépreux Dattan en léchant ses plaies – je n'ai pas été réellement impressionnée. J'ai néanmoins senti qu'Amma était un phénomène extraordinaire, et j'ai prié avec ferveur Ramakrishna Paramahamsa afin qu'il éclaircisse pour moi ce mystère : Amma était-elle ou non une incarnation divine ?

Peu de temps après, je suis tombée sur un livre sur Amma, *Yagna Prasadam,* écrit par Ottoor Unni Namboodiri, l'auteur de l'*Ashtottaram* d'Amma (cent huit noms). Dans cet ouvrage, il écrivait qu'Amma rejouait à Amritapuri la même scène divine que celle que Sri Ramakrishna Paramahamsa et Sri Sharada Devi, sa compagne, avaient jouée à Dakshineswar, plus d'un siècle auparavant. A cette lecture, j'ai senti qu'il fallait que je rencontre Amma sans tarder.

Mon époux et moi nous sommes donc rendus à Amritapuri et avons rejoint la longue file du darshan. Imaginez ma surprise lorsque quelqu'un est venu réorganiser la file, et que nous nous sommes soudain trouvés juste devant Amma ! Dès cette première rencontre avec Amma, j'ai fondu en larmes, incapable d'arrêter le torrent de mes pleurs. Qui peut expliquer la présence de Dieu, la béatitude qui vibre dans le cœur lorsqu'il atteint enfin son but ? En mon for intérieur, j'ai pensé : « Je suis l'enfant d'Amma à présent ! »

Lorsque Sri Ramakrishna Paramahamsa a été sur le point de quitter son corps, face au chagrin de ses dévots, il a promis qu'il reviendrait en un lieu entouré d'eau, que de nombreux dévots

« blancs » viendraient à lui et qu'il reprendrait alors sa mission divine. Au-delà de tout, c'est ma conviction qu'Amma était en effet une combinaison de Ramakrishna Paramahamsa et de Sharada Devi qui m'a propulsée vers elle.

Mon fils aîné est venu vivre à l'ashram d'Amma en tant que brahmachari, à une époque où l'ashram était encore confronté de cruelles pénuries d'eau, de nourriture et de logements adéquats. Lui qui n'avait jamais connu la faim est devenu très maigre. Souffrant de voir mon enfant dans cet état, j'ai pris un des livres d'Amma – j'avais alors développé cette habitude d'ouvrir ce livre au hasard et d'y découvrir la réponse à mes problèmes. Les phrases suivantes se détachaient sur le papier : « Mes enfants doivent être minces et leurs ventres, creusés. Ainsi seulement, leur visage brillera, les faisant ressembler au lion courageux. Leur béatitude spirituelle intérieure doit se refléter sur leurs visages. ! Mon cœur s'est arrêté le temps d'un battement. J'ai compris à quel point avoir un fils comme celui-là était une bénédiction ! Amma a ainsi coupé le lien d'attachement que j'avais tissé avec mon fils. J'ai vu clairement qu'il était le fils d'Amma.

En 2001, mon fils cadet, Sudeep, a été victime d'un accident et a été admis dans un état grave à l'hôpital AIMS. Chaque soir, après mon seva à l'ashram, je lui rendais visite. Le troisième jour, les brahmacharis chargés de prendre soin de lui ont découvert que le sommet de sa tête était devenu anormalement mou. En passant mes doigts sur son crâne, je me suis aperçue qu'ils avaient raison. Nous avons immédiatement averti les médecins, qui ont dit qu'il allait peut-être devoir être opéré d'urgence.

Une fois de retour à l'ashram, j'ai pleuré jusqu'à l'épuisement, tout en suppliant Amma d'intervenir. Cette nuit-là, j'ai fait un rêve incroyablement vivant. J'attendais, debout, devant les portes closes d'un temple de Devi. Soudain, les portes du sanctuaire se sont ouvertes et un *pujari* (prêtre) est sorti et a versé du *ghi* liquide au sommet de ma tête.

L'expérience était pour moi si réelle que, longtemps après mon réveil, j'ai continué à percevoir la sensation du *ghi* sur mon crâne. J'ai eu le sentiment qu'Amma m'adressait un message, un message que j'étais néanmoins incapable de déchiffrer.

Je n'ai parlé de ce rêve à personne. Le matin suivant, je me suis rendu comme d'habitude à mon seva, puis à l'hôpital au début de la soirée. A mon arrivée, mon fils et la personne qui prenait soin de lui paraissaient tous deux très heureux. « Quelque chose de merveilleux est survenu hier, » m'a annoncé l'aide-soignant. « Touchez sa tête. Elle n'est plus molle comme hier, mais de nouveau parfaitement dure. Amma a appelé hier soir, en demandant comment allait Sudeep. Quand je lui ai rapporté ce qu'avaient dit les médecins, Amma s'est exclamé, « Pas d'opération ! Passez-moi Sudeep ! » Elle lui a demandé, « Comment vas-tu ? » Puis, elle a ajouté : « Ne t'inquiète pas. Amma est avec toi. Amma t'embrasse ! »

Le lendemain matin, dès 9 heures, une équipe de médecins est entrée dans la chambre de Sudeep, cherchant à tour de rôle l'endroit au sommet de sa tête qui présentait la veille une mollesse anormale. Il n'en subsistait aucune trace ! Le crâne de Sudeep était normalement dur ! Une fois les médecins partis, j'ai raconté à tout le monde le rêve que j'avais fait.

J'aimerais mentionner quelques-unes des innombrables occasions où Amma m'a comblée en exauçant les désirs de mon coeur.

Dans mon jardin, se dressait un vieux jacquier qui donnait des fruits excellents. Une année, j'ai cueilli trois des plus gros fruits, avec l'intention de les offrir à Amma le week-end suivant. Entre-temps, mon fils a été victime d'une forte fièvre et j'ai dû annuler mon voyage à l'ashram. J'étais amèrement déçue. J'ai beaucoup pleuré, en me disant, « Amma a de si nombreux enfants. Pourquoi se soucierait-elle de moi et de mon humble présent ? »

Tout à coup, une voiture s'est arrêtée devant la maison dans un crissement de pneus. Une de mes connaissances en est descendue et a lancé : « Je suis en chemin pour l'ashram et en passant par-là, j'ai soudain ressenti le besoin irrésistible de m'arrêter pour vous demander si vous souhaiteriez m'accompagner. »

Amma avait entendu ma prière ! J'ai alors compris qu'Amma ne supporte pas de voir ses enfants pleurer. Si je ne pouvais pas lui apporter les fruits que je tenais tant à lui offrir, elle viendrait les chercher chez moi ! J'ai couru chercher les fruits et les ai chargés dans la voiture.

Dans les premières années de l'ashram, l'archana du matin avait lieu dans le *kalari*, le temple où Amma donnait les darshans de Devi Bhava et de Krishna Bhava. Bri (Dr.) Lila (à présent Swamini Atma Prana) guidait habituellement l'archana, et le reste de l'assistance récitait la réponse en chœur.

Un jour, elle s'est mise à tousser affreusement, et s'est retournée vers la femme assise derrière elle pour lui demander si elle pouvait la remplacer. La femme a refusé et Bri Lila a poursuivi sa récitation à grand peine. J'ai eu envie de prendre sa place mais n'ai pas osé le demander. J'ai gardé mon désir secret.

Imaginez ma surprise quand Bri. Lila est arrivée le lendemain en courant à la hutte de méditation où nous étions tous assis ensemble, et m'a dit : « Amma a demandé que tu guides l'archana aujourd'hui. » « Moi ? Une simple femme au foyer ? Guider l'archana ? »! me suis-je exclamée intérieurement. Plus tard, j'ai appris qu'Amma était descendue de sa chambre et s'était arrêtée quelque temps pour m'écouter guider l'archana.

Les occasions sont innombrables où Amma a montré qu'elle se soucie de nous. Qu'elle est consciente de chacune des pensées qui traversent l'esprit de ses enfants. Et qu'elle est toujours prête à combler tous ces petits désirs qui éloigneront de nous les problèmes, et nous rapprocheront d'elle.

(Mars 2016)

La Grâce
salvatrice

Guéri par Amma

Yusuf Husayn Abdullah, Royaume Uni.

J'ai grandi dans les quartiers pauvres de Manchester, en Angleterre, enfant unique d'un père turc, musulman, et d'une mère anglo-irlandaise, fervente catholique. Mon père était un strict adepte de la discipline qui ne tolérait la présence, sous son toit, d'aucun signe de christianisme. Il était également alcoolique. Notre vie de famille fut donc marquée par la violence et les conflits, qui rendirent la vie à la maison difficile. Je survécus en passant la majeure partie de mon enfance dans la rue.

Un jour, mon père, enragé par l'alcool, roua si horriblement ma mère de coups que, malgré mes quatre ans, j'eus le sentiment que je ne pouvais pas rester là à contempler cette scène sans intervenir. Mais lorsque je tentai de l'arrêter, il se mit à me frapper à mon tour. Il me projeta finalement contre un mur avec une telle force qu'il m'infligea de graves blessures.

Depuis ce jour, je souffris de fréquentes crises d'épilepsie, et de crises d'asthme au cours desquelles je ne pouvais plus respirer, au point que mon visage virait complètement au bleu. Je devais chaque fois être hospitalisé. Les médicaments ne servaient qu'à réduire la durée des crises ; jamais ils ne réussirent à les empêcher.

Ce n'est que lorsque j'atteignis l'âge de trente-et-un ans que la grâce de Mère illumina mon existence pour la première fois (du moins à ma connaissance). J'avais été recruté par l'armée iranienne. Le lendemain du jour où je reçus ma première affectation, avec ordre de me présenter deux semaines plus tard à l'endroit indiqué, je partis faire un bref voyage en Europe. Un ami me suggéra de me rendre au Centre de l'Unité de Brienz, en Suisse, afin de recueillir des informations concernant une thèse en philosophie. J'ignorais alors complètement que Mère était attendue dans ce lieu au moment où je m'y trouverais. Naturellement, ma curiosité m'incita à vouloir rencontrer la sainte.

Je n'éprouvai pas à ce moment-là le désir particulier que Mère devienne mon gourou. Cependant, dès mon premier darshan, ma vie changea de direction. En quittant l'étreinte de ses bras, j'eus presque la sensation d'être ivre, comme étourdi. J'avais les genoux en coton, et même ma vision était devenue floue. En fait, je remarquai que je voyais plus clair en fermant les yeux ! Je vis ce que je puis uniquement décrire comme étant les corps subtils de toutes les personnes présentes, avec des points lumineux à l'intérieur de leurs corps. Je voyais également clairement l'aura de chacun, tout cela les yeux fermés. Autant vous dire que je n'avais aucune idée de ce qui m'arrivait.

De retour en Angleterre, je renonçai à servir dans l'armée iranienne. J'allai chercher la valise qui m'avait été remise suite à mon recrutement et la déposai, avec tout son contenu (mon uniforme, mon livret militaire et autres objets) à la grande mosquée chiite de Londres.

J'étais toujours incapable de comprendre la nature de l'expérience que je venais de vivre auprès d'Amma. Dans un effort pour tenter d'y parvenir, je la décrivis à un ami musulman dont je respectais le jugement. Il affirma que je m'étais trouvé, par quelque magie noire, sous l'influence d'un djinn. Je ne prêtai aucune foi à son interprétation, cependant, elle fit naître en moi suffisamment de doutes à l'égard de Mère pour que je décide de l'oublier. Mais, ainsi que je ne tardai pas à le découvrir, oublier Mère n'est pas si facile.

Quelques mois plus tard, je fis un rêve extraordinairement vivant. Dans ce rêve, je me rendais en train jusqu'à une mosquée où je priais un moment. Je m'assis ensuite pour lire le Coran. A la fin du premier chapitre, la vue fatiguée, je relevai les yeux et découvris au-dessus de moi un être d'une grande beauté : une femme divine qui rayonnait de la plus pure lumière de sainteté. Elle portait un sari rouge et une couronne étincelante. Son visage était celui de Mère.

Je contemplai cette vision avec incrédulité. Elle était si vivante qu'il ne pouvait s'agir d'un simple rêve. Mère souriait. Elle avait six bras et l'une de ses mains gauches, sur laquelle apparaissait le mantra OM, m'invita d'un geste à m'approcher. L'instant d'après, je me sentis brutalement halé vers l'avant, comme par une corde. Je tombai sur la tête et, à cet instant-là, j'eus l'impression d'être brusquement ramené dans mon corps – comme si mon rêve m'en avait littéralement fait sortir. Sur quoi, je me réveillai.

Ce « rêve » me fit me demander si je ne devenais pas fou. Je pris un rendez-vous avec un psychiatre. Ce psychiatre me confia en fait avoir longuement étudié les phénomènes paranormaux. D'après lui, je ne devais pas trop m'inquiéter concernant ma santé mentale. Il me suggéra plutôt de tenter d'obéir aux injonctions de mon rêve.

C'est ce que je fis ! Je retournai à Brienz en 1989 afin d'y revoir Mère. Lorsque Mère descendit de voiture, elle me regarda et, un sourire maternel éclairant son visage, elle dit quelques mots à l'interprète, qui les traduisit à mon intention : « Mère dit qu'elle est très heureuse que tu aies pu venir. » A ces mots, et au spectacle de son sourire charmant et bienveillant, il fut soudain clair pour moi que la femme qui se tenait devant moi et l'être divin qui m'était apparu dans mon « rêve » ne faisaient qu'un. Cette réalité m'inspira un émerveillement indicible. J'éclatai en sanglots.

Durant mon séjour à Brienz, cette année-là, Mère m'invita à venir en Inde, dans son ashram. Quelques mois plus tard, je m'envolais pour l'Inde. Je vécus bien des expériences extraordinaires auprès d'Amma, dans sa maison. Mais quatre semaines après mon arrivée, Mère me donna un darshan qui transforma mon existence à jamais. Elle passa longuement sa main dans mon dos, pendant ce qui sembla durer quelques minutes. A un moment, un tremblement puissant parcourut tout mon corps. A dater de ce jour, les crises d'épilepsie et les crises d'asthme dont j'avais souffert pendant trente-et-un ans ne se reproduisirent plus jamais. Et depuis lors, je ne doutai plus jamais de ceci : Amma est Devi personnifiée. Gloire, gloire à elle !

(Février 1995)

Grâce salvatrice

Swapna Dayanandan, Singapour

Notre famille est composée de quatre membres : mes parents, mon frère cadet et moi-même. Mes parents étaient très pieux. Dès notre plus jeune âge, ils se sont efforcés de nous insuffler de la dévotion envers Dieu, ainsi que l'amour et le respect de nos aînés. Ils nous envoyaient suivre des cours de religion destinés aux enfants, et ils s'assuraient que nous récitions nos prières, matin et soir, à la maison. Cependant, jusqu'à ce que nous rencontrions Amma, nous n'avions jamais vécu aucune expérience auprès d'un maître spirituel ou d'un gourou. Nos connaissances à ce sujet se limitaient aux récits que nous en avions lus dans les livres.

Notre première expérience avec Amma, en 1989, a été prodigieuse. Mon frère était alors âgé de quinze ans. Enfant, déjà, il n'aimait pas qu'on le prenne dans les bras et s'irritait si quelqu'un le faisait. Lorsqu'il a appris qu'Amma étreignait les personnes venues recevoir son darshan, il a hésité à y aller. Ma mère a dû insister et user de persuasion jusqu'à ce qu'il finisse par nous accompagner, à contrecœur.

Au moment du darshan, Amma l'a regardé avec amour et a dit, « Mon chéri, il a fallu que ta mère te persuade de venir jusqu'à Amma, n'est-ce pas ? » La question d'Amma nous a tous stupéfaits. « Mon enfant chéri ! » a-t-elle poursuivi. « C'est ton âge qui te fait détester cela. Mais le temps viendra où tu seras impatient de bénéficier d'une telle opportunité. » Amma faisait allusion au fait de recevoir sa bénédiction, mais ni mon frère ni moi n'avons alors saisi le sens de ses paroles.

Dès ce tout premier darshan en 1989, Amma nous a totalement conquis. Son regard aimant et son étreinte réconfortante ont fait fondre nos cœurs et attisé notre foi en Dieu. A ce moment-là, nous n'avions pas conscience du fait qu'Amma est une manifestation du Suprême. Nous pensions qu'Amma était une sainte ou un simple enseignant spirituel. Depuis ce jour, nous n'avons jamais manqué une occasion de recevoir chaque année le darshan d'Amma à Singapour.

Nous avons également commencé à assister aux sessions mensuelles de bhajans, puis, plus tard, aux discours et aux bhajans hebdomadaires. Nous avons commencé à nous sentir de plus en plus proches d'Amma et attirés vers elle. D'année en année, nous attendions son arrivée avec une impatience chaque fois grandissante. Nous nous sommes progressivement investis davantage dans l'organisation de la célébration de l'anniversaire d'Amma et de ses programmes à Singapour.

La visite d'Amma dans notre maison en novembre 1993 a été l'événement le plus extraordinaire et le plus inoubliable de notre existence. En mars de cette même année, notre famille avait déjà été bénie par la visite chez nous du premier disciple *sannyasi* d'Amma, Swami Amritaswarupananda.

Nous avons commencé l'année 1995 par notre fête habituelle de Nouvel An, en compagnie d'un petit groupe d'amis de la famille. Nous n'avions à ce moment-là aucune idée de ce que le destin nous réservait. Sans la grâce d'Amma, 1995 aurait été une année très sombre pour nous tous.

La première semaine de janvier, les médecins ont diagnostiqué chez ma mère une épilepsie légère. Le neurologue lui a prescrit des comprimés, qu'elle a pris pendant une douzaine de jours. Le dixième jour, elle a contracté une mauvaise grippe. Le cabinet de notre médecin de famille était fermé ce jour-là. Nous avons donc consulté un autre généraliste, qui est également un bon ami de la famille. Ma mère n'ayant aucune allergie connue à un quelconque médicament, des antibiotiques lui ont été prescrits, qu'elle n'avait jamais ingérés auparavant.

Le matin du douzième jour, mon père et moi nous apprêtions à quitter la maison pour nous rendre, lui, à son travail et moi, à l'université, quand ma mère s'est mise à vomir du sang. Elle a vomi de nouveau, puis elle a perdu conscience.

Plus tard, tandis qu'une équipe de médecins prenait soin de ma mère, j'ai pensé, « Amma, tu es si bienveillante ! Si cet accident était survenu après que mon père et moi ayons quitté la maison, ma mère se serait trouvée seule, dans une situation désespérée. »

Les cinq premiers jours, les médecins nous disaient simplement que l'état de ma mère était instable. Ils ne parvenaient pas à évaluer l'importance des dommages internes. L'un d'entre eux nous a finalement expliqué qu'elle avait été victime d'une grave allergie au soufre, connue sous le nom de syndrome de Steven-Johnson et entraînant la mort dans 70 % des cas. Les comprimés qui lui avaient été prescrits pour son épilepsie contenaient un taux élevé de soufre. Ils avaient provoqué la réaction allergique, et les antibiotiques avaient malheureusement aggravé le problème.

50 % des patients qui survivent à une telle allergie souffrent ensuite de cécité permanente et 40 % d'entre eux, d'insuffisance rénale. Le pronostic était si inquiétant que je me suis laissé aller au désespoir. L'état pitoyable de ma mère alimentait encore mon angoisse. Mon espoir de la voir survivre, a fortiori en bon état, diminuait de jour en jour. Elle ressemblait à quelqu'un qui a été victime de brûlures du troisième degré. Elle avait des ulcères sur les lèvres et sur tout le ventre. Elle a été maintenue sous perfusion presque deux semaines durant. Au cours des deux mois qui ont suivi, elle n'a pu ingurgiter que de la nourriture finement moulue et mixée.

Les médecins craignaient que les énormes cloques qui recouvraient son corps n'éclatent et n'exposent la chair à vif, ce qui aurait causé à ma mère des douleurs indescriptibles, et les aurait obligés à recouvrir sa peau de feuilles de plastique. Je tremblais à cette seule pensée. Ma famille se sentait impuissante et nous prions Amma de tout notre cœur afin qu'elle répande sa grace sur ma mère.

Tous les membres du groupe de satsang d'Amma ont prié pour nous. Ils nous ont aidés à traverser cette période de grande souffrance en nous assistant de maintes façons – en restant auprès de nous à l'hôpital, en nous offrant des paroles de réconfort, mais plus que tout, en priant sincèrement pour le rétablissement de ma mère.

Les intenses prières de chacun ont pavé la voie du miracle qui est survenu par la grâce d'Amma. Lors d'un darshan du soir à l'ashram de Trivandrum, Amma a souhaité savoir si tout allait bien à Singapour. Elle a demandé à l'un des résidents de l'ashram d'appeler Rajan Menon (lorsqu'Amma venait à Singapour, elle séjournait chez M. et Mme Menon et leur famille.) M. Menon a alors informé le résident de l'ashram de l'état critique dans lequel se trouvait ma mère et l'a prié d'en informer Amma.

A partir de ce jour, les évènements ont pris un meilleur tour. Ma mère a commencé, lentement mais sûrement, à progresser sur le chemin de la guérison. Son cas a été, et demeure à ce jour, un miracle médical aux yeux de tous les médecins qui s'étaient occupés d'elle. Elle s'est complètement rétablie, sans aucun des effets secondaires habituellement liés au syndrome de Steven-Johnson. Le miracle a également voulu que beaucoup de souffrance lui soit épargnée. Ses cloques ont très bien guéri, sans éclater, et la peau morte a séché, puis est tombée, sans causer la moindre douleur. A ce moment-là, elle ressemblait vraiment à un oignon pelé !

Un mois après sa sortie de l'hôpital, ma mère s'est rendue à Amritapuri afin d'y recevoir le darshan d'Amma. Elle était tenaillée par la peur à l'idée de prendre le moindre médicament. L'épreuve quelle venait de traverser l'avait marquée émotionnellement et psychologiquement. Les darshans aimants d'Amma ont dissipé ses craintes et lui ont donné du courage.

Le 29 décembre, ma mère s'est rendue pour la deuxième fois à Amritapuri. A l'approche du Nouvel An, une immense foule se pressait dans l'ashram, dont la capacité d'accueil, en matière de logements, était insuffisante. On a donc demandé à ma mère de partager une chambre avec d'autres dévotes. A cause de sa santé encore fragile, ma mère a attrapé mal à la gorge et, le lendemain matin, son visage était tout enflé. Amma a l'a aperçue de loin et l'a appelée.

Elle s'est étonnée de la voir si malade et a voulu savoir si on lui avait attribué un hébergement adéquat. Après que ma mère lui ait expliqué la situation, Amma a immédiatement appelé une brahmacharini. Elle lui a demandé de donner à ma mère une chambre seule, ou bien un hébergement spécial dans une hutte, en ajoutant : « Sais-tu que cette enfant se rétablit à peine d'une grave maladie, et qu'elle ressemble encore à un oignon pelé ? »

Ma mère m'a appelée d'Amritapuri pour me rapporter les paroles d'Amma. « Amma a vraiment dit 'comme un oignon pelé !' » me suis-je exclamée. « Comment peut-elle connaître ce détail, alors que nous ne lui en avons jamais parlé ? »

« *Ellam ariyunna ammayode onnum parayenda karyamilla,* » a répondu ma mère. Elle citait le vers d'un bhajan : « Il est inutile de dire quoi que ce soit à Amma, qui sait tout. » Notre expérience nous a appris que si nous avons une foi totale en Amma, sa grâce sera toujours prête à se répandre sur nous, dans les moments heureux comme dans les temps difficiles.

(Février 1997)

Un cadeau du destin

Prem, Inde

Assis à l'ombre d'un arbre, le Dr Anantanarayanan relatait son histoire. Sa mémoire regorgeait des souvenirs des merveilleuses expériences qu'Amma lui avait accordées, lors d'une période de grandes souffrances.

Anantanarayanan avait rencontré Amma en 1984, mais il avait le sentiment que leur relation remontait à de nombreuses vies passées. Pourtant, il sentait son lien avec Amma se renforcer de jour en jour.

En 1987, il fut frappé pour la première fois par le destin. Il fut victime d'une crise cardiaque, qui le laissa affaibli et déprimé. L'amour réconfortant d'Amma l'aida heureusement à passer ce mauvais cap. Mais à peine avait-il sorti la tête de l'eau, qu'il subit un nouveau coup du sort. Tous les matins, Anantanarayanan allait marcher en récitant son mantra, afin de se régénérer physiquement et mentalement.

Un matin du 11 mai 1990, alors qu'il effectuait sa promenade quotidienne, un camion de livraison de journaux le percuta violemment, et le propulsa à plus d'un mètre de haut. Il fut transporté d'urgence à l'hôpital, où un scanner révéla la présence de caillots de sang dans la partie supérieure gauche de son cerveau.

Tandis qu'il gisait dans le coma, toute sa famille et tous ses amis pleuraient, doutant de le voir survivre à ce nouvel accident. Puis, les médecins découvrirent une fracture du bras gauche. Ils l'opérèrent et durent insérer une broche dans son bras.

Amma était alors en tournée à l'autre bout du monde, mais elle fut informée de son état. Elle lui envoya un message réconfortant. « Mon fils chéri, ne t'inquiète pas. Tout ira bien. Ne perds pas courage. » Lorsque le message parvint à Anantanarayanan, il émergea du coma mais ensuite, il continua à perdre et à reprendre alternativement conscience pendant un certain temps

Le message d'Amma lui fut néanmoins lu à un moment où il semblait réveillé. Ce message d'espoir surprit les médecins, qui pensaient que leur patient ne recouvrerait jamais la mémoire, et encore moins son aptitude à la marche.

Miraculeusement, seize jours après l'intervention, sa mémoire commença à revenir lentement. Quelques jours plus tard, il reçut la visite de Swami Amritagitananda. Cette visite réinsuffla de l'espoir dans son cœur, jusque-là en proie au découragement et à un sentiment d'impuissance. Couché dans son lit d'hôpital, il sentit les bras miséricordieux d'Amma se tendre vers lui. A partir de ce moment-là, le nom d'Amma et son souvenir dansèrent en permanence dans son esprit. Sa conscience n'était habitée que par Amma. Nuit et jour, il s'abandonna dans la récitation mentale du mantra sacré, « Amma ». Il avait l'impression de flotter dans l'amour et la compassion infinis d'Amma. Il sentait la présence de Mère, assise à côté de lui sur le lit, le caressant et lui murmurant à l'oreille, « Ne t'inquiète pas, mon fils. Amma est avec toi. »

Un mois plus tard, il commença à reconnaître les visages des personnes qui lui rendaient visite et à se rappeler leurs noms, à la grande surprise de tous.

Son soulagement fut malheureusement de courte durée. Le bras opéré s'infecta. Les médecins décidèrent de retirer la broche ; mais au cours de l'intervention, presque deux centimètres d'os se brisèrent. Anantanarayanan fut transporté à l'Hôpital universitaire de Trissur afin d'y recevoir des soins supplémentaires.

Après toutes ces souffrances, le destin continua à s'acharner sur le médecin et sa famille. Sa fille fit une mauvaise réaction à un traitement contenant du soufre, qui lui avait été administré pour soigner une fièvre. Son corps se couvrit de cloques et ses yeux s'infectèrent gravement. Il s'agissait du redoutable syndrome de Stephen-Johnson. Son corps offrait une image effrayante. Anantanarayanan accusa ce nouveau coup du sort avec calme. Au cœur même de cette épreuve, il continua à entendre les paroles rassurantes d'Amma au fond de lui : « Amma est avec toi, mon fils. Ne t'inquiète pas. » Ces mots lui donnèrent la force d'endurer tous les cruels assauts du destin.

Les collègues d'Anantanarayanan pensaient que sa fille devait être transportée à l'Institut Indien des Sciences Médicales de New Delhi pour y subir de nouveaux examens. Mais avant de partir pour New Delhi, sa fille rendit visite à Amma, qui la prit dans ses bras et dit : « Ma fille chérie, ne t'inquiète pas ! » Suite à quoi, Amma lui suggéra d'annuler son voyage à New Delhi. Elle suivit les conseils d'Amma, et se rétablit progressivement de son mal.

Le Dr. Anantanarayanan ne pouvait toujours pas se servir de son bras. Les médecins pensaient qu'une greffe osseuse allait être nécessaire. Anantanarayanan demanda l'avis d'Amma. Amma s'enquit d'abord du protocole préconisé. Elle caressa doucement son bras blessé, puis assura, « Fils, une nouvelle opération n'est pas nécessaire. Tout ira bien. »

Au début, Anantanarayanan eut du mal à croire ce qu'affirmait Amma. En tant que médecin, il savait à quel point les chances étaient minces pour que le segment d'os brisé se ressoude de lui-même. Animé, malgré tout, par une foi inébranlable dans le fait que le *sankalpa* (résolution divine) de Mère porterait ses fruits, il décida de ne pas se faire opérer. Et, à la stupeur des médecins, il retrouva bientôt l'usage normal de son bras.

Nous étions assis sous l'arbre depuis un long moment. Son ombre rafraîchissante s'était déplacée, mais mon esprit trouvait dans la narration revigorante du médecin un soulagement à la chaleur torride du monde. Anantanarayanan se leva et déclara doucement, « Par la grâce d'Amma, j'ai été ressuscité. » Un éclat particulier illuminait son visage, l'éclat paisible émanant d'un homme qui accepte son destin comme un précieux cadeau de Dieu.

(Juin 1997)

Elle veille sur nous

Santosh (Sunny Nell), Etats-Unis

Le jeudi 18 juillet 2009, une semaine avant la date de l'accouchement de mon épouse, prévu par césarienne, nous nous sommes rendus ensemble à l'hôpital pour son test hebdomadaire de résistance à l'effort, et afin de confirmer que le bébé allait bien. Ce matin-là, ma femme a remarqué que le bébé ne bougeait pas beaucoup. A dix heures, les infirmières ont commencé le test, qui a duré quarante-cinq minutes. Suite à quoi le médecin a déclaré, « Le bébé ne réagit pas comme il le devrait. Il faudrait pratiquer une échographie. »

A 13h25, la technicienne a commencé l'examen par échographie. Pendant tout ce temps, mon épouse se sentait un peu stressée, mais elle s'efforçait de conserver son calme et sa bonne humeur. Après environ quarante-cinq minutes, la technicienne a tapé une phrase sur le clavier de son ordinateur : « Le bébé ne respire pas depuis quarante-cinq minutes. » En découvrant ce message sur l'écran, j'ai demandé des explications à la technicienne.

Elle a simplement répondu que cela arrivait parfois, avant de nous diriger vers la salle d'attente, en disant que le médecin s'entretiendrait bientôt avec nous. Au bout de dix minutes, la radiologue nous a appelés pour nous dire que ma femme devait se rendre immédiatement au Service de Maternité. Elle a ajouté qu'elle se chargeait d'organiser notre transport.

Après avoir attendu encore près de vingt minutes sans que rien ne se passe, nous avons décidé de nous diriger lentement vers l'ascenseur en direction du Service de Maternité, situé au quatrième étage. Là, nous avons découvert des médecins, des infirmières et une équipe de spécialistes qui attendaient pour emmener mon épouse au bloc opératoire. Elle a aussitôt été mise sous perfusion et anesthésiée. A ce moment-là, la chirurgienne en chef (qui suivait mon épouse) est venue m'annoncer que le bébé n'allait pas bien et qu'il fallait tout de suite pratiquer la césarienne. Elle m'a expliqué que le taux révélé par les ultrasons de l'échographie doit être égal ou supérieur à huit, et que s'il chute en dessous de six, la procédure consiste à pratiquer l'accouchement au plus vite. Dans le cas de mon enfant, le taux se situait en dessous de deux ! Nous avions peut-être déjà perdu le bébé, a ajouté le médecin, et il allait falloir tenter de sauver la mère, qui s'affaiblissait également.

Elle m'a alors posé cette question redoutable : « Si nous avons le choix, qui devons-nous sauver? »

La réponse évidente pour moi a été, « La mère ! » A ce stade, j'ai incliné la tête pour prier Amma. Elle se trouvait à ce moment à Los Angeles. Comme nous vivons au Minnesota, nous n'avions pas encore eu l'occasion de la voir durant ce tour. Je lui ai adressé cette prière, « Lorsque je rentrerai chez moi tout à l'heure, j'aurai peut-être perdu ma compagne ; et mes enfants, leur mère et leur petit frère. Je ne peux pas modifier ce qui est écrit par le destin. Toi seule détiens ce pouvoir. Je t'en supplie, sois présente durant l'intervention et veille sur la situation. Donne-moi la force d'accepter ce qu'il adviendra comme ta Volonté. »

Avec de nouvelles forces acquises par la prière, et la profonde conviction que tout se déroulerait au mieux, j'ai appelé quelques proches afin de les informer de la situation. Lorsque je leur expliquais ce qui se passait, je percevais la nervosité dans leur voix. Malgré cela, chacun a pris sur soi pour m'assurer que tout irait bien et ils ont promis de venir dès que possible à l'hôpital.

Le médecin m'a informé qu'un second chirurgien avait été appelé pour l'assister et que l'intervention commencerait dès son arrivée. Trois minutes plus tard, l'autre chirurgien était là et, à 15h55, l'opération a débuté. A 16h31, le bébé était né. Après les vérifications d'usage, la pédiatre a déclaré qu'il était sain et sauf et que tous ses paramètres vitaux étaient bons !

L'équipe a ensuite poursuivi l'intervention sur mon épouse, et la procédure chirurgicale s'est terminée à 17h45. La chirurgienne est revenue me parler, « Vous avez beaucoup de chance » a-t-elle dit. « Quelqu'un, là-haut, veille sur vous. En vingt ans de pratique, je n'ai jamais vu un bébé survivre avec un taux USG aussi bas ! »

Plus tard, le bébé a été emmené à la pouponnière et mon épouse dans le service de soins post-chirurgicaux. Le dimanche, la chirurgienne, venue remplir l'autorisation de sortie de mon épouse, a encore assuré : « J'ignore qui a accompli ce miracle. De toute évidence, quelqu'un, là-haut, veille sur vous et a également veillé sur moi pendant que je pratiquais l'opération. Sans l'intervention de ce pouvoir divin, l'issue de l'intervention aurait été différente ! »

Tout au long de cet après-midi de jeudi, j'avais tenu Amma informée de la situation par l'intermédiaire de Br. Dayamrita Chaitanya. J'avais également appelé dès que le bébé était né pour que Br. Dayamrita l'annonce à Amma, et l'avais prié de demander à Amma de donner un nom à l'enfant. Amma lui avait répondu que nous devions venir au programme de Chicago avec le bébé et qu'elle lui donnerait un nom à ce moment-là.

Douze jours après l'intervention, nous sommes montés dans un train pour Chicago. Le voyage durait huit heures. Certaines de nos connaissances étaient choquées de nous voir effectuer un tel déplacement si tôt après l'opération, craignant un danger pour la mère comme pour l'enfant. De mon côté, je pensais : « Si Amma a pu donner la vie à mon enfant, elle peut sûrement prendre soin de lui et de ma femme le temps d'un trajet en train ! »

Lorsqu'Amma a pris le bébé dans ses bras pendant le darshan, elle m'a demandé d'aller vérifier son étoile de naissance auprès de l'astrologue qui voyageait avec elle. Je lui avais dit précédemment que son étoile de naissance était *Revati*. Ainsi que je l'ai compris plus tard, l'heure de sa naissance aurait alors été de très mauvais augure, représentant un danger pour sa vie même. La réaction d'Amma avait alors été de faire pratiquer, immédiatement, puis chaque année par la suite, un *Mrityunjaya Homa* (un rituel visant à prolonger la vie).

Après avoir consulté l'astrologue, nous avons découvert que l'enfant était né après l'heure placée sous de mauvais auspices, et que son étoile de naissance était en fait *Ashwati*. Lorsque j'ai rapporté cette information à Amma, elle a soupiré de soulagement et avoué : « Quand tu m'as d'abord communiqué son heure et son étoile de naissance, Amma était inquiète. Mais à présent, tout va bien, car le moment de sa naissance est propice, et *Ashwati* est une très bonne étoile de naissance. » Amma a contemplé le bébé avec adoration et l'a embrassé avant de me le tendre de nouveau. Puis, elle nous a demandé de nous asseoir près d'elle, et a continué à regarder le bébé à plusieurs occasions. Finalement, elle l'a nommé Amrit ou Amarath, qui signifie « Immortel ».

Au cours de cette épreuve, nos amis dévots d'Amma nous ont soutenus de multiples façons, ce dont nous leur sommes reconnaissants. Lors de la consultation post-natale, quatre semaines après l'accouchement, la femme médecin s'est exclamée en nous voyant : « Voici la famille bénie des dieux, sur laquelle quelqu'un veille. Je me sens chanceuse de vous avoir connus, les amis ! » Tout en prononçant ces paroles, elle nous a serrés dans ses bras.

En effet, Amma a veillé sur nous, et c'est uniquement sa grâce qui a sauvé mon épouse et mon fils ! Amma, je t'en prie, accepte nos humbles remerciements.

(Décembre 2009)

Mon secret

M. Ramakrishnan, Etats-Unis

J'ai rencontré Amma en Inde, en 1987. Tous les membres de ma famille sont des dévots d'Amma. Elle m'a transformé : je croyais en elle mais j'ai maintenant une foi inébranlable. La foi est solide, tandis qu'une croyance peut vaciller. Pour amener ce changement en moi, Amma a eu recours à un miracle.

Un jour de 1991, pendant le darshan de Devi Bhava, Amma m'a posé une question étrange : est-ce que cela me dérangerait d'aller étudier et travailler à l'étranger? Je n'ai pas su quoi répondre. D'abord, je n'avais pas assez d'argent pour voyager. De plus, j'avais un bon emploi, proche de chez moi, et je pouvais rendre visite à Amma deux ou trois fois par semaine. Mais, peu après, ma situation a changé, et je me suis retrouvé en partance pour les Etats-Unis, dans le but d'étudier à l'Université d'Arizona. En contrepoint de ma surprise, je me souvins de l'adage selon lequel les paroles d'un *mahatma* se réalisent toujours en temps voulu.

Retourner sur les bancs de l'école ne fut pas facile, qui plus est dans un système éducatif et un environnement nouveaux pour moi. Mais j'avais foi dans le fait qu'Amma était avec moi. Je sentais que je n'étais pas seul et que, quoi qu'il advienne, Amma me soutenait à chaque instant.

Un matin, après avoir accompli mes prières à Amma, je suis sorti de chez moi pour me rendre à mes cours. Peu après, j'ai commencé à avoir mal au ventre. Je me suis dit que c'était parce que je n'avais pas pris de petit-déjeuner, et je suis allé dans un Taco Belle, le repaire habituel des étudiants pauvres comme moi. Mais ce que j'y ai consommé n'a fait qu'aggraver le problème. Le temps que j'atteigne mon lieu de travail, la douleur était intenable. Je suis allé au centre médical, où j'ai vomi. Je me suis senti un peu mieux, mais les infirmières et les médecins me tournaient autour, l'air inquiet, sans rien dire d'autre que : « ça va aller ! » Finalement, comme je leur demandais de m'expliquer le problème, ils m'ont avoué : « Nous l'ignorons. Vous n'avez plus ni pression sanguine ni aucune pulsation cardiaque. Vous devriez être mort. Cependant, vous parlez ! »

J'ai été transporté à l'hôpital le plus proche où j'ai subi des examens qui ont révélé une pancréatite aigüe, une pathologie typique chez des sujets plus âgés qui fument et consomment de la drogue. Interrogé à ce sujet, j'assurai que je n'avais jamais fumé ni pris de drogue de ma vie. L'équipe soignante ne m'a pas cru et a questionné mes amis, qui ont confirmé mes déclarations. Plus tard, la douleur empirant, j'ai été transféré dans une unité de soins intensifs. Des tests complémentaires ont révélé un kyste, dans mon abdomen, de la taille d'un ballon de basket. Il était devenu si gros que je parvenais à peine à respirer. Les médecins décidèrent que je ne devais plus ingérer ni eau ni la moindre nourriture jusqu'à ce que le kyste rétrécisse. Le pronostic vital était engagé. En fait, les médecins me confièrent plus tard que j'avais failli mourir à deux ou trois reprises, mais que, de façon mystérieuse, j'avais chaque fois repris conscience. Mais ce qui était un mystère pour eux n'en était pas un pour moi. Je connaissais l'identité du « médecin » qui m'avait sauvé la vie !

L'hôpital a contacté Bipin, l'époux de ma cousine, à Seattle. Après l'avoir informé du fait que j'étais à deux doigts de trépasser, on lui a demandé son consentement pour engager toute procédure que l'hôpital jugerait nécessaire pour me sauver la vie. Bipin a aussitôt appelé l'ashram d'Amma à Mumbai et s'est entretenu avec Swami Pranavamritananda, qui était justement en partance pour Delhi afin d'y voir Amma. Lorsque le swami a informé Amma de mon état, elle est restée silencieuse un moment, avec sur son visage une expression très distante. Puis, elle a assuré : « Il va s'en sortir. Il est inutile de l'opérer. » Ce message a été transmis à Bipin.

Au même moment, mon état a commencé à s'améliorer et le temps que Bipin appelle l'hôpital, j'étais hors de danger. Amma, le médecin de l'univers, m'avait sauvé.

Après cinq semaines passées à l'hôpital sans manger ni boire, le chirurgien en chef a décidé d'opérer afin de vider le kyste. Les autres médecins n'étaient pas du même avis, invoquant le fait que cette intervention était trop risquée et qu'elle avait récemment causé la mort de plusieurs patients. Mais le chirurgien n'en démordait pas et la date de l'opération fut fixée. La veille de l'intervention, j'appris par deux amis que ce chirurgien avait la mauvaise réputation de persister à opérer, même lorsqu'un geste chirurgical était déconseillé. Ils ont téléphoné pour moi au chirurgien et annulé l'intervention. On leur avait parlé d'un autre praticien qui pouvait pratiquer une endoscopie. Tout fut finalement organisé dans ce sens et, suite à cette intervention, je fus bientôt sur le chemin de la guérison.

N'ayant aucune expérience des hôpitaux et des services d'urgence, j'aurais normalement dû, en de telles circonstances, être en proie à la plus grande anxiété. Cependant, j'étais calme, convaincu de ne pas mourir. N'était-ce pas Amma qui m'avait demandé de venir aux Etats-Unis ? Elle a tout organisé, de façon à ce que de nombreuses personnes viennent à l'hôpital pour prendre soin de moi et me tenir compagnie, et m'évitent de nourrir des pensées négatives.

Je suisi même entré dans l'histoire en tant que premier patient à avoir été traité par la nouvelle procédure endoscopique. Et l'unique à être resté sept semaines durant à l'hôpital, sans manger ni boire ! Les infirmières pensaient que je bénéficiais d'une force mentale particulière pour avoir pu affronter toutes ces épreuves. En effet : c'est Amma !

(Novembre 1997)

Le médecin primordial

Dr. V. Satyaprasad, Inde

Il y a bien des années, chaque fois que je voyais dans Chennai des affiches représentant Amma, j'étais attiré par son sourire angélique. Même en photo, il émanait de son visage un amour infini et inconditionnel. J'ai compris plus tard que l'amour est sa nature même, mais la nature de son amour aux innombrables facettes est insondable.

Une nuit de décembre 1996, mon épouse et moi ne parvenions pas à dormir, tous deux préoccupés par un problème personnel. Je me suis soudain souvenu avoir vu des affiches annonçant la venue d'Amma à Chennaï cette semaine-là, et nous avons décidé d'aller recevoir son darshan. Le jour venu, nous nous sommes donc rendus au Temple Brahmasthanam d'Arcot Road. Une file interminable de gens, attendant patiemment leur tour, allait jusqu'à empiéter sur la rue. Il pleuvait. Je me suis adressé à l'un des disciples d'Amma, qui s'est alors chargé d'organiser notre darshan.

Le darshan d'Amma a été l'expérience la plus exquise que ma femme et moi ayons jamais vécue. La paix a imprégné tout mon être. A tel point qu'au moment du darshan, nous avons oublié de confier notre problème à Amma. Imaginez ma surprise lorsqu'elle a abordé d'elle-même le sujet, puis assuré qu'elle résoudrait nos difficultés. Nous sommes ensuite rentrés chez nous, apaisés.

Quelques semaines plus tard, j'ai reçu un appel téléphonique d'un confrère qui me proposait de contribuer à l'ouverture d'une nouvelle unité de chirurgie cardiaque à l'hôpital AIMS de Cochin, dans le Kerala. Je nous pensais alors définitivement installés à Chennaï. Mes enfants y poursuivaient leurs études, mon épouse et moi exercions tous deux dans un hôpital spécialisé en cardiologie parfaitement équipé, et nous y possédions notre propre maison.

Cependant, un mystérieux et profond élan intérieur me pressait d'accepter l'opportunité d'exercer à l'hôpital AIMS, un don fait à l'humanité par un *mahatma*. J'ai parlé de ce projet à mes parents, qui l'ont eux aussi spontanément approuvé. Peu de temps après, ma famille déménageait donc pour s'installer à Cochin.

A posteriori, il est clair qu'Amma a été un phare dans ma vie personnelle et professionnelle. Un jour, j'avais presque décidé de ne pas opérer un patient, car la paroi de son cœur s'était entièrement calcifiée. Toutefois, quand il m'a confié qu'Amma lui avait recommandé de se faire opérer à AIMS, je me suis senti contraint de pratiquer l'intervention. Lorsque j'ai ouvert le cœur du patient, l'anesthésiste en chef, qui se tenait à mes côtés dans la salle d'opération, m'a lancé un regard effrayé en constatant son état précaire. Mais j'ai eu le sentiment que la décision d'Amma consistait à poursuivre l'intervention et qu'elle s'assurerait de son bon déroulement.

Tout s'est passé comme si l'issue de l'intervention avait été décidée à l'avance. Il s'agissait d'une opération difficile, je l'ai néanmoins pratiquée avec dextérité, comme si j'avais été en transe. Moins de douze heures plus tard, le patient a pu être extubé, et il a pu sortir de l'hôpital, tout à fait normalement, dès le huitième jour. De tels exemples m'ont fait sentir à plusieurs occasions que j'étais seulement un instrument entre les mains d'Amma.

Cette expérience a conforté ma foi en cet adage, « Le médecin traite le patient. Mais c'est Dieu qui le guérit. » Depuis lors, je commence chaque opération en pensant à Amma. Je ne laisse pas non plus l'issue de ces interventions me perturber outre mesure. Car j'ai le sentiment que tout ce qui se déroule dans l'unité de chirurgie cardiaque repose entre les mains d'Amma.

Par-dessus tout, j'accueille comme une immense bénédiction le fait de pouvoir pratiquer, sur les consignes d'Amma, d'importantes opérations cardiaques sur des patients qui, autrement, n'auraient jamais pu s'acquitter des frais de ces interventions. Sa compassion envers les pauvres est ici mise en évidence par ses encouragements permanents à pratiquer le plus grand nombre possible de ces interventions.

Amma a également souvent été une immense source d'encouragement pour des patients qui appréhendaient de subir une grave intervention cardiaque. Après avoir reçu son darshan et sa bénédiction, je les ai tous vus faire face avec un courage étonnant à ce qui est habituellement vécu comme une expérience traumatisante. C'est sans nul doute le résultat de sa grâce divine. Et les voir si heureux et si reconnaissants à leur sortie de l'hôpital est une magnifique récompense.

Amma a également été un merveilleux mentor, qui a créé la cohésion et l'harmonie et favorisé le travail en équipe au sein de notre unité de chirurgie cardiaque. Je prie pour qu'elle continue à nous accorder sa bénédiction dans toutes nos entreprises.

(Octobre 2003)

Renaissance

E. Shanta Krishnankutty, India

saandraanandaavabodhaatmakamanupamitam kaa-
la-deshaavadhibhyaam
nirmuktam nityamuktam nigamashatasahasrena nir-bhaas-
yamaanam
aspashtam drshtamaatre punarurupurushaarthaatmakam
brahmatatvam...

*Sa nature est celle de la béatitude éternelle et de la
conscience suprême, incomparable et transcendant le temps
et l'espace. A jamais libre, elle est révélée en termes limpides
par d'innombrables textes védiques, cependant sa nature demeure impossible à appréhender pour les intellects grossiers.
Mais l'entrevoir une seule fois suffit à nous faire comprendre
qu'elle est le but le plus élevé à atteindre, la réalité suprême
connue sous le nom de « Brahman ».*

Ces vers du *Narayaniyam* de Melpattur [13], montés de ce temple
lointain vers le ciel, résonnaient comme l'appel impérieux du clai-
ron à l'aube. Mais pendant très longtemps, je ne m'étais jamais
donné la peine d'en saisir la signification.

J'étais constamment affligée par la maladie, j'enchaînais les
pathologies l'une après l'autre. Même une fois en retraite, après
avoir enseigné pendant de longues années, la prière demeura le
seul répit à mes tourments.

Je rencontrai Amma en 1985. Dévote de Krishna, j'allai la voir
dans la seule idée de recevoir le darshan de ma déité d'élection.

Mon époux et moi la vîmes pour la première fois dans la
maison de dévots à Koʐhikode. Dès ce premier darshan, Amma

---

[13] Le premier verset du *Narayaniyam*, dans lequel le poète Melpattur Narayana
Bhattathi chante la gloire de la déité du temple de Guruvayoor

devint tout pour nous ; notre famille se compose de mon époux, de mes trois enfants et de moi-même.

Depuis ce jour, nous nous rendions à Amritapuri dès que nous en avions l'occasion, en quête de l'affection de cette incarnation de l'amour.

En ce temps-là, aucun bâtiment n'existait à l'ashram pour l'hébergement des visiteurs. Seuls deux box minuscules, au-dessus de la vieille presse à imprimer, permettaient d'accueillir les hôtes de passage. Amma en balayait le sol et y disposait elle-même des nattes à notre intention. Elle mettait toujours quelque nourriture de côté pour nous. Elle nous nourrissait également de ses paroles, la manne spirituelle. Nous chérissions tant ces moments auprès d'Amma !

Nous eûmes également la grâce de pouvoir participer aux activités de l'ashram de Kozhikode dès sa création. Ces journées, remplies de myriades d'expériences, étaient dédiées à Amma. Nous étions nombreux à nous rassembler, une fois par semaine, pour prendre part à la vie de l'ashram. Les occasions de nous réunir pour des satsangs, des bhajans et des activités de seva, ne manquaient pas !

Je fus frappée de voir la plupart des jeunes qui y œuvraient avec enthousiasme, comme les membres d'une seule et même famille, devenir plus tard des brahmacharis. Lorsque ma propre fille prit cette décision, j'eus d'abord du mal à l'accepter. Puis, j'allai la voir à Amritapuri, et je fus stupéfaite de constater à quel point ces jeunes rayonnaient tous de bonheur ! Comment arracher ne serait-ce qu'une fleur à un éblouissant champ de roses blanches ?

Comme toutes les autres personnes que je voyais autour de moi, ma fille rayonnait de joie. Comment aurais-je pu ne pas considérer comme miens tous ces enfants aux visages lumineux et aux fronts ornés de cercles de pâte de santal, qui s'adressaient à moi en m'appelant « Amma » ? Je ressentais une secrète fierté ! Ma fille avait la bonne fortune que je n'avais pas eu la grâce de connaître. Laissant derrière elle le chemin que j'avais suivi, elle avait choisi la voie pavée d'or du renoncement et du service, loin de l'océan du *samsara*.

Tandis que je progresse sur la vague des expériences qu'il m'est donné de vivre auprès d'Amma, j'écris aujourd'hui ces mots, avec joie et béatitude ; avec le cœur tranquille d'une nouvelle vie donnée par Amma.

Le 7 novembre 2002, je fus victime de graves difficultés respiratoires et transportée en urgence à l'hôpital. Présentant les symptômes d'un arrêt cardiaque, je fus immédiatement admise, entre la vie et la mort, dans l'unité de soins intensifs. Toutes sortes d'instruments inhabituels, des aiguilles, des tubes, furent introduits dans mon corps dans le but de me sauver. Je vis alors réellement la mort en face. Ne pouvant plus respirer, je me sentis sombrer. Sous l'effet de la panique, j'arrachai le masque de mon visage, de toutes les forces qui me restaient.

Une sensation d'engourdissement s'insinua dans tout mon corps. J'aurais voulu qu'on éteigne le climatiseur de la chambre, mais j'étais incapable d'articuler une seule parole, ce qui ajouta encore à ma terreur. Je voyais mon fils, Murali, près de moi. Je lui adressai un regard désespéré. Comprenant que j'essayais de parler, il me tendit un stylo et une feuille, mais je ne pouvais pas écrire. Les bien-portants oublient la détresse pitoyable d'un corps immobilisé sur un lit ; ils ne s'en souviennent qu'une fois confrontés à la mort.

Des pensées affleuraient fugitivement à mon esprit sous forme d'images. *Demain c'est le mariage du fils de ma sœur cadette. Ma mort serait un désagrément pour tout le monde ! Le sari qu'ils avaient acheté pour moi était si joli ! Dommage, je ne pourrai pas le porter ! Le haut assorti à ce sari n'a pas encore été cousu. Ressentons-nous comme une souffrance tous nos désirs insatisfaits au moment de mourir ? Non, je n'ai aucun désir*, me dis-je, en m'efforçant de me consoler, à part celui de me fondre en les pieds sacrés d'Amma.

J'ai commencé à perdre la faculté de voir. Le simple effort que je faisais pour respirer tendait mes muscles à l'extrême. Soudain, j'ai ressenti un étrange changement. J'ai senti que j'avais été séparée de mon corps. Oui ! Je voyais tout très clairement. Mon corps gisait, immobile, sur un drap blanc. Les médecins luttaient désespérément pour le garder en vie. A l'extérieur de la salle, ma famille et mes amis pleuraient.

Je contemplai ensuite un univers nouveau, différent de celui dans lequel s'était déroulée ma vie. Une paix m'envahissait, que je n'avais jamais expérimentée auparavant. Dans cet état d'extase, je vis une lumière. Je suis incapable de dire si elle était à l'intérieur ou à l'extérieur de moi. C'était une expérience indescriptible ! Tout mon être baignait dans une paix immense. Je ne voulais pas quitter ce nouveau monde de paix pour le monde qui ne connaît pas la paix.

Au bout d'un moment, le souvenir d'Amma affleura à mon esprit. « Oh, Amma ! » appelai-je spontanément. Soudain, j'eus la sensation d'avoir réintégré mon corps. Je pouvais à présent respirer, bien que difficilement. J'entendais également claire-ment la voix de mon fils. Lentement, de la chaleur commença à se diffuser dans mon corps : c'était ma seconde naissance dans ce corps ! Je voyais à présent distinctement Amma devant moi. Elle souriait. Je n'ai aucun souvenir de ce qui survint après cela.

Je passai un jour et une nuit sans avoir conscience de ce qui arrivait. Lorsque j'ouvris les yeux, je compris que je me trouvais toujours en soins intensifs, mais les tubes et les aiguilles avaient été enlevés. Un grand changement s'était opéré dans mon esprit. Les soucis et la maladie s'en étaient éloignés. Grâce suprême, la forme d'Amma, l'incarnation de *Brahman*, imprégnait mon cœur. Je ne ressentais aucune autre émotion que de la joie pure. C'était comme si je rayonnais de compassion. Je ne voyais personne comme séparé de moi. Je percevais Amma comme la conscience divine qui imprègne tous les êtres.

J'aurais voulu que le monde entier sache ce que je vivais. Mon esprit aurait voulu proclamer que la seule chose que nous pouvons offrir au monde est l'amour. Que nous ne devrions jamais manquer une occasion de le faire. Décrire à tous ce monde de paix, ineffable et inconnu de nous !

Au bout de quelques jours, je fus autorisée à sortir de l'hôpital. Depuis lors, mon esprit est demeuré en paix. La joie est partout. Qui pourrait haïr qui que ce soit ? Nous sommes tous les membres d'une seule et même famille, destinés à nous aimer les uns les autres et à vivre en partageant de l'amour. Exprimons de la gratitude pour ce que nous avons, au lieu de nous lamenter sur ce que nous n'avons pas. N'est-ce pas ce qu'Amma nous enseigne ? Lorsque je pense à la façon dont Amma m'a guidée vers les profondeurs insondables de l'expérience spirituelle, mon cœur déborde de félicité. C'est la bénédiction que j'ai reçue d'Amma !

(Juillet 2005)

Quand Amma dit quelque chose

Ashok Nair, Quatar

Une vie ne peut suffire à comprendre qui est Amma. Je me suis résolu à ne pas chercher le point final de l'Infini.

Notre vie est pareille à un puzzle ; les expériences viennent à nous par fragments. Lorsque nous les assemblons, nous obtenons une image plus complète. Le récit que je m'apprête à vous faire est celui d'une des expériences les plus poignantes de mon existence.

Au cours de l'été 2002, ma famille et moi nous trouvions en vacances en Inde et, comme chaque fois, nous allâmes tous voir Amma. Pendant le darshan, Amma me dit : « Mon fils, n'as-tu rien à me demander ? » Je lui répondis que j'étais comblé.

Nous rentrâmes chez nous, au Quatar, la première semaine de septembre. A la mi-septembre, mon épouse, Suja, contracta une fièvre qui dura trois jours. Nous célébrâmes l'anniversaire d'Amma chez l'un de mes amis et, comme d'habitude, Suja chanta des bhajans. En dehors du fait qu'elle se sentait encore un peu faible, tout semblait normal.

Le soir du 30 septembre, elle dit qu'elle ne se sentait pas bien. Je la conduisis chez un médecin, qui diagnostiqua une infection urinaire et prescrivit des médicaments. Suja les prit mais trois jours plus tard, elle avait la diarrhée et continuait à s'affaiblir.

Le matin du 4 septembre, je l'emmenai aux urgences de l'Hôpital Hamad, le plus grand hôpital public de Doha. Le problème provenait des médicaments qu'elle avait ingérés, affirmèrent les médecins. Ils modifièrent la prescription. Et ils ajoutèrent qu'elle n'avait rien d'anormal. Cependant, l'état de Suja s'aggrava et, le soir venu, elle commençait à se sentir désorientée et éprouvait des difficultés à parler et à marcher.

J'étais terrifié, dans l'ignorance totale de ce qui arrivait à mon épouse. J'appelai le médecin de la société qui m'employait, lequel me conseilla de la conduire le lendemain dans un hôpital privé américain. Les médecins de cet hôpital lui firent subir toute une série d'examens, toujours sans découvrir la moindre pathologie. Entretemps, Suja s'était énormément affaiblie et elle était à présent complètement désorientée. Une IRM du cerveau révéla finalement une anomalie. Suja fut alors immédiatement transférée à l'hôpital Hamad.

Les jours suivants, une équipe de spécialistes lui fit de nouveau passer toutes sortes de tests. Le 9 octobre, elle commença à sombrer dans le coma. Complètement égaré, ignorant quoi faire, et bombardé de tonnes d'avis divers par l'ensemble de mon entourage, j'étais devenu incapable de prendre des décisions. Bon nombre de gens, y compris le personnel de l'hôpital, me conseillaient d'emmener Suja en Inde.

Je me remémorai les paroles d'Amma : « Mon fils, n'as-tu rien à me demander ? » Je la suppliai alors de sauver mon épouse. Je voulus lui faire parvenir un message, mais je ne connaissais personne à Amritapuri.

De plus, Amma faisait à ce moment-là le tour d'Europe. Mon ami Murali parvint à entrer en contact avec Swami Purnamritananda, qui se trouvait en France avec Amma, et lui demanda d'informer Amma de notre situation. Le soir du 10 octobre, Swami Purnamritananda nous rappela pour nous transmettre les instructions d'Amma : « Continuez les soins avec le médecin qui traite Suja en ce moment. !

Nous sommes en capacité de prendre des décisions difficiles dans la vie, si nous nous appuyons sur les conseils du gourou. J'informai tous mes amis de ma décision de poursuivre les soins avec le médecin de l'hôpital Hamad à Doha, et les priai de cesser de m'inonder de conseils. Si Suja avait été consciente à ce moment-là, je suis sûr qu'elle aurait pris la même résolution.

Le lendemain, j'allai voir le médecin qui soignait Suja. Elle était proche du coma et ne pouvait ni parler ni marcher. Il était difficile de savoir si elle reconnaissait quelqu'un. Après que le médecin l'ait examinée, je lui demandai une entrevue privée. J'appris alors qu'il était pakistanais.

Jusqu'à ce jour, non seulement je n'appréciais pas les Pakistanais, mais je pensais que bien les considérer était contraire au sentiment national (indien). Je lui dis que je n'avais aucune connaissance médicale et que je lui demandais conseil sur ce qu'il fallait faire pour mon épouse. J'ajoutai que s'il pensait qu'il fallait la conduire dans un hôpital particulier, n'importe où dans le monde, où elle pourrait recevoir les soins adéquats, j'étais prêt à le faire.

Il fixa le sol un moment. « Je comprends votre inquiétude, mais nous faisons à l'heure actuelle tout ce qui peut être entrepris d'un point de vue médical pour votre épouse. Elle va se rétablir » assura-t-il, tout en m'enjoignant encore un peu de patience. Il ajouta également que si je souhaitais emmener mon épouse dans un autre hôpital, quel qu'il soit, il était prêt à signer une décharge dans ce sens. Mais, si je décidais de me fier à lui, il prendrait soin d'elle comme s'il s'agissait de sa propre sœur. Je répondis que je m'en remettais à lui.

Ce soir-là, le médecin commença à lui administrer un nouveau traitement. Les jours suivants, Suja montra de nets signes d'amélioration. Une quinzaine de jours plus tard, elle fut autorisée à quitter l'hôpital. Lorsque je la ramenai à la maison, elle n'était encore en mesure ni de parler ni de comprendre quoi que ce soit. Aucun autre traitement ne lui fut administré et celui qu'elle suivait se termina dix jours après son retour de l'hôpital. Elle dut suivre une rééducation et réapprendre des actions aussi simples que s'habiller et faire une addition.

Cela peut sembler incroyable, mais je n'ai jamais douté que Suja se rétablirait. Car j'ai une foi totale dans le fait que, lorsqu'Amma dit quelque chose, cette chose se fera. En l'espace de trois mois et à la surprise de tous, Suja récupéra 80% de ses facultés : elle était de nouveau capable de parler, de marcher, de chanter et de conduire. A présent, presque six mois plus tard, elle a recouvré presque 99% de ses aptitudes.

Deux ans plus tard, lors d'une visite de contrôle, le médecin affirma se souvenir encore clairement du jour où j'étais entré dans son bureau pour lui parler. Il avoua m'avoir menti, alors, en m'assurant que ma femme allait se rétablir. Il me montra le dossier médical. A cette date, il avait inscrit de sa main : « La patiente ne réagit à aucun traitement, et son état s'aggrave. » Il ne s'était en réalité pas attendu à ce qu'elle se rétablisse, reconnut-il. Et lorsque Suja le remercia pour son aide, il répondit, « Je n'ai rien fait. Vous avez guéri toute seule. »

Il ajouta que Suja était le cas médical le plus étrange qu'il eût jamais traité. Il voulut savoir si nous avions consulté un autre praticien après sa sortie de l'hôpital, essayé un autre traitement ou obtenu un deuxième avis. Je lui répondis que je ne l'avais pas fait, parce que notre gourou nous avait recommandé de poursuivre simplement les soins avec lui. Suja lui montra la bague qu'elle portait, surmontée de la photo d'Amma. Très innocemment, le médecin nous pria de transmettre sa reconnaissance à notre gourou pour la confiance qu'elle avait manifestée à son égard.

Enfin, nous apprîmes que lorsque Suja avait été admise à l'hôpital, son dossier avait en fait été adressé à un autre praticien. Mais un assistant l'avait déposé « par erreur » sur le bureau du médecin qui s'était finalement occupé de Suja. Ce dernier nous expliqua qu'il l'avait consulté et avait jugé le cas intéressant, et que c'était la raison pour laquelle il s'en était chargé.

Le 17 avril 2005, le médecin clôtura le dossier de Suja, assurant qu'il était désormais inutile d'effectuer d'autres bilans médicaux.

Une fois totalement rétablie, Suja m'expliqua qu'elle n'avait été victime d'une perte de conscience totale que durant les tous premiers jours qui avaient suivi son admission à l'hôpital. Après cela, elle nous voyait et nous reconnaissait tous, mais c'était toujours comme dans un rêve. Il y avait une assistante médicale arabe qui venait lui rendre visite chaque nuit et qui assurait à Suja et aux personnes assises à son chevet qu'elle allait très bien se rétablir. Cette femme portait une *burka*, la robe arabe

que je dus détourner le regard. Pendant ce temps, mon ami, ne rencontrant pas davantage de succès que précédemment, se désespérait. Dans le but de le calmer, je suggérai que nous allions prendre un café et un sandwich au snack qui se trouvait à proximité. Comme il avait prévu de rester quelques jours, je lui assurai qu'il trouverait d'ici là le moyen rejoindre la file du *darshan*.

Tandis que nous dégustions lentement notre sandwich, j'observais la foule et repérai des pancartes sur lesquelles des numéros s'affichaient. Je m'efforçais de comprendre de quoi il retournait, quand je vis passer un de mes anciens clients. Je l'appelai pour lui demander de quelle façon mon ami pourrait accéder au darshan. Après avoir exprimé sa surprise de me voir, il nous expliqua qu'il aurait normalement fallu prendre un ticket de darshan tôt le matin. Mais si mon ami le souhaitait, il pouvait l'aider à s'insérer dans la file.

« Dans ce cas, j'aimerais aussi venir » lançai-je, étonné par ma propre audace.

Il nous conduisit sur la scène où grouillait toute une foule de gens, dont je ne cessai de commenter en mon for intérieur l'attitude en apparence si servile. Debout dans un coin de la scène, j'avais l'impression que tout le monde faisait un bien grand tapage autour de cette silhouette vêtue de blanc. Moi aussi, je savais méditer. Pourquoi étaient-ils tous aussi obséquieux et émotifs ? J'atteignis un angle dans la file d'où je la voyais clairement. Elle semblait comme enveloppée d'une aura scintillante. « L'effet de l'humidité et des lumières », pensai-je.

Puis, soudain, je me mis à pleurer. Surgi de profondeurs cachées, un chagrin inconnu monta en moi sans raison, m'ébranlant par sa brusquerie inexplicable. Je retournai vers le coin de la scène et pleurai toutes les larmes de mon corps face au mur, en m'efforçant de me cacher des gens qui m'entouraient. Une part de moi était comme en état de choc.

Ce n'était pas mon père que je pleurais. Au bout de quelques minutes, je parvins à rassembler mes esprits et me replaçai dans la file. « Conduis-toi correctement, à présent » m'admonestai-je.

Mais comment devais-je me conduire ? Comment se conduit-on auprès d'une sainte ? On lui demande respectueusement de nous aider à résoudre un problème quelconque. Quel était mon problème ? Ma mère. Je résolus de lui en parler, puis de m'en aller sans plus faire de drame.

Quand vint mon tour, j'étais perplexe, mais l'assistant plaqua doucement ma tête sur l'épaule de la sainte et, durant un moment, mon esprit se vida de toute pensée. En tamil, elle murmura « Mon fils chéri, mon fils chéri. » Sa voix semblait venir de très loin, depuis l'autre côté du cosmos. En me relevant, je tentai de lui exposer mon problème, mais je fus rapidement tiré en arrière.

J'obéis et regagnai le coin de la scène, en attendant que mon ami ait fini de recevoir son darshan. Au bout de quelques instants, un assistant regarda à travers la scène dans ma direction et me fit signe de m'asseoir. Il devait s'adresser à quelqu'un d'autre, me dis-je. Mais il répéta son geste et je m'assis. Presque aussitôt, une autre personne me demanda de m'avancer un peu pour faire de la place. Un peu plus tard, quelqu'un d'autre m'en pria de nouveau. Ainsi, en l'espace de quelques minutes, je me retrouvai juste à côté d'elle !

Je peux peut-être lui exposer ma requête, à présent, me dis-je. Elle parlait, plaisantant et riant comme une jeune fille, s'amusant avec ses amis. Je demandai à un homme proche de moi, également vêtu de blanc, si elle comprenait le tamil. Lorsqu'il m'en assura, je tentai de lui glisser un mot à l'intention de la sainte, mais n'y parvins pas. Elle poursuivait son badinage, avec son rire enjoué, en un contraste si frappant avec l'expression grave que je lui avais vue au tout début. Percevant mon embarras, l'homme assura, « Ne vous inquiétez pas. Elle connaît la nature de votre problème sans que vous ayez à lui dire quoi que ce soit. »

Cela, mon esprit ne pouvait pas l'admettre. Mais soudain, elle se tourna vers un homme proche de moi et s'exclama très fort en tamil « *Summa irru !* » (« Reste tranquille ! ») Cette remarque, qui ne m'était pas adressée, atteignit néanmoins son but. Je renonçai à dire quoi que ce soit et restai un moment assis en silence. Puis, après m'être incliné avec respect, je m'en allai.

Une fois à l'extérieur du hall, je pris congé de mon ami. Une paix inexplicable m'habitait. Quelque chose s'était passé et j'ignorais quoi. Je priai mon ami de garder ma visite en ce lieu secrète. J'avais besoin de temps pour analyser ce qui m'arrivait.

Cette nuit-là, dans le logement que j'occupais temporairement à Varkala, je m'assis pour méditer un moment avant de dormir. Mais je fus incapable de trouver le sommeil. Je méditai de nouveau, et de nouveau, tentai de m'endormir, en vain. Je me levai et errai silencieusement dans cette maison inconnue, jusqu'à ce que je découvre un autel dressé pour elle, laissé en désordre par un précédent occupant. Je le nettoyai et, bien que musulman, je brûlai l'encens qui se trouvait à proximité, en m'efforçant à l'humilité. Une plainte silencieuse monta de mon cœur, « Je suis le péché et le pêcheur. Malgré la faiblesse de ma volonté, je ferai tout ce que tu exigeras de moi. »

Le sommeil ne vint pas et la bataille se poursuivit jusqu'à l'aube, lorsque le muezzin d'une mosquée proche appela à la prière du matin. « Dieu est grand, Dieu est grand, il n'y a d'autre Dieu que Dieu » ; un appel magnifique, un soulagement à l'obscur silence. Je dormis environ une heure, me douchai et me rendis à ma boutique, en m'efforçant d'assurer normalement mes tâches quotidiennes. Mais les trois nuits suivantes, je ne parvins toujours pas à fermer l'œil. Finalement, le troisième jour, n'y tenant plus et avec l'impression que j'allais trépasser d'un instant à l'autre, je regagnai Kodaikanal, pour être auprès de mon épouse et de mes enfants

Ma mère était pareille à elle-même et d'humeur maussade. Je ne lui parlai pas. Mais, les deux nuits suivantes, je l'entendis pleurer dans sa chambre au milieu de la nuit. La sachant en sécurité, je n'interférai pas. La transformation eut lieu le troisième jour. Comme elle sortait de sa chambre, elle se heurta à mon fils, et un magnifique sourire éclaira son visage. Plus tard, lorsque ma fille revint de l'école, ma mère se montra également chaleureuse et tout à fait charmante envers elle. A la fin de la journée, elles étaient devenues les meilleures amies du monde, elles riaient et jouaient ensemble dans sa chambre, sans plus aucune trace des tensions passées. Après toutes ces années de traitements médicaux dont aucun n'avait fonctionné, comment ce miracle avait-il pu se produire ? Je n'avais rien fait.

« Ne vous inquiétez pas, elle connaît la nature de votre problème sans que vous ayez à lui dire quoi que ce soit. » Ces paroles me revinrent à l'esprit. Je compris, et me sentis soudain empli d'humilité et de gratitude.

Depuis cet évènement, notre vie a changé pour le mieux. Bien que ma mère soit encore sujette à de légers changements d'humeur, ce n'est rien comparé à autrefois. Les enfants grandissent bien et l'harmonie règne dans notre foyer.

Maints autres incidents m'ont permis de mieux comprendre ce qu'est l'esprit, et ont mis en évidence à la fois mon arrogante ignorance et la miséricorde inconditionnelle du satgourou. Les mots tels que « foi, amour, respect, dévotion » sont trop faibles pour exprimer mes sentiments. Les Ecritures disent, « De toutes les bénédictions reçues dans une vie, aucune n'est plus grande que l'association avec un sage. »

Puissions-nous tous obtenir cette bénédiction. Puissions-nous tous être épargnés par la souffrance. *Lokah samastah sukhino bhavantu* (Puissent tous les êtres de tous les mondes être heureux.)

(Juillet 2011)

Voyage béni

Indocile

Sugunanandan-acchan,[14] *Inde*

J'ai eu un gourou avant Amma. C'était mon professeur de *Katha-kali*[15]. Enfant, j'assistais souvent à des spectacles de Kathakali. La couronne, les costumes, la danse elle-même, exerçaient sur moi un attrait particulier. Je n'avais aucune connaissance réelle de cet art, ou de la façon d'acquérir cette connaissance. Mais à la fin de l'école primaire, j'ai eu le sentiment que je devais me former à cette discipline.

J'ai donc commencé à m'entraîner auprès d'un maître, et j'ai finalement fait ma première entrée sur la scène d'un temple.

En ce temps-là, le Kathakali était le principal art théâtral présenté dans les temples. Les festivals duraient parfois quatre jours, au cours desquels étaient données quatre représentations de Kathakali, à raison d'une par jour.

Une année, la troupe dirigée par mon professeur de Kathakali a été invitée à se produire à Trikunnapuzha. Le quatrième jour du festival, nous avons présenté le 'Duryodhana-vadha,[16] le récit de la mort de Duryodhana. Je tenais le rôle du Seigneur Krishna. L'acteur qui joue le rôle du Seigneur doit rester sur scène du début à la fin de la représentation, moment où Duryodhana est tué. Je ne pouvais donc pas m'extraire une seule minute de mon costume, ni même ôter ma couronne.

---

[14] L'auteur de ce témoignage, le père d'Amma, fit ce discours à Amritapuri à l'occasion de Guru Purnima le 18 juillet 2008. *Acchan* signifie « père » en malayalam. « *Accha* » en est la forme vocative. Sugunanandan-acchan était souvent appelé Sugunacchan.

[15] Une forme de théâtre dansé originaire du Kerala.

[16] Duryodhana est un personnage du *Mahabharata*, et le chef du clan des mauvais Kauravas. Il avait précédemment obtenu une bénédiction qui rendait chaque parcelle de son corps, à l'exception de sa cuisse, invulnérable à toutes les attaques.

Dans la dernière partie de la danse, Bhima frappe Duryodhana à plusieurs reprises. Mais il ignore où se situe le point sensible de son adversaire. A chaque coup reçu, Duryodhana tombe, pour se relever l'instant d'après. Finalement, Bhima, épuisé, adresse une prière au Seigneur Krishna, « Ô Seigneur ! »

La prière de Bhima prend la forme d'un long chant. Dès le début de ce chant, le Seigneur Krishna doit apparaître sur scène. C'était à moi ! Mais je m'étais endormi dans le vestiaire qui jouxtait la scène. La nuit avait été longue et c'était presque l'aube ! Je me suis réveillé après le début du chant et aussitôt élancé vers la scène. A cette époque-là, nous devions jouer sur un piédestal. En tentant de grimper dessus, j'ai glissé. Mon gourou, qui se tenait à proximité, m'a asséné un violent coup dans le dos. Je suis remonté sur le piédestal, la rage au coeur.

Debout sur mon promontoire, tremblant sous l'effet de la colère, je brandissais la massue et le disque, tout en fulminant intérieurement : « J'ai joué jusqu'à l'aube, et il me frappe ! Est-ce que je mérite pareil traitement ? Je ferais aussi bien de tout laisser tomber ! »

Dans la pièce, l'acteur qui joue Krishna est justement censé trembler de rage un long moment, jusqu'à ce que Duryodhan meure enfin. Mon gourou s'est extasié devant mon interprétation, en se demandant comment j'avais réussi cet exploit.

C'était ma colère envers mon maître, et non mon jeu, qui avait provoqué ces tremblements, et qui a été la cause même de son ravissement. Tous ceux qui me regardaient ont été très impressionnés. Tous m'ont complimenté, en s'étonnant que je puisse jouer aussi admirablement après avoir passé d'aussi nombreuses heures sur scène. Lorsque j'ai regagné le vestiaire, mon gourou m'a soulevé dans ses bras et embrassé à plusieurs reprises, tant il était ravi de mon interprétation ! Je ne ressentais plus autant de colère à son encontre. J'étais très heureux.

Quoique fasse ou dise le gourou, c'est pour le bien du disciple ; c'est là toute la grandeur du gourou. Si mon gourou ne m'avait pas asséné ce coup dans le dos, mon jeu n'aurait pas été aussi bon. En vérité, tout acte du gourou nous conduit toujours plus haut dans la vie spirituelle.

~

Un matin, Damayanti-amma[17] m'a dit, « J'ai fait un rêve. »

« Lequel? » ai-je demandé.

« Je me suis vue donner naissance au Seigneur Krishna, puis le tenir sur mes genoux et l'allaiter. »

« Il n'y a rien de surprenant à cela, » ai-je répliqué. « Tu pries et adores Dieu à chaque heure du jour et de la nuit. C'est pourquoi Il t'apparaît dans tes rêves. Moi, Il ne m'apparaît pas. Je vois des choses très différentes dans mes rêves ; je vois de simples commerçants et autres gens insignifiants ! »

Quelques jours plus tard, Damayanti-amma m'a encore confié : « J'ai vu une grande lumière qui semblait venir dans ma direction. Puis, soudain, elle a disparu. »

Après avoir vu cette lumière, Damayanti-amma est tombée enceinte. Je n'étais pas auprès d'elle quand elle a accouché ; il n'y avait personne. Nous avions une petite boutique au bord de la route où nous vendions du riz, des piments et autres denrées de base. Damayanti-amma y travaillait. Le matin de la naissance d'Amma, elle y est allée comme à son habitude. Brusquement, elle a quitté la boutique, a regagné le *kalari* et a mis Amma au monde dans cette maison, sans l'assistance de personne.

Une voisine âgée est passée peu après pour une raison ou une autre. Le nouveau-né ne bougeait pas et ne produisait aucun son, ce qui a inquiété Damayanti-amma et la vieille femme. Trois de nos enfants étaient morts, un premier avant la naissance de Kasturi et les deux autres, après elle. La vieille femme a soulevé l'enfant, l'a observé. Au bout d'un moment, elle s'est exclamée, « Il est vivant ! » Elle a donné un bain à l'enfant et après le bain, a annoncé, « Il sourit ! » au grand soulagement de Damayanti-amma.

---

[17] La mère d'Amma

Un jour, lorsque je suis rentré à la maison, Damayanti-amma se trouvait dans la cuisine. Amma était alors âgée de quatre ou cinq mois. Elle était allongée dans son berceau et elle pleurait. Je l'ai prise dans mes bras et j'ai entrepris de lui chanter une berceuse pour tenter de l'apaiser. Mais elle a fait pipi et caca sur tous mes vêtements ! Je parle-là de votre gourou ! Je l'ai reposée en hâte dans le berceau et j'ai dit à mon épouse, « Damayanti, je ne peux pas m'occuper d'elle plus longtemps. »

Récemment, alors que Damayanti-amma et moi lui rendions visite dans sa chambre, Amma a dit : « *Accha*, tu m'as jetée dans mon berceau le jour où j'ai fait caca sur toi, n'est-ce-pas ? »

Je n'ai tout d'abord pas su à quoi elle faisait allusion. Puis je me suis remémoré cet incident. Parfois, nous nous demandons comment elle peut se souvenir de toutes ces choses. Nous avons eu de nombreuses expériences semblables.

Damayanti-amma se levait tous les jours à quatre heures pour cueillir des fleurs et accomplir une puja dans le kalari. Etant assez peu versé dans l'accomplissement de pujas, je continuais à dormir. Tous mes enfants faisaient de même. Mais Amma était différente. A l'instar de sa mère, elle se levait, l'aidait à rapporter des fleurs, puis elle participait à la puja.

Elle lisait aussi de la littérature spirituelle. Elle a entamé toute seule la lecture du *Bhagavatam*. J'ai dit à Damayanti-amma : « Lis avec elle le *Ramayana*[18] et le *Bhagavatam*, afin de lui insuffler de la dévotion (*bhakti*). Laisse-la étudier. Elle doit étudier au moins jusqu'à la dernière année de collège. »

Damayanti-amma a protesté, « Ce n'est pas moi qui la réveille pour travailler. Elle se lève et vient m'aider d'elle même. »

Le matin, tous les enfants, y compris Amma, se rendaient à l'école, mais Amma arrivait toujours après la cloche. Elle était tous les jours en retard. Ses professeurs, qui me connaissaient,

---

[18] Une épopée qui raconte la vie du Seigneur Rama, une des incarnations du Seigneur Vishnou.

se sont adressés à moi : « Sugunananda, pourquoi votre fille est-elle toujours en retard à l'école ? C'est devenu une habitude ! » Lorsque j'en ai demandé la raison à Amma, elle n'a pas répondu. Ce sont les enfants qui allaient à l'école avec elle qui m'ont expliqué ce qui se passait, « Elle va dans les maisons de gens pauvres. S'ils sont malades, elle les cajole. Elle leur sert à manger. Et si elle a quelque chose à manger, elle le leur donne. C'est pour cela qu'elle est toujours en retard. »

Je lui ai ordonné d'arrêter, mais c'était peine perdue. Elle a continué à agir à sa guise. Finalement, l'école l'a renvoyée. Elle avait terminé sa quatrième année d'école primaire et passait dans la classe supérieure. J'ai tenté de l'inscrire dans un établissement à Kollam, mais n'y suis pas parvenu. Amma est donc demeurée à la maison où elle s'est chargée de toutes les tâches ménagères.

Elle délestait Damayanti-amma de toute sa charge de travail. En plus, elle faisait le tour des maisons du voisinage afin d'y recueillir tout ce que leurs occupants étaient prêts à donner, argent, riz et même des épluchures de tapioca, dont on nourrit habituellement les vaches. Après quoi elle se rendait chez des personnes pauvres qui souffraient et leur donnait tout ce qu'elle avait récolté. Nous nous sommes parfois trouvés sans argent pour acheter ne serait-ce que du riz. Je la battais, mais Amma persévérait à aider les pauvres et les plus démunis, sans se laisser décourager.

Les parents de Damayanti-amma vivaient seuls ; tous les autres membres de la famille étaient partis s'installer ailleurs. « Je vais aller les aider ! » a un jour déclaré Amma. Elle accomplissait là-bas tout le travail. Mais ses grands-parents possédaient de grandes quantités de riz, qu'ils stockaient dans une grosse caisse en bois. Amma en prenait discrètement pour en donner aux voisins pauvres. Lorsqu'ils l'ont découvert, ils l'ont aussitôt envoyée faire ses bagages, en nous recommandant de ne plus l'envoyer dans aucune autre maison !

Plus tard, lorsqu'Amma rendait visite à la sœur aînée de Damayanti-amma, elle lui offrait son aide. Là encore, chaque fois qu'on cueillait les noix-de-coco, Amma en prenait un grand nombre qu'elle distribuait aux voisins pauvres.

Amma travaillait ainsi dans diverses maisons, avec pour seule motivation d'aider les nécessiteux. Quoi qu'elle reçoive en échange, elle le distribuait aux autres.

Une fois, je lui ai acheté une paire de boucles d'oreilles. Elle ne les a portées qu'une semaine. La semaine suivante, je lui ai demandé, : « Où sont tes boucles d'oreille ? »

Elle a d'abord prétendu les avoir rangées quelque part. Quand j'ai voulu savoir où, elle s'est montrée évasive. Elle refusait de me dire la vérité ! Exaspéré, j'ai saisi une baguette et je l'ai battue jusqu'à ce que ses jambes saignent. Elle a fini par avouer : « Je les ai données à une vieille femme qui vit dans une maison voisine. Elle n'avait rien mangé depuis trois jours. »

Si un mendiant en haillons s'arrêtait devant notre maison, Amma lui donnait nos vêtements à notre insu. Comment nous le découvrions ? Les vêtements du mendiant étaient suspendus sur nos cintres ! A cause de cela, Amma a reçu de nombreuses fessées durant son enfance.

Récemment, quelqu'un qui avait lu la biographie d'Amma est venu à moi et m'a demandé : « Etes-vous *Acchan* ? »

J'ai acquiescé poliment.

« Comment avez-vous pu vous montrer aussi cruel? » s'est alors indignée la personne.

« Que voulez-vous dire? »

« N'avez-vous pas frappé Amma à de multiples reprises ? Pourquoi avez-vous fait cela ? »

J'ai protesté : « Amma ne nous a pas expliqué qu'elle était divine ! Bien sûr, je sais à présent que j'avais tort. Mais, puis-je vous poser une question ? » ai-je enchaîné. « Yashoda n'a-t-elle pas attaché et battu le Seigneur Krishna ? Pourquoi ne vous en indignez-vous pas ? Et la belle-mère du Seigneur Rama ne l'avait-elle pas banni du royaume et envoyé vivre dans la forêt ? N'était-ce pas également mal ? Comme eux, nous avons commis des erreurs. Comme eux, nous ignorions nous aussi qu'Amma était l'incarnation de Dieu. »

Lorsqu'Amma a eu seize ou dix-sept ans, nous avons étudié plusieurs demandes en mariage pour elle. Notre choix s'est finalement porté sur un homme. Mais lorsqu'il est venu faire la rencontre d'Amma, elle s'est jetée sur lui et a voulu le frapper avec un pilon en bois d'un mètre cinquante de long ! Nous ne l'avons jamais revu, et en avons été profondément mortifiés.

J'ai réprimandé Amma : « Comment as-tu pu te comporter de la sorte ? Cet homme était venu sur notre invitation !

« Tu peux organiser tous les mariages que tu veux pour tes autres enfants, mais pas pour moi. N'y songe même pas ! », a-t-elle répondu.

Suite à cet incident, nous avons renoncé à toute autre tentative, de crainte qu'Amma ne chasse également le prétendant suivant.

〜

Tous les soirs, après le coucher du soleil, notre fille allait méditer dans quelque endroit isolé. Il n'existait à l'époque aucun ashram dans les environs et nous ignorions tout de la méditation, ou de la récitation du mantra. Elle murmurait des phrases inintelligibles. Imaginant qu'il s'agissait d'une sorte de charabia qu'elle avait inventé, je l'attrapais par les poignets et la ramenais de force à la maison.

Il y avait des latrines près de la lagune. Amma s'y rendait parfois et là, elle commençait à marmonner toute seule. L'endroit était suffisamment isolé pour que personne ne la voie. Mais même si quelqu'un l'y découvrait, Amma continuait ses marmonnements.

Elle passait également de longs moments plongée dans la contemplation des représentations de déités que Damayanti-amma avait accrochées au mur, et elle leur parlait. Nous avons maints exemples des comportements étranges d'Amma. Nous ne comprenions jamais ce qu'elle faisait. En ce temps-là, personne dans notre entourage ne parlait de *sadhana*. Pas même Amma Damayanti-amma était très pointilleuse sur le fait qu'une fille ne devait pas parler fort. « Le plafond ne doit pas entendre ce que vous dites », répétait-elle. Mais Amma parlait toujours fort !

❧

Le sourire et la danse d'Amma lors du Krishna Bhava engendraient une atmosphère de joie divine que beaucoup de gens appréciaient. Cependant, la majorité des villageois réprouvait les Krishna Bhava et ils nous ont causé beaucoup de problèmes. Ils sont allés jusqu'à déposer une plainte contre nous auprès de la police. Et même certains membres de notre famille se sont retournés contre nous. « Pourquoi sautille-t-elle ainsi en tous sens ? », s'offusquaient-ils.

Ensuite, le Dhevi Bhava a commencé. Ceux qui affirmaient que le Krishna Bhava était scandaleux ont prétendu que le Devi Bhava était une mystification. Certains se moquaient de nous, en disant : « Si vous n'avez pas d'argent pour payer sa dot et les frais du mariage, nous pouvons vous en prêter ! »

Amma commençait le Devi Bhava en dansant, et c'était un spectacle terriblement impressionnant ! J'ignore qui lui avait offert cette immense épée et ce trident ; leur simple vue suffisait à vous effrayer ! Tout en brandissant ces deux armes, elle dansait dans le *kalari*, trois ou quatre heures durant. Sa danse était si puissante qu'il arrivait que la solide couche de ciment qui recouvrait le sol se craquèle !

Toutes ces scènes étaient extrêmement éprouvantes pour moi. A mes yeux, ma fille se donnait en spectacle, en public.

Après le Devi Bhava, le corps d'Amma demeurait inerte pendant un long moment. Cette vision m'effrayait. Les gens l'aspergeaient d'eau pour la réveiller. Un jour, j'ai dit : « Ecoute, si tu es Devi, va à Kodugullur ou à Mandakkadu.[19]. Laisse ma fille tranquille ! »

Amma a répliqué : « Celle que tu appelles ta fille s'effondrera et mourra si je pars. Que feras-tu de cette fille morte ? Tu n'auras plus qu'à procéder à sa crémation ! Et donc, je ne suis pas ta fille. L'*Atma* (Soi) vient de Dieu. Tu n'as de droit que sur ce corps. »

« Ne me réponds pas ! » ai-je rétorqué avec colère.

Le lendemain, pendant le Devi Bhava, j'étais d'humeur maussade et me suis tenu à l'écart. Au bout d'un moment, j'ai entendu des gens crier : « Elle a perdu conscience ! Elle est morte ! Elle ne respire plus ! Nous lui avons versé un peu d'eau dans la bouche, mais l'eau n'y entre pas! » Les gens ont commencé à gémir en se frappant la poitrine.

Lorsque je suis arrivé dans le *Kalari*, j'ai découvert le corps inerte d'Amma. Trois heures se sont écoulées ainsi. Finalement, je me suis jeté à ses pieds et, tout en étreignant son corps sans vie, j'ai crié : « Ô, mon Amma, je ne parlerai plus jamais de cette façon! Je ne l'ai fait que parce que je te considérais comme ma fille. » Le souvenir de cette scène m'est insupportable, encore aujourd'hui.

Après cela, nous avons vu un mouvement parcourir son corps ; elle est revenue à la vie. Depuis ce jour, je n'ai plus jamais fait allusion devant Amma au fait qu'elle était ma fille. Je n'arrivais même plus à penser en ces termes ! Cette expérience nous a donné davantage foi en la divinité d'Amma.

A cette époque-là, je n'avais pas encore une foi totale en la divinité d'Amma. Un jour, elle m'appelé et dit : « Ne doute pas. Il y aura ici bien plus que ce que tu vois aujourd'hui... »

Amma a ajouté que le nombre des dévots allait augmenter de façon exponentielle. Je ne l'ai pas crue, alors.

De nombreuses personnes continuaient à affluer sur le lieu. Je demandais parfois à certains : « D'où êtes-vous ? »

« Vavakkavu. »

« Etes-vous déjà venus auparavant? »

---

[19]   Temples dédiés à Devi (la Déesse) dans le centre et le nord du Kerala.

« Nous venons pour tous les Bhava darshans ».

« Pourquoi? »

« Depuis que nous venons ici, il nous est arrivé tellement de bonnes choses ! »

Une fois, une femme m'a confié, « J'ai été mariée pendant dix ans, sans parvenir à concevoir un enfant. Ce bébé que vous voyez là est venu juste après que nous ayons reçu la bénédiction d'Amma. »

Je ne cessais d'entendre des témoignages comme celui-là. Peu à peu, j'ai commencé à croire.

Aujourd'hui, beaucoup de gens me demandent : « Accha, Amma est à présent connue dans le monde entier. Quand vous voyez tout ce qu'elle a accompli, cela ne flatte-t-il pas votre ego ? »

Je réponds: « Pas du tout. Je suis un homme ordinaire. Ce n'est pas moi qui suis derrière tout cela. J'éprouve une grande joie à voir tout ce qui se manifeste autour de moi. Damayanti-amma et moi considérons comme une très grande chance d'avoir été les témoins de ce drame divin unique. Mais nous n'en tirons aucune fierté personnelle. »

❧

J'ai un jour demandé à Amma : « Tu construis des maisons pour tant de gens ! Pourquoi n'en construis-tu pas une pour moi? »

« Que ferais-tu de tant de pièces ? » a répliqué Amma. « Tu n'en as pas besoin ! » Elle a ordonné au brahmachari chargé des comptes de l'ashram : « N'accorde jamais ne fût-ce qu'un prêt à *Acchan* ! »

Donc, lorsque je réclame un prêt au comptable, il répond, « Nous y réfléchirons. » Ou parfois, « Je demanderai à Amma. »

Quand, au bout de quelques jours, je lui demande s'il a posé la question à Amma, il ne répond pas. Je sais qu'il ne le ferait jamais parce qu'Amma lui a déjà interdit de me donner quoi que ce soit.

Je vis donc à présent près de l'échoppe de légumes ! Si quelqu'un demande : « Où puis-je trouver Acchan ? », les gens répondent, « Près de l'échoppe de légumes. » Plus sérieusement, mon seul désir, à présent, est de vivre de mon propre travail. Même à mon âge, je construis des bateaux. Sans demander le moindre sou.

Parfois, lorsque j'ai envie de voir Amma, je me rends dans sa chambre. A peine suis-je arrivé qu'elle demande, « Pourquoi es-tu venu ? Qu'as-tu à me dire ? Va-t-en ! J'ai tant de problèmes à régler ! »

Ou bien elle dit, « Quand *Acchan* vient ici, je ne peux pas travailler ! » Alors je prends congé et je m'en vais !

Je possédais autrefois une bague, devenue trop petite. Un jour, je suis allé voir Amma et lui ai dit : « Je veux une autre bague pour remplacer celle-ci. »

Amma a répliqué, « Qu'est-ce qu'un vieil homme comme toi ferait d'une bague ? Fais appel à Dieu. Il est ton seul véritable ami ! »

J'ai gardé le silence. Amma s'est alors adressée à Lakshmi :[20] « Lakshmi, prends-lui cette bague. »

Lakshmi s'en est saisie. J'ai cru que j'allais recevoir une autre bague, mais Lakshmi a simplement pris celle-ci et est partie ! « Il n'y a pas de bague ici » a ensuite décrété Amma. « S'il te plaît, va-t-en ! »

J'étais très embarrassé quand, de retour à la maison, Damayanti-amma m'a demandé, « Où est ta bague, Acchu ? »

J'ai répliqué, « Je viens de perdre du même coup ce que je possédais et ce que j'espérais obtenir. » Puis, je lui ai raconté l'incident.

« Faire toutes ces histoires pour une bague ! N'as-tu pas honte ? » s'est exclamée Damayanti-amma.

Quatre jours plus tard, Damayanti-amma et moi étions assis devant notre maison. Radhamani nettoyait la cour. Soudain, à

---

[20] Bri. Lakshmi est l'assistante personnelle d'Amma.

16h10, très exactement, un aigle surgi de nulle part a piqué en direction du sol, et a laissé tomber quelque chose. Radhamani l'a remarqué et a dit : « L'aigle a laissé tomber quelque chose. » Je lui ai dit de ramasser l'objet en question. Il s'agissait d'une bague et d'une montre, qui m'allaient toutes deux parfaitement !

J'ai réfléchi. Il arrive qu'un aigle grappille par hasard quelque morceau de ferraille inutile. Mais il ne transporte jamais de tels objets sur une longue distance. De surcroît, plusieurs ouvriers se tenaient non loin de là. Mais non seulement l'oiseau avait laissé tomber les bijoux juste devant nous, il était également allé se percher sur un cocotier et y était resté jusqu'à ce que nous les ayons ramassés !

Je me suis aussitôt rendu à la cabine téléphonique et ai demandé à Br. Raju de téléphoner à Amma.

« Que se passe-t-il, *Accha* ? » a-t-il demandé.

« Appelle Amma ! »

Il a composé le numéro et m'a tendu le combiné. « Pourquoi m'as-tu envoyé ces choses par l'intermédiaire de cet aigle ? » ai-je demandé à Amma de but en blanc. « J'aurais aussi bien pu venir les chercher moi-même. »

« Pardon ? » a répliqué Amma.

J'ai répété, « Tu aurais pu me les donner toi-même. Tu n'avais pas besoin de me les faire apporter par cet aigle ! »

Amma n'a pas répondu ! Depuis lors, elle n'a jamais fait la plus petite allusion à cette bague. Elle n'a même pas demandé à la voir.

J'ai conservé la bague dans la pièce où nous accomplissons les pujas. Quelques-uns d'entre vous l'ont vue. Certaines personnes pourraient ne pas croire que pareil incident ait eu lieu ; c'est pourquoi j'ai conservé cette bague à cet endroit. Tous ceux à qui je l'ai montrée affirment n'en avoir jamais vu de pareille.

Il s'est produit de nombreux miracles comme celui-là dans notre vie.

(Octobre 2008)

Sur des braises incandescentes

Kasturibai, Inde

Les gens me manifestent du respect à cause de ma mère, qui a accumulé de grands mérites spirituels, et de ma sœur cadette, la Déesse de l'univers personnifiée. Ma jeune sœur a courageusement emprunté le chemin le plus ardu, semé, pour ainsi dire, de braises incandescentes. Elle, qui brillait comme une lampe dans notre minuscule village, est à présent un phare pour des millions de gens dans le monde. Aucun mot ne peut décrire de façon adéquate ma petite sœur, Sri Mata Amritanandamayi Devi, ni aucune émotion nous permettre d'appréhender sa véritable nature.

Nous sommes issues d'une simple famille de pêcheurs. Notre père, Sugunacchan, tenait quelques petits commerces. Notre mère, Damayanti-amma, était la personnification même de la dévotion. Les villageois la surnommaient '*Pattatti-amma*' (femme brahmane) en raison de sa piété et de sa stricte observance des pratiques religieuses traditionnelles.

Elle a eu onze enfants. J'étais le deuxième. Ma sœur aînée, Ratnambika, mourut à l'âge de quatre ans et demi. J'avais alors deux ans et demi. Subhagan vint juste après moi. Puis, naquit un garçon, qui décéda durant le mois de *Tulam* (octobre-novembre,) cinquante-trois jours après sa naissance.

Onze mois plus tard, en *Kanni* (septembre), ma mère donna naissance à Sri Mata Amritanandamayi Devi. Sudhamani, ainsi qu'elle fut nommée, s'incarna un jour de la constellation de *Kartika* (La troisième constellation, les Pléaïades), à 8h30 du matin. Un souvenir s'impose à présent à moi avec une clarté toute nouvelle : les jambes du bébé étaient repliées au niveau des genoux, comme si elle avait été assise en position du lotus. Je comprends maintenant ce que ne pouvait appréhender l'enfant de quatre ans que j'étais alors. Chaque étape de la croissance d'Amma fut prodigieuse. Elle ne se retourna à aucun moment sur le ventre pour ramper ; elle se redressa simplement. Avant même de se tenir assise, elle essayait déjà de marcher. Nous remarquâmes tous ces signes, mais nous ne possédions pas la sagesse nécessaire pour en saisir la portée.

Quand je vois Amma, étreignant tous ceux qui viennent à elle, prenant en charge leur souffrance et vénérée par des foules innombrables, j'éprouve une joie secrète. J'ai porté cette Amma dans mes bras. Je l'ai bercée sur mon épaule pour l'endormir. J'ai marché jusqu'à l'Ecole de Kuӡhittura Fisheries, en tenant d'une main celle de Subhagan, qui est mort depuis, et celle de Sudha-mani de l'autre.

A l'école, c'était une élève extraordinairement brillante. Avec les pièces de monnaie que nous donnaient notre père et nos oncles, Subhagan et moi achetions des sucreries. Mais je n'ai jamais vu Amma le faire. En fait, elle donnait son argent à tous les malheureux qu'elle voyait. Tout ce qu'elle recevait servait au bonheur des autres, tandis que nous l'utilisions pour notre propre plaisir. Dès son plus jeune âge, Amma sacrifiait son propre bonheur au bien-être des autres.

Amma a la peau foncée, tandis que la mienne est plus claire. Mais elle ne s'est jamais plainte ni lamentée de n'avoir pas la peau plus claire. Je vois à présent qu'il n'y avait aucune place dans son esprit pour de telles pensées. Amma n'a jamais manifesté non plus le moindre intérêt pour les vêtements chatoyants.

En tant qu'aînée de la fratrie, j'occupais une place spéciale au sein de la famille. Mais aujourd'hui, Amma occupe la place d'honneur dans le cœur de très nombreuses personnes.

Au cours de sa quatrième année à l'école primaire, Amma commença à souffrir de violentes douleurs à l'estomac. Le professeur la renvoyait alors à la maison escortée par Aisha, notre cousine. Mon frère et moi ne sûmes jamais rien de ces incidents.

A cette époque-là, Damayanti-amma était en mauvaise santé. J'ai à présent le sentiment qu'Amma quittait l'école à seule fin de soulager notre mère de sa charge de travail. Dès qu'elle atteignait la maison, Amma s'immergeait dans les tâches ménagères, sans plus faire allusion à ses douleurs abdominales. Dès ce très jeune âge et par la suite, Amma endossa le fardeau toutes les tâches domestiques.

Quand elle cessa d'aller en classe, elle prit la responsabilité de la cuisine. Tandis que nous nous apprêtions en hâte pour l'école, elle préparait et emballait joyeusement nos repas. Puis, elle nous regardait partir depuis le pas de la porte. Le temps a démontré combien plus glorieuse est la sagesse qu'atteignit Amma, comparée à celle que nous avons acquise à l'école, puis à l'université. Aujourd'hui, Amma est le gourou de l'ignorant comme du sage.

Je me remémore également certains incidents curieux. Nous possédions une vache et nous autres enfants, étions chargés de ramasser de l'herbe pour la nourrir. Amma était très habile à le faire. Elle ramassait deux fois plus d'herbe que nous en la moitié moins de temps. Puis, elle disparaissait. Nous la trouvions finalement assise seule, les yeux clos ; elle communiait avec Dieu. Alors incapables de le comprendre, nous la critiquions encore.

Certains jours fastes, notre famille servait de la nourriture aux pauvres issus de castes inférieures. Nous ne les autorisions jamais à entrer dans la maison, mais les servions dans la cour de devant. C'était la coutume à l'époque ; les gens de castes supérieures à d'autres ne s'approchaient même pas de ceux appartenant aux castes inférieures aux leurs. Nous leur donnions une marmite en terre remplie de gruau de riz, ainsi qu'une serviette et de l'huile. Soudain, Amma apparaissait parmi ces gens qui mangeaient leur gruau de riz, assis à bonne distance de nous, et elle se mettait à boire le gruau à même leurs assiettes.

A cause de ce comportement, bon nombre de villageois et certains membres de notre caste commencèrent à se moquer de nous. Amma n'hésitait pas non plus à cajoler et à embrasser de petits enfants qui étaient sales. Elle ne remarquait pas la saleté du corps extérieur. Dès que quelqu'un exprimait de la souffrance, Amma leur donnait de l'argent qu'elle prenait dans notre maison.

En ce temps-là, mes sœurs et moi n'ornions pas nos bras de bracelets ni nos fronts de points colorés, car notre mère désapprouvait une telle conduite. Damayanti-amma donna à ses quatre filles une éducation très stricte. Nous devions nous lever à quatre heures chaque matin. Si nous manquions à cette obligation, elle nous versait de l'eau sur la tête. Mes sœurs et moi nous réveillions souvent trempées mais Amma, jamais. Elle se levait toujours à l'heure.

Au lit, lorsque nous cherchions à tirer à nous davantage de drap ou de couverture, Amma ne se mêlait jamais à nos bagarres. Elle renonçait même volontiers à sa part de drap. Mais une fois que nous étions toutes endormies, la couverture était tout à elle !

S'agissant de nourriture, Amma se montrait angélique. Elle donnait sa part aux autres afin d'apaiser leur faim. Elle prenait un plaisir tout particulier à remplir nos estomacs.

Amma témoignait un amour particulier à Sathish, notre frère cadet, ce qui éveillait ma jalousie. Il y avait entre eux un écart de dix ans et, depuis qu'il était tout petit, Amma l'avait pris sous son aile comme une poule protégeant son poussin. Sathish avait commencé à souffrir d'asthme dès le plus jeune âge. Chaque fois qu'il était malade, Amma l'emmenait à l'hôpital public de Vallickavu, de l'autre côté de la lagune. Elle faisait la queue un long moment, achetait des médicaments, puis le ramenait à la maison. Elle est aujourd'hui à la tête d'hôpitaux, parmi lesquels AIMS, qui sauvent d'innombrables vies et donnent un nouveau souffle à des centaines de milliers de patients. Maintenant comme alors, les malades et ceux qui souffrent reçoivent tout particulièrement sa grâce infinie.

Amma commença à suivre des cours de couture, tandis que j'étudiais à l'Industrial Training Institute (ITI) de Karunagapally. Elle avait alors quinze ans. Elle commença ses cours chez une couturière, à Clappana, puis les poursuivit à l'église de Clappana. Elle assimila très rapidement les bases de la confection. Nous étions stupéfaits de la voir mettre aussi parfaitement en application ce qu'elle avait appris. Devenue très vite une couturière accomplie, maîtrisant aussi bien la couture à la main qu'à la machine, ainsi que la broderie, elle ne tarda pas à recevoir des commandes des villageois. Elle emportait du tissu à l'église où elle cousait des jupes, des chemises et des jupons. Tout l'argent qu'elle recevait en rétribution, elle le donnait à Damayanti-amma.

A l'âge de dix-sept ans environ, elle se rendit dans une maison voisine de la nôtre, lors d'une lecture du *Bhagavatam*. C'est ce jour de *Kumbham* (février-mars), le jour de *Ketta* (le 18ème jour de l'astérisme lunaire Antarès) qu'elle révéla sa divinité. Lorsqu'Amma montra certains *mudras* (mouvements des doigts à signification mystique) aux personnes présentes, quelques-unes déclarèrent qu'elle était une incarnation de Dieu. L'une d'entre elles lui demanda alors d'apporter la preuve de sa divinité. Je ne fus pas témoin de cette scène.

Suite à cet incident, Amma nous parla très peu pendant plusieurs semaines, mais commença à passer davantage de temps en méditation, jusqu'au jour de *Ketta* du mois suivant. Ce jour-là, Amma retourna dans cette maison à l'occasion des prières et de la lecture du *Bhagavatam*.

Je la suivis, incapable de contenir ma curiosité, mais aussi parce que tous ces commérages au sujet d'Amma, ainsi que son propre comportement, devenu distant, me faisaient souffrir. Ce jour-là, Amma transforma en *panchamritam* (un entremets composé de cinq ingrédients) l'eau que les habitants de la maison lui présentèrent dans un verre. Je fus moi-même le témoin oculaire de cette scène. Après avoir distribué le *panchamritam* sous forme de *prasad* à toutes les personnes réunies, Amma repartit. Je la suivis en silence, bouleversée par toute cette histoire.

Je vivais mal le fait que ma sœur cadette, qui était devenue une jeune fille, se comporte ainsi, parce que dans notre culture, les femmes, et spécialement les filles qui ne sont pas encore mariées, doivent se montrer douces et soumises. Cependant, je sentais également qu'il y avait en elle une sorte de pouvoir divin. En tant qu'étudiante en électronique, j'aurais dû être encline au rationalisme, mais quand je réfléchissais calmement à la situation, une voix intérieure me disait que moi, qui étais plus âgée qu'Amma, qui m'enorgueillissait de suivre des études supérieures et qui avais la peau claire, je ne pourrais jamais accomplir ce qu'Amma accomplissait. C'est alors que je commençai à avoir foi en son pouvoir divin. « *Vishvasam tannenne rakshikku, jagadambe.* » (Ô mère de l'univers, accorde-moi la foi et ainsi sauve-moi. »), cette prière d'Amma fut une bénédiction dans mon existence.

Après cet évènement phénoménal, de nombreuses personnes commencèrent à venir voir Amma. Elle chantait des bhajans avec eux. Puis, elle donnait le *Krishna Bhava Darshan*, durant lequel elle distribuait aux dévots de la cendre sacrée et de l'eau bénie. Elle guérit les maladies de nombreux dévots qui, par la suite, revenaient. C'était seulement lorsqu'ils nous racontaient comment Amma les avait soignés que nous l'apprenions.

A cette époque-là, les darshans de Krishna Bhava avaient lieu les dimanches, mardis, jeudis et vendredis. Amma allumait une lampe devant ce qui, de nos jours, est le *kalari*, et elle commençait à donner le darshan. C'est la petite étable de notre vache qui devint par la suite le *kalari*. Nous avons été spectateurs, regardant ceux qu'elle avait guéris et soulagés de leurs chagrins, lui offrir des vêtements en soie, une couronne, un trident. Ma sœur qui allait et venait habituellement vêtue d'une simple jupe et d'un chemisier, devint leur déité adorée.

Un jour, la lampe qui avait été allumée pour le Bhava darshan menaça de s'éteindre car il ne restait plus d'huile à l'intérieur. Amma regarda la lampe, et fit un geste évoquant une bénédiction. La lampe continua ensuite à brûler avec force jusqu'à la fin du Bhava darshan, alors même qu'il n'y restait plus une seule goutte d'huile. Cet incident renforça ma foi dans son pouvoir divin. Elle n'évoquait jamais les changements qui s'opéraient en elle durant le Bhava darshan. En ce temps-là, même sa fratrie et son propre père la considéraient avec suspicion. Mais tout au long du Bhava darshan, Harshan (notre cousin) et Unni (à présent Swami Turiyamritananda) demeuraient à ses côtés.

Sugunacchan était inflexible sur le fait que tous ceux qui venaient recevoir le Bhava darshan devaient quitter les lieux dès la fin du darshan. Je mesure aujourd'hui l'angoisse que durent lui causer les changements qui s'opéraient dans le comportement de sa fille durant les Bhava darshans, et le spectacle de tous ces dévots qui affluaient pour la voir. L'arrivée des premiers brahmacharis plongea également Sugunacchan, père de plusieurs filles, dans l'inquiétude et la consternation. Un jour, alors qu'après les bhajans je servais du porridge à Br. Sri (à présent Swami Purnamritananda), Sugunacchan me réprimanda vivement.

En ce temps-là, mes amies et moi nous réunissions le dimanche pour cueillir des fleurs et confectionner des guirlandes. Nous les passions ensuite autour du cou d'Amma lorsqu'elle était en Krishna Bhava. Elle nous répétait alors tout ce que nous avions dit à son sujet tandis que nous cueillions les fleurs et tressions les guirlandes.

Vallickavu Junction n'était alors desservi que par un seul bus. Des gens venus de loin y descendaient, puis traversaient la lagune en bateau pour recevoir le darshan d'Amma. Si on leur demandait où ils allaient, ils répondaient qu'ils allaient voir *Vallickavil-amma* (Mère de Vallickavu). Ce sont donc des dévots extérieurs au village qui commencèrent à la nommer ainsi.

Un jour où de nombreux dévots étaient venus, une pluie torrentielle se mit à tomber. Il n'y avait pas assez de place dans le *kalari* pour contenir tout le monde. Eh bien, la pluie forma un cercle autour du *kalari* et de la maison d'Amma, n'épargnant que ces deux endroits !

Lorsque je descendais à l'arrêt de bus de Vallickavu en revenant de mes cours, j'étais souvent l'objet de railleries de la part de nombreux villageois. Ils criaient en me voyant, « Krishna ! Krishna ! » Je gagnais la jetée en retenant mes larmes. Mais dès que j'avais traversé la lagune en bateau et que je me trouvais en présence d'Amma, toute ma peine s'évanouissait.

Certaines personnes commencèrent à exprimer leur hostilité à l'égard d'Amma et des Bhava darshans. Même si ces dernières n'étaient pas très nombreuses, leur comportement affecta grandement mon père. Au cours de cette période, je commençai à échafauder divers plans dans ma tête. « Et si Amma et moi nous enfuyions loin d'ici ? A moins que nous ne nous suicidions ensemble ? » Je donnais à l'époque des cours particuliers à plusieurs enfants et j'avais économisé une petite somme d'argent. Un jour, je dis à Amma « J'ai économisé un peu d'argent en donnant des cours. Avec cet argent, nous pouvons construire un ashram. »

A ces mots, Amma se mit à rire. En fait, je ne pensais à rien d'autre qu'à une simple hutte surmontée d'un toit en chaume. Amma me taquine encore occasionnellement à ce sujet : « N'es-tu pas la fille adorée qui promit de me construire un ashram avec l'argent de ses cours ? » Elle relatait souvent cette anecdote aux swamis.

Les villageois et les membres de notre famille qui s'opposèrent jadis à Amma l'aiment et la vénèrent aujourd'hui. C'est suffisant. Amma accorda sa bénédiction à tous ceux qui vinrent à elle et leur vie s'est ainsi améliorée sur tous les plans.

Amma insista pour que les mariages de ses sœurs se fassent rapidement. Le premier mariage fut celui de Sugunamma. Le mien fut célébré en 1980, puis celui de Sajani, en 1981. Une fois toutes les filles de la famille mariées, Amma fonda officiellement l'ashram. Après mon mariage, Sugunacchan fit don de 10 *cents* (0,1 acre) de terrain à l'ashram. C'est ainsi que l'ashram fut fondé. Les premiers résidents y construisirent des huttes où ils vinrent vivre.

Amma leur demanda un jour de construire de nouvelles huttes. Deux jours après leur achèvement, de nouveaux brahmacharis arrivèrent à l'ashram. Amma avait anticipé leur venue.

Après mon mariage, je partis vivre à Cheriyazhikkal. Malgré tout, je venais voir Amma quotidiennement. Un jour, Amma me toucha le ventre et scanda « Shiva ! Shiva ! » Plusieurs semaines après cela, j'appris que j'étais enceinte, mais l'œil de sagesse d'Amma l'avait déjà vu. Plus tard, elle nomma mon bébé Shivan.

Amma lança des oeuvres humanitaires dès les débuts de l'ashram. Elle apportait son aide à ceux qui n'avaient pas les moyens de se marier ou de construire leur propre maison. Dès 1995 ou 1996, Amma démarra *Amritakutiram*, un projet de construction de maisons pour des personnes démunies et sans-abri. Les célébrations de l'anniversaire d'Amma devinrent le support de lancement d'initiatives humanitaires.

Peu après le lancement d'*Amritakutiram*, Amma lança *Amritanidhi*, un programme d'allocation de pensions à des personnes sans ressources. A chacun de ses anniversaires, elle célébrait également des dizaines de mariage. Lors de la fête d'anniversaire de ses cinquante ans, elle présida à cent huit unions. Ainsi, grâce à la compassion d'Amma, de nombreuses personnes qui n'en auraient pas eu les moyens purent se marier. Amma fournit même par la suite un emploi stable à un grand nombre d'entre eux. Toutes ces initiatives nous montrent comment elle assura la subsistance de nombreuses familles et leur permit de prospérer.

Nous avons tous des désirs et des fantaisies. J'en ai peu car la vie m'a comblée de bienfaits. Mon fils, à qui Amma avait parlé dès avant sa naissance et à qui elle avait donné un nom, est à présent marié et père de famille. Je suis grand-mère ! Tandis que je fais sauter mes petits-enfants sur mes genoux, j'ai une histoire plus merveilleuse qu'aucune autre à leur raconter : l'histoire de la famille Idamannel et de ma sœur, Amma.

Je prie pour qu'ils suivent tous le bon chemin. J'ai foi qu'Amma répandra sur eux sa bénédiction, afin qu'ils surmontent les obstacles qu'ils rencontreront sur leur route, comme elle a béni toute notre famille et continue à bénir le monde entier.

(Décembre 2011)

Voyage béni

Satheesh Idamannel, Inde

Je suis l'un des huit enfants de la famille Idamannel, frère cadet de Sudhamani, à présent connue dans le monde entier sous le nom d'Amma. Je me souviens d'elle, absorbée dès son plus jeune âge dans les tâches ménagères, apprenant ses leçons et apportant, de surcroît, soins et réconfort aux malheureux. J'ignore comment elle trouvait le moindre répit à cette frénésie d'activités. Aujourd'hui encore, Amma ne reste pas un seul instant inactive, entre le darshan, les projets humanitaires et son rôle de guide spirituel auprès de ses enfants. Mais je sais aujourd'hui qu'Amma est en paix, même au cœur de ce tourbillon d'activités.

La plupart de mes souvenirs d'enfance sont liés à ma maladie. J'ai souffert d'asthme dès mon plus jeune âge. Pendant la mousson, la maladie empirait. Si je contractais quelque autre pathologie, l'asthme faisait lui aussi son apparition, visiteur régulier, aggravant encore mon état.

La maladie et l'impuissance étaient mon lot. Lorsque j'exprimais ma peur, les autres ne me comprenaient pas. Mes parents et mes aînés essayaient de m'aider selon le sens qu'ils attribuaient à mes pleurs. Mais Amma était différente. Elle connaissait mes pensées. Si bien que mon amour pour elle a grandi et que je me suis de plus en plus rapproché d'elle. Sans même que je lui en parle, Amma comprenait la nature de mes souffrances, qu'elles soient physiques ou morales, et agissait en conséquence.

Un jour, pendant la saison des pluies, mes difficultés respiratoires se sont particulièrement aggravées. Mes parents m'ont couché, puis, après m'avoir emmitouflé sous d'épaisses couvertures, tout le monde est parti vaquer à ses activités. La solitude a encore augmenté l'intensité de mon mal. J'ai rapidement été gagné par la fièvre et l'épuisement, et j'ai perdu connaissance.

Soudain, Amma a surgi de nulle part. Elle m'a ramené à la conscience et m'a réconforté. Puis elle m'a pris sur son dos et est sortie en hâte de la maison. En ce temps-là, aucun véhicule motorisé ne reliait au monde extérieur notre village – bordé d'un côté par l'océan et de l'autre par la lagune. Amma traversa le bras-de-mer en bateau, puis marcha d'un pas rapide en direction de l'hôpital, tout en continuant à me porter. En fait, elle a couru tout du long. Je me revois encore m'accrochant à elle, les bras resserrés autour de son cou, à demi-inconscient et les sens engourdis par la fièvre. A l'hôpital, on m'a donné des médicaments qui ont temporairement apaisé mon mal.

Lorsque j'ai été un peu mieux, je me suis rendu compte qu'Amma souhaitait me voir guérir plus encore que moi-même, et qu'elle se donnait beaucoup de mal pour m'y aider. Dès qu'il s'agit de libérer quelqu'un, et pas seulement moi, de l'emprise de la maladie et de la souffrance, Amma est infatigable.

Au fil des ans, j'ai vu des gens souffrant de toutes sortes de maux trouver consolation et réconfort dans ses bras. Amma les enlace affectueusement et les console de ses douces paroles. Son cœur brûle plus qu'aucun autre du désir de les voir délivrés de la douleur. Un cœur comme celui-là n'est-il pas le cœur d'une Mère ?

Les années ont passé. L'asthme est demeuré mon compagnon fidèle, une chaîne qui entravait ma liberté en permanence. Il m'empêchait de jouer avec les autres enfants, de savourer une baignade vigoureuse dans la lagune et même de consommer mes aliments préférés. Le moindre changement dans mes habitudes ou mon environnement provoquait chez moi un essoufflement. Les médicaments n'apportaient qu'un soulagement temporaire à mon mal.

Une unique obsession a commencé à hanter mon esprit : être libéré de ce carcan. Les traitements, les remèdes, changeaient. Mais selon les médecins, ma maladie étant congénitale, je ne connaîtrais jamais une guérison totale. Le sentiment d'être privé de liberté me poursuivait à chaque instant. J'aspirais plus que tout à me délivrer de l'emprise funeste de l'asthme !

Mes pensées étaient sans cesse tournées vers Amma et vers son profond désir de me voir libéré de mon mal. Un jour, je lui ai dit que je voulais être débarrassé de cette torture permanente. Que je n'entrevoyais pas de but plus élevé que celui d'être en bonne santé. Amma m'a pris dans ses bras et a souri.

D'un ton emphatique, elle a alors assuré que j'allais guérir. Ce n'est pas la voix de ma sœur que j'ai entendue à ce moment-là. C'était la voix d'Amma, la Mère divine, qui exprimait sa volonté que je guérisse. Personne d'autre qu'Amma n'est capable de réconforter quelqu'un de cette façon.

L'asthme qui avait jusque-là hanté ma vie a disparu pour ne plus jamais revenir. Le *sankalpa* d'Amma, sa résolution de me voir délivré de mes souffrances a été accompli et ma foi en elle a été renforcée. La foi est l'autre cadeau béni que m'a fait Amma.

~

J'ai été un résident de l'ashram à ses débuts. Sugunacchan avait fait don à l'ashram de sa maison et de dix *cents* du terrain (0,1 acre) sur lequel elle était située. L'ashram ne comportait alors que très peu d'infrastructures. Tous les brahmacharis, moi inclus, partageaient les mêmes espaces de vie. J'aspirais à connaître ce qui réside au-delà du connu. Chaque parole d'Amma renforçait notre confiance en nous-mêmes et nous inspirait au plus haut point. Amma était stricte en ce qui concernait la discipline, exigeant que nous respections l'emploi du temps quotidien de l'ashram. Mais même si j'observais chacune de ces règles sans faillir, j'étais coupable d'une autre faute : mon orgueil d'être le frère d'Amma.

La personne responsable de l'hébergement à l'ashram était alors Br. Nealu (à présent Swami Paramatmananda Puri). Strict partisan de la discipline, il inspectait régulièrement chacune des petites huttes dans lesquelles résidaient les brahmacharis. Un jour, j'ai pris une seconde natte en plus de l'unique natte allouée à chacun. En les superposant, je sentirais moins le froid, m'étais-je dit. A l'instant où je le posais sur le premier, Br. Nealu est entré dans la hutte. Repérant les deux nattes, il m'a rappelé que chacun n'était autorisé à en avoir qu'une seule. Sa remarque m'a déplu. N'avais-je pas droit à une natte supplémentaire ? C'est ainsi que je raisonnais. Je lui ai même rétorqué que l'Inde était indépendante et que le temps où un Occidental pouvait donner des ordres à un Indien était révolu depuis longtemps.

Br. Nealu a quitté la hutte. Imaginant bien qu'il irait se plaindre auprès d'Amma, j'ai préparé les réponses à lui fournir. Amma m'a bien fait appeler comme je l'avais supposé, mais l'issue de cette entrevue a été bien différente de ce à quoi je m'attendais. Amma m'a interrogé sur mon comportement. J'ai répondu que rien n'autorisait Nealu à faire appliquer les règles instaurées par Amma.

La réaction d'Amma a été impitoyable. Elle m'a signifié que si je souhaitais demeurer à l'ashram, je devais écouter non seulement les êtres humains mais le plus minuscule insecte.

Mortifié, j'ai quitté l'ashram sur le champ. J'ai décidé de retourner dans le monde et de travailler, et j'ai logé chez un ami. Mais les jours passant, ma vision des choses s'est radicalement modifiée. Qu'avais-je espéré d'Amma ? J'ai pris conscience de la force de mon ego.

Profondément triste, je suis retourné voir Amma, me suis prosterné à ses pieds sacrés et j'ai confessé mon erreur. Il n'y avait pas la moindre trace de dureté sur son visage. Elle m'a attiré contre elle en souriant et m'a expliqué la nécessité de contrôler le mental. Amma, le médecin du mental, m'a fait comprendre à quel point l'ego pouvait être stupide.

❧

A un moment donné, j'ai officié en tant que prêtre dans le temple de Koorampala, à Pandalam, géré par l'ashram. J'y ai vécu une expérience douloureuse. Un habitant de la ville a tenté de détruire le temple. Je me suis dit que si le temple avait subi un tel sort, c'était à cause de mes erreurs quand j'avais accompli la puja. Affligé par cette pensée, je n'ai pas fermé l'œil de la nuit.

Tôt le lendemain matin, Swami Amritatmananda Puri est venu me voir au temple. Amma l'envoyait parce que j'avais des problèmes, m'a-t-il expliqué. Je n'ai pas été surpris. J'ai compris qu'il nous est possible de communier avec Amma, même à distance.

Il y a une autre occasion où l'ombre de l'ego s'est abattue sur moi. Je suivais alors des cours sur le Védanta, que je trouvais ardus. Je me suis cru prêt à renoncer à tout cela et à partir dans l'Himalaya. A présent, je comprends que le véritable savoir ne s'obtient pas dans les *Vedas*, les *Puranas* ou les *Upanishad,* mais s'acquiert grâce à la présence vivante d'un gourou tel qu'Amma. Chaque instant de la vie d'Amma nous délivre un message glorieux et exaltant. A quoi bon à partir en quête de la Vérité quand Amma se tenait là, devant nous, l'incarnation des plus hautes expériences spirituelles et du Principe suprême ?

~

En 2004, un tsunami a déferlé sur la côte maritime du Kérala. A ce moment-là, j'étais à Alappad, où les vagues de l'océan ont provoqué une destruction maximale. Voir la mort emporter bon nombre de mes proches a été pour moi un choc terrible et affligeant. J'ai pris part aux projets d'aide, de secours et de reconstruction alors lancés sous la direction d'Amma.

Amma prenait inlassablement les survivants dans ses bras et les consolait. Elle s'assurait en même temps qu'ils soient en sécurité et reçoivent tous les soins nécessaires. En tant que témoin direct de ces évènements, j'ai vu qu'Amma était devenue l'unique refuge de ses enfants, et à quel point elle était bouleversée par leurs souffrances.

Je venais alors d'apprendre que j'avais un problème cardiaque, que les médecins disaient être congénital. Conformément à leurs prescriptions, je prenais environ sept comprimés par jour. Les ravages causés par le tsunami m'ont fait réfléchir. Je me suis dit : « A quoi bon consommer tous ces médicaments alors que la vie est si fugace ? »

J'ai décidé que si la protection de Dieu était sur moi, elle suffirait à me maintenir en vie. Je me suis débarrassé sur le champ de tous les médicaments, que j'emportais partout avec moi. Je me suis convaincu qu'un esprit concentré sur Amma était suffisamment bénéfique et tout le reste, superflu.

Plus de dix années se sont écoulées depuis lors. Je ne pense plus jamais aux médicaments ; l'état de mon cœur ne m'a plus guère tracassé non plus. Amma, qui a d'abord été le médecin de mon corps, est devenue le médecin de mon esprit. La même foi qui m'a sauvé des maux physiques est à présent en train d'effacer de mon esprit l'idée même de la maladie. La foi me délivre de mes angoisses et de mes peurs. Grâce à la foi, j'ai acquis du courage et la conscience véritable. Amma, qui incarne la vérité la plus élevée, a démontré qu'elle était bien plus qu'un médecin du corps et de l'esprit. Elle est un médecin de l'âme.

(September 2014)

« J'ai été l'enseignante d'Amma »

Selin Rodrigues, Inde

Pour me rendre à l'Ecole des Kuzhittura Fisheries, je marchais de Clappana jusqu'à la jetée de Vallickavu, où je prenais un bateau. Une fois de l'autre côté, j'empruntais un raccourci jusqu'à l'école. Un jour, en chemin, une scène s'offrit à moi, qui demeure à ce jour encore gravée dans mon esprit. Une jeune fille était assise par terre les jambes croisées, immergée dans une profonde méditation. L'épaisse masse de ses cheveux était enroulée au sommet de sa tête. Une aura de lumière entourait son visage.

Tout en l'observant, assise dans la solitude des rives paisibles de la lagune, je me rendis compte qu'elle avait autrefois été mon élève. Ainsi que celle de mon père, Rodrigues, qui avait dirigé les cours de couture de la Société St Vincent de Paul de Clappana Chapel.

~

Je décrochai mon premier poste d'institutrice en 1957, à l'école de Cotton Hill de Trivandrum. Lorsque j'écrivis pour la première fois mon nom, Selin Rodrigues, sur le registre de l'école et que j'y apposai ma signature, je ressentis un bonheur immense. J'enseignai dans cet établissement pendant trois ans. J'obtins ensuite un poste à l'Ecole Kuzhittura. En ce temps-là, une seule et même institutrice se chargeait normalement d'enseigner toutes les matières à une classe tout au long de la journée. Mais lorsque j'arrivai à la Kuzhittura School, la journée d'école avait été subdivisée en heures de cours. J'enseignai donc uniquement l'anglais aux élèves des troisième et quatrième années de l'école primaire.

Selon la philosophie hindoue, nous pouvons atteindre l'unité avec Dieu grâce à la proximité d'un être qui a réalisé Dieu. Grâce, peut-être, à quelque action méritoire accomplie lors d'une vie passée, j'eus la chance d'enseigner l'anglais deux années de suite à une enfant prénommée Sudhamani, aujourd'hui connue sous le nom de Sri Mata Amritanandamayi Devi. Elle était très intelligente. Je considère le fait d'avoir été son professeur comme la plus grande bénédiction de mon existence.

Les sœurs de Sudhamani, Kasturi et Sugunamma, ainsi que son frère Subhagan, furent également mes élèves.

A la fin de sa quatrième année d'école primaire, Sudhamani commença à souffrir de violents maux d'estomac. Il m'arriva de la raccompagner chez elle lorsque la douleur devenait insupportable. Je demandais aussi parfois à ses camarades de l'y escorter. Je l'emmenai à deux reprises jusqu'au dispensaire dirigé par l'époux de ma collègue, Satyavati, où elle fut examinée et où on lui administra des médicaments.

Au cours de cette année-là, certains élèves vinrent se plaindre à moi du comportement de Sudhamani :

« Le matin, avant de venir à l'école, elle va s'asseoir sur la plage, »

« Elle reste assise, jambes croisées, face aux vagues rugissantes ; »

« Elle est toujours absente lorsque le professeur nous donne des exercices. » me rapportaient-ils.

Déjà à cette époque, Sudhamani se rendait fréquemment sur la plage pour contempler la mer et lui parler. Elle communiait avec la nature, mais nous ne le comprenions pas. Cela dit, aucun de ses professeurs n'eut jamais la moindre raison de la réprimander.

Contrairement à ce que beaucoup de gens disent, Amma n'arrêta pas l'école à la fin de cette année-là. Elle fut admise dans la classe supérieure. Je me souviens d'elle assise au second rang de cette classe de cinquième année. Déjà à l'époque, j'avais remarqué cette fillette, qui était une élève si brillante. Mais au bout de deux ou trois semaines, Sudhamani cessa en effet de venir à l'école.

Plus tard, son père, Sugunacchan, tenta de la réinscrire dans un autre établissement scolaire, mais il se heurta à de trop nombreux obstacles bureaucratiques, parmi lesquels l'obtention de l'autorisation des autorités responsables de l'éducation à Kollam et à Trivandrum. Et même si Sudhamani a arrêté définitivement l'école cette année-là, Amma est aujourd'hui le gourou d'une foule de gens dans le monde.

Mon père était l'un des fondateurs de la Clappana Chapel. Lorsque la Société St Vincent de Paul ouvrit des cours de couture, on lui en confia la direction. Amma, qui apprenait déjà la confection chez une couturière de Clappana, suivit à la place les cours dispensés par mon père à la chapelle. Elle apprit la couture avec lui pendant deux ans.

Je me souviens des commentaires de mon père à propos de Sudhamani : « Elle apprenait à une vitesse extraordinaire. Il suffisait de lui montrer une chose une fois ; elle comprenait sur le champ. Elle maîtrisa rapidement la couture, à la main comme à la machine, ainsi que la broderie. »

La classe de couture accueillait dix à quinze élèves. Je me souviens de mon père nous parlant de cette habitude singulière qu'avait Sudhamani d'aller s'asseoir seule dans le cimetière attenant à la chapelle. Ses amies rapportèrent également l'avoir vu parler à voix haute, assise près de certaines tombes.

C'est à l'époque où elle suivait ces cours de couture qu'Amma commença à donner ses Bhava darshans. De nombreuses personnes venaient la voir à ces occasions. J'ai entendu dire que les Bhava darshans se tenaient trois fois par semaine. Cependant, la jeune Amma qui venait étudier la couture avec mon père était une élève tout à fait humble. Même si mon père en était venu à admirer et à respecter Sudhamani, en tant que chrétien, il ne pouvait pas accepter les Bhava darshans.

Un jour, il appela Sudhamani et lui demanda, « Qu'est-ce au juste que le Bhava darshan ? Pourquoi fais-tu tout cela ? » Mon père n'était alors pas capable de comprendre la grandeur d'Amma. C'est seulement lorsqu'il fut en fin de vie que nous vîmes

Amma s'élever comme une étoile dans le firmament spirituel, non seulement en Inde mais dans le monde entier. La voix d'Amma résonnant dans les salles de conférence des Nations Unies faisait les gros titres des journaux. La nation entière faisait l'éloge de ses projets humanitaires.

Mon père émit alors le souhait d'aller voir Amma, son ancienne élève, en personne. A deux reprises, il insista pour qu'on l'emmène la voir, mais j'étais réticente car il était alors malade et infirme. « Emmène-moi au moins jusqu'au bord de la route quand Amma passe à Vallickavu, » réclama-t-il en désespoir de cause.

Par le passé, chaque fois que j'allais voir Amma, elle disait, « Hé, professeur ! » Mon élève, mon élève chérie, est devenue un colosse. Amma, qui m'appelle à présent affectueusement « ma fille, » est pour moi Jagadishwari, la Déesse de l'Univers, et Karunamayi, la Mère de Compassion. Je l'ai vu protéger ces rivages et cette terre grâce à son océan de compassion. Je pense à présent que c'était afin de vivre près de cet océan de compassion que j'avais lâché mon emploi à Trivandrum pour venir enseigner à Kuzhittura.

Mon père quitta ce monde le 3 août 2008, à l'âge de quatre-vingt-quatorze ans. Nous conservâmes la chemise qu'il portait le jour de sa mort. Dans sa poche se trouvait une photo d'Amma. En la découvrant je fus stupéfaite car mon père avait autrefois nié la grandeur d'Amma. Je pense qu'il a fini par voir qui elle était. Cependant, je n'ai pas satisfait son dernier souhait qui était de revoir Amma.

Puisse Amma me pardonner. Je suis sûre qu'elle me pardonnera parce qu'elle est ma mère et qu'elle vient en aide à chacun de nous. Le corps de mon père repose à présent dans le cimetière même où Amma avait pour habitude d'aller s'asseoir. Je suis convaincue que son âme est auprès d'Amma dans un monde situé au-delà de celui-ci. Je suis à jamais redevable à Amma pour son amour et sa compassion infinis.

(Mars 2012)

Mon Amma

Rajan Maestri, Inde

Je m'avançai à genoux jusqu'à Amma, qui était assise en Devi Bhava. Elle me prit contre elle et, tout me pinçant les deux joues, demanda : « Mon fils, qui t'a amené ici ? Qui t'a dit que ta Mère était ici ? »

Ces paroles pleines de compassion me bouleversèrent totalement. L'image de ma mère, que j'avais perdue à l'âge de dix ans, remonta de ma mémoire. J'avais alors quarante-huit ans. Quelles émotions le souvenir d'une mère aimante peut-il faire naître dans l'esprit de son fils ? Ce jour-là, quoi qu'il en soit, c'est l'amour maternel que je n'avais pas pu recevoir durant mes jeunes années qu'Amma répandit sur moi.

Je rencontrai Amma en 1980, alors que je venais de donner ma fille aînée en mariage et que j'étais aux prises avec des difficultés matérielles et financières. Un jour, comme je confiais mes problèmes à un ami, il proposa : « Rajan Maestri, laissez-moi vous emmener dans un lieu que je connais. Tous vos problèmes se résoudront d'eux-mêmes. »

Pour une raison quelconque, cette suggestion ne se matérialisa pas à ce moment-là. Mais quelques mois plus tard, mon ami renouvela son invitation. Il proposa que nous nous retrouvions le lendemain soir à 20h30, à la gare routière de Kollam. Je fermai ma boutique de Kollam et arrivai à l'heure au rendez-vous. J'insistais pour connaître notre destination, mais mon ami ne me la révéla pas.

Nous atteignîmes Vallickavu vers 22 heures. Je priais avec ferveur pour que se présente une solution définitive à tous mes problèmes. « Le Krishna Bhava est terminé. Amma a commencé le darshan de Devi Bhava. » m'annonça mon ami. Cela n'évoquait rien de particulier pour moi, car Krishna et Devi n'avaient jamais rien représenté dans mon existence. Aller dans les temples pour y faire des offrandes aux dieux n'était pas davantage mon truc. Tout ce que je souhaitais, c'était que mes difficultés financières s'arrangent. C'était la seule pensée qui occupait mon esprit.

~

J'ai commencé à exercer le métier de tailleur à l'âge de quinze ans. Mon père était tailleur. Mon fils l'est également. J'ai soixante-dix-huit ans, à présent. Chaque dimanche, je me rends à Amritapuri, qu'Amma s'y trouve physiquement ou non. Je suis convaincu que sa présence y est en permanence. Je bavarde avec certaines de mes connaissances, je déjeune là-bas, puis je rentre chez moi. Je n'ai à ce jour pas manqué ce rendez-vous un seul dimanche.

A cette époque lointaine, tout était différent. Le seul fait de se rendre à l'ashram n'était pas un mince exploit. Il nous fallait souvent attendre l'autobus au bord de la route plusieurs heures durant. Le bus 902 en provenance de la gare routière de Kollam partait à 20h45 et arrivait à Vallickavu à environ 22h00. Au retour, nous le reprenions dans l'autre sens à 5h10 du matin. Ou bien, si le darshan se terminait tôt, nous prenions un bateau de la jetée de l'ashram à 3 heures du matin et arrivions à Kollam à 6 heures.

L'ashram n'est pas sorti de terre en un jour. Amma a surmonté toutes les résistances avec amour, sans se laisser arrêter. Lorsque vous marchiez du centre de Vallickavu jusqu'à la jetée, les villageois se moquaient de vous s'ils savaient que vous étiez nouveau dans le coin et que vous vous rendiez à l'ashram d'Amma. Je me souviens d'un incident particulier. Une fois, sur le bateau, un jeune marmonna dans sa barbe « Quelqu'un vient à minuit de quelque part et repart avant le lever du soleil. »

Sa remarque, pleine de sous-entendus, me déplut. Je me tournai vers lui et demandai d'un ton sévère : « Que sais-tu d'Amma ? » Le jeune homme était décontenancé ; il ne s'était pas attendu à ma réaction. Je poursuivis sur le même ton : « Quand le bananier donne des fruits et que ses minuscules grappes fleuries s'ouvrent, les chauves-souris viennent la nuit sucer le miel, et repartent avant le lever du soleil. Le savais-tu ? » Tout le monde dans le bateau était stupéfait.

Amma a créé l'ashram non seulement en résistant à toutes les oppositions qui se dressaient, mais aussi en dispensant aux dévots de dures leçons d'austérité. Elle donnait le darshan dans cette minuscule pièce de trente-cinq mètres carrés dans le *kalari*, avec vingt à vingt-cinq personnes assemblées autour d'elle. Deux dévots se tenaient à ses côtés pour l'éventer. Malgré cela, Amma était souvent tellement trempée de sueur qu'il fallait lui essuyer le visage avec une serviette. L'ashram n'avait pas assez d'argent pour acheter un ventilateur. Les chanteurs de bhajans et les visiteurs se serraient sur la véranda adjacente, qui mesurait à peine quarante mètres carrés. Après le darshan de Krishna Bhava, Amma distribuait elle-même les friandises et les fruits que les dévots avaient apportés à l'intention de tous.

～

Je reçus une demande en mariage pour ma seconde fille. J'en parlai à Amma durant le Devi Bhava : « Mon fils, renseigne-toi et si cette demande te convient, accepte-la, » me conseilla Amma.

« Amma, je vais me renseigner et te ferai un rapport dès demain, » acquiesçai-je.

« Il n'y a pas de darshan demain, » répliqua Amma. « De plus, Amma s'apprête à partir à l'étranger. Elle n'aura pas le temps de te répondre. »

Je retournai dès le lendemain à l'ashram, après avoir obtenu des renseignements sur le prétendant et sa famille. En ce temps-là, il y avait une hutte derrière l'ancienne salle de prière. J'attendis là. Les heures passèrent. Certains des résidents de l'ashram me dirent gentiment : « Ne sais-tu pas qu'il n'y a pas de darshan aujourd'hui? »

A ces mots, je ressentis un mélange de tristesse et de colère. « Pensez-vous que je vais me rendre en Amérique pour connaître la décision d'Amma ? » Il était hors de question que je parte.

J'étais trop inquiet de savoir comment j'allais pouvoir organiser ce mariage. Je possédais bien trois ou quatre pièces d'or, mais c'était insuffisant. Il m'en fallait au moins vingt-cinq pour m'acquitter de la dot. Sans compter les autres frais afférents au mariage. Soudain, quelqu'un vint s'asseoir à côté de moi. Je tournai la tête et découvris Amma. Elle énonça d'un ton grave : « Je pars demain, mon fils. Ne t'avais-je pas dit de ne pas venir, et qu'il n'y aurait pas de darshan aujourd'hui ? »

Je m'efforçai de faire comprendre à Amma l'urgence de la situation et mon impuissance à y faire face. « Si, Amma, je sais qu'il n'y a pas de darshan. Mais ils veulent célébrer le mariage d'ici deux semaines. Le fiancé travaille dans le Golfe et il souhaite y retourner tout de suite après le mariage. Mais je n'ai pas d'argent !

Amma me prit des mains les horoscopes des futurs mariés et les consulta. Puis elle les embrassa, me les rendit, et assura : « Mon fils, ne t'inquiète pas. Tout se déroulera sans heurts. »

A ces mots, j'éprouvai un grand soulagement, car si Amma l'affirmait, c'était ce qui allait advenir. J'ajoutai alors : « Quelqu'un de l'ashram doit venir assister au mariage. » Amma secoua la tête, mais j'insistai : « Tu dois tout de suite dire à quelqu'un de venir y assister. »

Amma appela un bramachari et dit : « Un mariage va avoir lieu chez ce fils. Quelqu'un de l'ashram devra y assister. »

Par la grâce d'Amma, tout se déroula très facilement. De nombreux amis et connaissances m'aidèrent généreusement à réunir la somme et les ornements nécessaires. Je suis émerveillé par le fait que ce mariage se soit passé aussi bien et sans le moindre accroc. J'ai le sentiment que c'est la compassion d'Amma qui s'est répandue sur moi.

Je n'avais pas eu de mère avec qui j'aurais pu me montrer capricieux et espiègle. Mais je me suis rattrapé avec Amma, qui a toujours accueilli toutes mes fantaisies avec bienveillance.

Afin de rendre heureux l'enfant en moi, Amma accepta un jour mon invitation à venir chez moi. Après un thé accompagné d'une collation, je suggérai : « Amma, allons au cinéma ce soir. » Elle me regarda avec étonnement. Personne ne lui avait sans doute jamais fait une telle demande. J'insistai : « *Shankar-abharanam*[21] est un bon film. Pour faire mon bonheur, il faut qu'Amma le voie. » Amma tenta de se soustraire à ma requête, mais je ne renonçai pas. Je rêvais d'emmener ma Mère au cinéma et de répandre sur elle tout mon amour et toute mon affection.

Finalement, Amma céda. « D'accord, qu'il en soit ainsi. Mais demande d'abord à mes enfants. » Lorsque les brahmacharis surent qu'il s'agissait de *Shankarabharanam*, ils furent presque aussi enthousiastes que moi. Nous organisâmes notre transport jusqu'à Kollam. J'avais le sentiment d'être un conquérant à la tête de son armée de treize ou quatorze hommes. Mon bonheur était aussi grand, en tout cas, que si j'avais conquis tous les empires du monde. Je ressens encore dans mon cœur les bouffées de cette joie pure.

Lorsque je suis allé récemment voir Amma, elle a proclamé à haute voix à l'intention des personnes assises autour d'elle, « Vous voyez ce vieil homme ? C'est celui qui m'a un jour emmenée au cinéma ! » J'ai regardé autour de moi. Il y avait là de nombreux dignitaires, y compris un ancien ministre du gouvernement central, quelques médecins de renom et plusieurs membres officiels des institutions d'Amma. Pourquoi avait-il fallu qu'Amma dise cela devant tous ces gens ? « Eh bien, c'est ce qu'Amma est pour toi, une mère innocente », pensai-je.

L'autre jour, je lui ai dit : « Amma, j'ai soixante-dix-huit ans. Si mon visa m'est accordé, je partirai ! »

Amma a souri et a répliqué : « Pas de visa pour le moment, vieil homme. Va t'asseoir là-bas ! »

(Août 2010)

---

[21] Un film à la gloire de la musique classique indienne, basé sur le thème de la relation gourou-disciple, qui a obtenu un prix.

Premières impressions

U.S.A.Sethuraman Srinivas Kuruvimalai, Etats-Unis

J'ai grandi dans un village isolé de l'état du Tamil Nadu, en Inde, dans une famille hindoue d'un niveau social très simple. Ma mère est une dévote de Devi. Mon enfance fut bercée par les chants à la Mère divine qu'elle psalmodiait chaque jour. C'est l'unique approche de la spiritualité qu'il me fut alors donné de connaître. J'ignorais également tout de la vie dans les grandes villes, jusqu'à ce que je déménage à Chennai pour y faire mes études, en 1983.

Ma relation avec Amma a débuté en 1985. Un soir, après mes cours, mon voisin, Seshan-*acchan*, m'appela pour me demander si je pouvais distribuer des prospectus annonçant la venue d'Amma à Chennai. La photo d'Amma figurait sur les prospectus, mais j'ignorais qui elle était. J'interrogeai Seshan-*acchan* à son sujet ; il m'expliqua que c'était une grande sainte. Elle venait pour la première fois à Chennai la semaine suivante, et serait son hôte.

Je distribuai les prospectus à une cinquantaine de familles du voisinage, ainsi que chez quelques proches commerçants. Une semaine plus tard, Amma arriva dans la maison située juste à côté de la mienne. Je reçus mon premier darshan dans la maison de Seshan-*acchan*.

Le lendemain, mon père alla lui aussi recevoir le darshan d'Amma. Il éprouva ensuite l'ardent désir d'inviter Amma chez nous, mais il hésitait à le lui demander car il ne parlait pas malayalam. Lisant dans son cœur, Amma pria un brahmachari d'annoncer à mon père qu'elle viendrait chez nous le soir même, en allant au programme du soir.

Amma arriva à la tombée de la nuit. Elle se dirigea directement vers la salle de puja et commença à réciter des versets sacrés en malayalam. Elle chanta quelques bhajans et au bout d'une quinzaine de minutes, elle repartit, après nous avoir distribué du lait en *prasad*.

J'assistai à tous les programmes d'Amma qui se tinrent cette semaine-là dans divers temples et salles de mariage locaux. Un soir, le programme se déroula au Muruga Ashram. Bien que ce fût un très petit ashram, ses responsables avaient souhaité qu'Amma vienne y chanter. Le prêtre qui dirige ce lieu, un fervent dévot du Seigneur Muruga, y accomplit chaque jour des pujas qui lui sont dédiées. Peu avant le début du programme, il demanda à Amma l'autorisation de faire un bref discours.

Il raconta alors un rêve qu'il avait fait la nuit précédente. Le Seigneur Muruga lui était apparu et lui avait demandé de revêtir l'idole du temple des atours du Seigneur Krishna. Le Seigneur avait ajouté que Radha, la célèbre dévote de Krishna, viendrait le lendemain chanter des bhajans à l'ashram. Le prêtre avait donc paré l'idole d'ornements propres au Seigneur Krishna, entre autres une jolie flûte. En contemplant cette idole, personne n'aurait pu dire qu'il s'agissait du Seigneur Muruga ; elle ressemblait en tous points au Seigneur Krishna.

Le plus intéressant, c'est que ce prêtre avait fait le vœu de ne jamais vénérer aucune autre divinité que le Seigneur Muruga. Mais sur l'ordre de son Seigneur, il avait habillé sa statue comme Krishna. Il invita ensuite Amma à chanter des bhajans.

Ce soir-là, Amma chanta principalement des bhajans dédiés à Krishna. A deux reprises, elle entra dans un état de *samadhi* (absorption transcendante dans le Suprême). Un calme absolu émanait de son corps immobile. J'ignorais ce qu'était le *samadhi*. Quelques mois auparavant, j'avais lu dans la *Vie de Sri Ramakrishna* que ce saint entrait souvent en *samadhi* lorsqu'il chantait des bhajans. Voir Amma plongée dans cet état de supra-conscience me fascina au plus haut point. Le lendemain, j'interrogeai les brahmacharis (qui sont à présent des *sannyasis*) à ce sujet. Ils m'expliquèrent que cela arrivait fréquemment à Amma.

Aujourd'hui encore, chaque fois que je me rends à Chennai, je vais à l'ashram de Muruga, à l'endroit où Amma s'est assise ce jour-là, et je prie quelques instants avant de repartir.

Etant donné que cet évènement s'est déroulé il y a plusieurs décennies, je n'étais pas certain que ma mémoire ne me jouât pas des tours. J'ai donc donc récemment appelé l'ashram afin de vérifier les faits qui s'y trouvaient associés dans mon esprit. La personne qui a répondu à mon appel était le prêtre en personne ! Devenu *sannyasi*, il continue, à l'âge de quatre-vingt-treize ans, à effectuer les pujas pour Muruga deux fois par jour.

~

Depuis notre patio, à Chennai, nous pouvions voir Amma par les fenêtres de la salle de darshan, qui demeuraient ouvertes en permanence. Mon frère et moi nous asseyions là et regardions Amma donner le darshan. Souvent, elle nous faisait un signe de la main pour nous inviter à venir nous asseoir auprès d'elle. Ces « darshans du patio » durèrent deux années, en 1985 et 1986.

En 1986, nous invitâmes de nouveau officiellement Amma chez nous et elle nous fit la grâce de nous rendre visite pour la seconde fois. Amma arriva, après un programme, à 23h00. En descendant de voiture, elle nous demanda si sa visite n'était pas trop tardive. Elle s'assit ensuite sur le canapé, nous invita à tous nous asseoir avec elle et nous parla pendant un long moment.

Je développai un tel attachement envers ce canapé que je le conservai presque dix ans après la visite d'Amma, même une fois qu'il fût devenu tout usé. C'est seulement en 1996, lorsque je suis parti aux Etats-Unis, que ma mère fit don du canapé. Je pense que tout objet utilisé par un *mahatma* est imprégné d'énergie spirituelle.

La troisième visite d'Amma à Chennai eut lieu en 1987. Entretemps, la foule qui se rassemblait pour recevoir son darshan avait grossi pour atteindre quelques milliers de personnes. Nous avions tenu Amma pour acquise, la considérant un peu comme notre voisine d'à côté ! Cette année-là, le darshan ne se déroula pas chez notre voisin mais dans une villa grandiose appartenant à une ancienne actrice. Ce fut la fin de nos darshans du patio.

Je me sentais exclu car je ne recevais plus autant d'attention de la part d'Amma. J'étais debout dans l'embrasure de la porte de cette maison quand Amma me repéra et me demanda de venir m'asseoir près d'elle. J'en éprouvai un grand soulagement. Avec le temps, j'ai compris qu'Amma ne se détourne jamais de nous ; plutôt, elle s'enracine en nous.

～

Le temple Brahmasthanam de Chennai fut le deuxième temple de ce type qu'Amma consacra. Chennai étant la capitale politique de l'Inde du Sud, il fallut franchir de nombreux obstacles administratifs pour obtenir l'autorisation de construire un ashram. A un tournant crucial dans l'avancement des démarches, un agent du gouvernement, qui était également un dévot de Shiva, fut muté à Chennai. Il devint un dévot d'Amma et nous aida à régler les formalités bureaucratiques.

Cette année-là, Chennai connut une grave sécheresse. Lorsque l'équipe de bénévoles locaux demanda à Amma de leur indiquer la date de la consécration du temple, elle arrêta une date en mai, un des mois de l'année où les rayons du soleil sont ressentis dans l'Inde du sud avec le plus de violence. Comme ils lui objectaient qu'il ferait très chaud à cette période de l'année, elle assura qu'il pleuvrait abondamment ce jour-là. Ainsi que l'avait affirmé Amma, Chennai connut à cette occasion des pluies torrentielles, que tous les journaux importants lui attribuèrent. Quand un maître prononce un *sankalpa*, la nature obéit.

～

Mon voisin, Seshan-*acchan*, de même que son épouse, était un grand dévot d'Amma. Il méditait trois à quatre heures par jour. Lors d'un programme de Devi Bhava, Amma l'initia à un mantra. En l'espace de quelques minutes, il entra en *samadhi*, lequel dura environ sept heures. Il prononçait toujours des paroles inspirantes pour mon épouse et pour moi-même.

Deux de ses filles sont des résidentes de l'ashram d'Amrita-puri, et deux de ses petites-filles, des brahmacharinis. Par son exemple, il m'a montré qu'il est possible pour un chef de famille de grandir spirituellement. Le souvenir de Seshan-*acchan* méditant de longues heures, lors des tout premiers programmes d'Amma à Chennai, m'inspire encore à ce jour une régularité dans ma pratique quotidienne.

∾

Bien que je connaisse Amma depuis plus de trente ans, j'en suis venu à comprendre que ce n'est pas le nombre d'années pas-sées auprès d'elle qui importe. Ce qui compte, c'est le fait que nous ayons ou non utilisé sa présence pour atteindre le but de l'existence humaine, ou nous en rapprocher. Chaque respiration d'Amma est dédiée au bien de ses enfants, et elle est prête à nous conduire jusqu'au But ultime, si nous avons le désir intense d'atteindre ce but. Je prie pour qu'Amma nous inspire et nous guide constamment dans nos efforts pour atteindre la Réalisa-tion du Soi.

(Août 2013)

197

Fiancée pour l'éternité

Rehana Raj T., Inde

J'ai rencontré mon âme sœur en 1985. Le seul aspect inhabituel de cette relation est que des millions d'autres personnes la considèrent elles aussi comme leur âme sœur. Elle n'est autre que mon gourou et ma Mère, Sri Mata Amritanandamayi Devi.

Mes parents nous emmenèrent auprès d'Amma, mon frère cadet et moi, dès notre plus jeune âge. La première fois que je la vis, elle se tenait dans une petite hutte, entourée d'une foule de dévots. Ses yeux brillaient et elle nous appela, mon frère et moi. Ainsi, Amma nous donna le sentiment d'être honorés et importants.

Lors de notre premier darshan, Amma nous fit chanter des bhajans. Elle appela mon frère « *paattukaaran mon* » (« fils chanteur »). Aujourd'hui, mon frère Rahul Raj, est un directeur musical réputé dans l'industrie du film malayalam. La toute première composition qu'il dédia à Amma fut « *Lokah samastah sukhino bhavantu,* » le thème musical d'*Amritavarsham50*, les célébrations du cinquantième anniversaire d'Amma.

Nos plus belles vacances étaient les retraites de méditation avec Amma. Je me souviens comme si c'était hier des *Hari-kathas*[22] narrés par Swamiji, des danses et des pièces de théâtre, des enseignements spirituels et des délicieux goûters. Dès que nous traversions le bras de mer de Vallikavu et que nous atteignions l'ashram, mon frère et moi étions comme des oiseaux hors de leur cage. Pendant une dizaine de jours, nos parents nous laissaient en paix. Rien au monde n'aurait pu nous satisfaire davantage ! L'ashram était, comme toujours, un paradis, sanctifié par la présence d'Amma et imprégné d'amour, de béatitude et de quiétude. Je m'y suis toujours sentie chez moi. Et dans les années 1980, Amma était comme une déesse aisément accessible. N'importe

---

[22] Narration de récits sacrés, entrecoupés de chants (bhajans.)

qui, à n'importe quel moment, pouvait l'approcher ou s'adresser à elle !

Amma était toujours entourée par un grand groupe d'enfants, et elle jouait souvent avec eux. Son jeu favori était *kallu kali*. Il consiste à jeter des cailloux en l'air et à en rattraper le plus grand nombre possible d'une seule main. Quelques cailloux au moins nous échappaient chaque fois, mais Amma les rattrapait tous immanquablement.

Un jour, tout le monde se rassembla pour regarder une pièce de théâtre dansée, intitulée Sri Krishna Lila. A cause de travaux de construction en cours, nous ne disposions pas de sièges appropriés. Les enfants se juchèrent sur des empilements de pierres afin de jouir d'un meilleur angle de vue. A ma grande surprise, je découvris Amma assise juste à côté de moi. Je fus tellement subjuguée par sa présence magique que j'oubliai de me lever pour la saluer. Lorsque la pièce commença, Amma noua le bas de mon vêtement à l'extrémité de son sari.

Après la première partie du spectacle, le splendide Seigneur Krishna apparut sur la scène. Amma se leva et applaudit, et nous l'imitâmes. Comme la pièce commençait, tout le monde se rassit, mais Amma resta debout. Je tirai sur son sari et lui demandai de s'asseoir. Avec la plus grande gravité, Amma répliqua, « Comment pourrais-je m'asseoir quand mon Krishna reste debout ? » Je compris que pour Amma, ce qui se déroulait sous ses yeux n'était pas simplement du théâtre ; elle voit Dieu partout et en toute chose.

Dès la fin de la pièce, Amma se leva et se dirigea vers sa chambre, m'entraînant avec elle à cause du nœud qu'elle avait fait précédemment. Elle s'en aperçut, me décocha un grand sourire, puis défit le nœud, ce que je regrettai aussitôt de tout mon cœur. J'aurais voulu demeurer à ses côtés pour toujours. J'eus l'immense privilège d'être proche d'elle sept années durant. Même si ce nœud fut défait, je sens que je suis encore avec elle. Une idylle divine avec le gourou ne prend jamais fin.

Ma mère me faisait souvent peur en affirmant que Dieu surveille tout depuis le ciel. C'était sa façon de s'assurer que je ne jetterais pas mon verre de lait par la fenêtre ou que je ne pincerais pas mon frère. Ma foi dans le fait qu'Amma est Dieu et donc, omniprésente, me poussa à me demander si elle connaissait tous mes secrets. J'avais lu dans la biographie d'Amma le récit d'une fille à qui Amma était apparue au cours d'un examen (uniquement visible d'elle) pour l'aider à répondre aux questions posées. Fascinée par cette histoire, je mourais d'envie de vivre la même expérience.

A l'approche de mes examens, je récitai spécialement et plusieurs fois l'archana *Lalita Sahasranama*, sans étudier ! Durant mon examen final, j'attendis qu'Amma apparaisse dans la salle. J'étais tellement sûre qu'elle allait franchir la porte que je la fixai sans cesse, ce qui attira l'attention du surveillant. Pendant une demi-heure, je n'écrivis rien sur ma feuille. Puis, mes espoirs commencèrent à s'évanouir, faisant place en moi à la colère envers Amma. Je parvins néanmoins à finir de répondre aux questions pendant le reste du temps qui nous était imparti.

La semaine qui suivit mes examens, je me rendis à l'ashram. J'avais entretemps complètement oublié cet incident. Or, pendant le darshan, Amma me demanda, « Ma chère fille, n'as-tu pas eu peur dans la salle d'examen ? N'as-tu pas appelé Amma en pleurant ? »

Une fois remise de mon choc, je demandai à Amma, « Pourquoi ne m'as-tu pas aidée pendant mes examens, comme tu l'avais fait pour cette autre fille ? »

Amma rit et demanda, « Avais-tu étudié sincèrement? »

« Non, » avouai-je.

Avec la plus grande douceur, Amma expliqua : « Si tu avais bien étudié, mais que tu avais oublié ce que tu avais appris, comme ce fut le cas de cette autre fille, alors je t'aurais aidée. Néanmoins, Amma a entendu tes prières. Si nous fournissons des efforts sincères, puis que nous laissons les résultats entre les mains de Dieu, il exaucera nos prières. »

La réponse d'Amma suffit à me convaincre. Même si elle n'était pas apparue physiquement dans la salle d'examens, elle avait clairement démontré son omniscience. Je sais désormais que je ne pourrai jamais lui cacher quoi que ce soit !

~

A l'exception de mon père, tous les membres de ma famille faisaient de beaux rêves dans lesquels Amma apparaissait. Rahul et moi nous vantions dès notre réveil de nos merveilleux rêves. Lorsque je m'efforçais d'analyser ces songes avec soin, leur signification m'apparaissait avec une grande clarté.

A l'école, j'étais une élève paresseuse et mon père conservait une baguette en bambou à la maison, dans le seul but de m'effrayer. Il m'arriva néanmoins de jeter cette baguette dans le terrain qui jouxtait notre maison. Un jour, à l'approche de mes examens, je rêvai d'Amma en Devi Bhava. Elle portait un superbe sari vert et tenait une baguette en bambou dans les mains ! Amma me réprimanda car je n'étudiais pas. Elle m'admonesta :« Jetteras-tu encore la baguette par-dessus le mur ? » Terrifiée, je m'enfuis en courant. Mais Amma me poursuivit ! A la fin, je capitulai à ses pieds et promit de ne plus jamais jeter la baguette.

Aussi effrayant qu'ait pu être ce rêve, je ne le pris pas vraiment au sérieux. Mais lors de mon darshan suivant, Amma me demanda : « Ma fille chérie, dois-je te faire courir en tous sens, une baguette à la main, pour que tu deviennes obéissante ? »

Mon père était un peu déçu de ne jamais rêver d'Amma. Mais un jour, il fit un songe magnifique. Il rêva qu'Amma s'approchait de son lit et s'y asseyait. Elle toucha son front et murmura doucement : « Cher fils, ne sois pas triste. » Il ne nous parla pas de son rêve. Cependant, le week-end suivant, incapable de contenir son envie de voir Amma, il se rendit seul à l'ashram. Lorsqu'Amma l'aperçut, elle s'exclama, « Fripouille ! Tu m'as vue dans tes rêves, n'est-ce pas ? » Mon père, muet de stupeur, ne put se retenir de verser des larmes de gratitude aux pieds d'Amma.

Mon père souffrait d'asthme chronique. A une certaine époque, il passait davantage de temps à l'hôpital qu'à la maison. Il essaya toutes sortes de traitements, mais aucun ne fonctionna. Les hindous croient que toute souffrance est le karma engendré par de mauvaises actions commises par le passé. Mon père dit à Amma qu'il aurait aimé expérimenter moins durement son *prarabdha*. Amma lui assura alors qu'elle le délivrerait de son asthme. Suite à cela, ses séjours à l'hôpital devinrent de moins en moins fréquents.

Une fois, mon père fut victime d'une crise d'asthme si grave qu'il fit un arrêt respiratoire. Il fut transporté d'urgence à l'hôpital, où les médecins tentèrent de faire repartir le cœur à l'aide d'un défibrillateur, sans succès. Mon frère et moi étions à l'école. Ma mère, terrifiée et se sentant impuissante, invoqua l'aide d'Amma. Elle récita son mantra un moment, puis commença à psalmodier le *Lalita Sahasranama*. Par la grâce d'Amma, mon père recommença alors à respirer.

Ce soir-là, quelqu'un de l'ashram vint chez nous, apportant du prasad d'Amma, de la cendre sacrée ainsi qu'une lettre magnifique écrite de la main d'Amma. Cette personne nous raconta qu'Amma avait été nerveuse tout au long de la journée et lui avait dit : « il est arrivé quelque chose à mon *vakil mon* (fils avocat). Va le voir! » Et voici ce qu'Amma avait écrit :

Cher fils,
Ne sois pas triste, mon petit enfant. J'étais inquiète à ton sujet. Prie Dieu tout puissant. Amma va également prier pour toi. Amma est avec toi. Ne pense pas que tu sois seul et désarmé. Amma est là, avec toi. Garde un esprit fort.
Amma t'embrasse!

Plus tard, Amma dit à ma mère : « Ce jour-là, ton appel à l'aide vibrait d'une telle intensité que je n'ai pas pu faire autrement que de penser à toi. »

❦

En mai 1990, Amma consacra le Temple Brahmasthanam de Chennai. Chennai avait alors subi une longue et terrible période de sécheresse, mais Amma avait assuré qu'il pleuvrait le jour de la consécration du temple. Ses paroles prophétiques s'étaient répandues comme une traînée de poudre. Désireux de voir la prédiction se réaliser, nous suivîmes Amma jusqu'à Chennai. L'hébergement, dans une école avoisinante, était sommaire, mais en sachant qu'Amma se trouvait à quelques maisons de là, nous en oubliâmes totalement l'inconfort. Mes pensées étaient tout emplies du souvenir d'Amma.

Le 6 mai, tandis qu'Amma célébrait la *kalasha puja* au sommet du temple, nous vîmes des aigles effectuer des cercles au-dessus du lieu sacré (ce signe propice fut observé lors de toutes les consécrations de temples Brahmasthanam par Amma). Puis, il se mit à pleuvoir. De la foule des participants montèrent de bruyants applaudissements et de grands sourires éclairèrent tous les visages alentour. Personne ne courut se mettre à l'abri, tout le monde préféra se laisser tremper par ces trombes d'eau qui tombaient du ciel. Le lendemain, même les gros titres des journaux acclamèrent la pluie de bénédictions qu'Amma avait déversée sur la ville.

Il y avait de l'eau partout ! La tente sous laquelle étaient assis les dévots fut inondée. Tout le monde demeura néanmoins concentré sur les pujas. La pluie désirait toucher également Amma. Son beau visage était orné de gouttes de pluie cristallines, qu'elle n'essuyait pas. La foule était fascinée par l'amour divin qui émanait d'elle et qui imprégnait l'atmosphère, suspendant notre conscience corporelle.

J'étais assise au dernier rang, depuis lequel j'observais Amma avec ferveur. Il était peu probable qu'elle me remarque dans cette foule immense, pensais-je. J'étais tellement transportée d'amour devant la grâce et la puissance d'Amma que je n'avais pas conscience d'être à ce point trempée des pieds à la tête. J'entrai dans une transe méditative et songeai : « Sa beauté est aussi enchanteresse que celle de Sri Krishna ! J'aimerais tant lui ressembler ! Puissent chacune de mes cellules se transformer afin que je devienne Amma ! »

Des bénévoles essuyaient les visages et les têtes des dévots qui s'apprêtaient à recevoir l'étreinte d'Amma. Après avoir attendu mon tour dans la longue file du darshan, j'atteignis finalement Amma. Un bénévole voulut m'essuyer la tête, mais elle l'arrêta en disant : « Non ! Laisse-la. » Elle me serra avec force dans ses bras, embrassa mes joues et mon front et me pinça le menton. Je me tins immobile, pareille à une poupée de cire, entre ses mains. Des larmes brûlantes roulaient sur mes joues. Tout en me redressant le menton, Amma dit, « Je t'ai vue me regarder depuis le dernier rang. Dis-moi, que pensais-tu? Je sais ce dont il s'agissait, mais je veux l'entendre de ta bouche ! » J'étais trop intimidée pour prononcer un seul mot. Amma m'étreignit de nouveau avec force et murmura à mon oreille : « Ma fille, tu me ressembles exactement ! »

~

Il y a plusieurs années, un vaste auditoire s'était rassemblé dans le Temple de Kali pour écouter le discours d'un orateur célèbre. Un silence total régnait dans le temple, tandis qu'il parlait. Mes yeux cherchèrent Amma et la trouvèrent assise seule à l'arrière, sur le sol nu. Rassemblant tout mon courage, je m'approchai d'elle et m'assis à juste quelques dizaines de centimètres en face d'elle. Amma ne dit rien. Elle se contenta de me regarder et de me sourire, comme si j'avais été quelque créature inoffensive.

A ma grande surprise, Amma prit ensuite mes mains dans les siennes. Elle ouvrit mes paumes et se mit à les examiner. Puis, elle commença à presser certaines des lignes qui y étaient gravées. J'eus le sentiment qu'Amma lisait mon avenir et qu'elle « corrigeait » la ligne de mon destin. Je la laissai simplement faire. Au bout d'un moment, Amma commença à enlever mon vernis avec ses propres ongles. Lorsqu'elle vit la bague surmontée d'une pierre rouge qui ornait mon annulaire, elle l'ôta de mon doigt et voulut l'enfiler sur son auriculaire.

L'idiote que j'étais la supplia de lui rendre la bague ; expliquant que ma mère me réprimanderait si je la perdais. Amma se contenta de sourire, comme Sri Krishna, et garda la bague un moment de plus. Puis, lorsque le satsang fut sur le point de se terminer, Amma se leva en hâte, remit la bague à mon doigt et pinça mon index avec amour. Son visage exprimait une compassion infinie.

Je me souviens encore avec émerveillement de cette brève et silencieuse rencontre avec Amma. La « marque du pincement » grandit avec ma peau, me rappelant encore à ce jour mes bienheureuses fiançailles avec l'éternité.

(Septembre 2014)

« Amma est toujours la même ! »

Priyan (Fouad Nassif), Liban

Vyasa (Gregory McFarland) est un dévot d'Amma depuis plus de trente ans. Il a récemment séjourné un mois à Amritapuri, à l'occasion de la célébration du soixantième anniversaire d'Amma. Depuis le premier tour du monde d'Amma en 1987, il la voit chaque année aux Etats-Unis. Cependant, dix-huit ans s'étaient écoulés depuis sa dernière visite à Amritapuri. Il nous a relaté ses premiers séjours à l'ashram, en 1982 et 1983.

« En 1979, je vivais à Santa Fe, au Nouveau-Mexique. Un de mes amis qui connaissait mon intérêt pour le bouddhisme et le bouddhisme zen, me présenta un jour un jeune chercheur spirituel qui vivait en Inde, et qui faisait une brève visite à sa famille à Santa-Fe. C'est ainsi que j'ai rencontré Br. Nealu (à présent devenu Swami Paramatmananda Puri).

A ce moment-là, Br. Nealu n'avait pas encore rencontré Amma. Mais il suivait la tradition hindouiste et pratiquait une sadhana très rigoureuse à Tiruvannamalai, où il servait Swami Ratnamji, lequel avait été le disciple et serviteur de Ramana Maharshi en personne. Nealu avait une connaissance impressionnante des Ecritures hindoues. Et il était de toute évidence un *sadhak* sérieux, s'imposant des pratiques spirituelles très strictes, en dépit de sa santé fragile. J'eus grand plaisir à m'entretenir avec lui. Peu de temps après, il regagna l'Inde.

Environ trois ans plus tard, je croisai son cousin dans une épicerie, qui m'annonça que Nealu était de nouveau en visite à Sante Fe. Je souhaitais le revoir et lorsque j'en eus l'occasion, je fus touché par sa nature chaleureuse et aimante. Avec grand entrain et enthousiasme, il me raconta qu'il avait récemment rencontré un *mahatma*, une jeune femme indienne du Kerala, qui était devenu son gourou, et qu'il vivait à présent dans son ashram.

Il me montra des photos d'Amma et me fit entendre une cassette audio sur laquelle elle chantait. A mesure que je découvrais un peu plus qui était Amma, je fus envahi par la conviction que je devais me rendre en Inde au plus vite afin de la rencontrer et, peut-être, y demeurer pour toujours !

Nealu repartait trois semaines plus tard. L'accompagner ne semblait ni possible ni raisonnable. Je vivais alors avec mon épouse et notre jeune fils, j'avais un emploi, des responsabilités. Il me fallait un passeport, ainsi qu'un visa, et j'avais également certaines affaires à régler. Cependant, toutes ces difficultés furent résolues à temps, comme par magie, et je pus accompagner Nealu jusqu'en Inde afin d'y rencontrer Amma en août 1982.

Notre avion atterrit à Madras. J'étais complètement épuisé par le voyage. Quant à Nealu, il était tellement malade et affaibli que je me demandais s'il arriverait vivant dans le Kérala ! Il transportait avec lui de nombreux cartons remplis d'objets divers, ce qui nous retint encore plusieurs heures à la douane de l'aéroport.

Nous fûmes finalement « libérés » et trouvâmes un hôtel où nous reposer un jour ou deux avant de nous envoler pour Trivandrum. De là, nous prîmes un taxi jusqu'à Vallickavu. La chaleur, l'humidité et l'inconfort du trajet me vidèrent littéralement de mes forces. A notre arrivée, je me souviens qu'Amma sortit pour venir à notre rencontre et me donna mon premier darshan.

A l'époque, l'ashram consistait principalement en une simple étable, accolée à la maison qui appartenait aux parents d'Amma. C'est dans cette étable qu'Amma donnait le darshan et célébrait les Krishna et les Devi Bhava darshans. Non loin de là s'alignaient deux rangées de huttes recouvertes de chaume, formant un L. Elles étaient compartimentées en une douzaine de cases. Je m'installai avec Nealu dans l'une de ces huttes. Amma disposait d'une hutte où elle recevait les gens durant la journée. La nuit, elle dormait dans la maison de ses parents.

Les autres huttes étaient occupées par d'autres disciples ou chercheurs spirituels qui résidaient auprès d'Amma. Tout autour de l'ashram s'étendaient des palmeraies, des marécages, la lagune et des espaces ouverts où nous nous lavions et accomplissions les tâches ménagères.

L'ashram n'avait pas encore été fondé officiellement, et le père d'Amma avait juste autorisé quelques brahmacharis à séjourner dans les huttes proches de la maison. Ces premiers brahmacharis furent Unni (Swami Tureeyamritananda), Balu (Swami Amritaswarupananda), Venu (Swami Pranavamritananda, qui devint un de mes meilleurs amis), Sri Kumar (Swami Purnamritananda), Ramakrishna (Swami Ramakrishnananda, qui n'avait pas encore quitté son emploi à la banque), Rao (Swami Amritatmananda) et, bien sûr, Nealu.

Avant d'avoir eu le temps de vraiment m'installer dans la hutte de Nealu et de me reposer, j'appris qu'un grand évènement commencerait bientôt. C'était le Krishna Bhava ! La foule commençait à affluer.

Ma première expérience des Bhava Darshans fut pour moi totalement mystérieuse. Ce qui se passait là se situait bien au-delà de mon entendement. La planète Mars m'aurait peut-être été plus familière ! Et dès que le rayonnant Krishna partit, Devi le remplaça avec sa couronne et ses ornements spécifiques ! Rien, dans mon existence, ne m'avait préparé à une telle expérience. Nealu m'avait parlé des Bhava darshans, mais en faire l'expérience directe dépassait de loin ce que l'esprit et l'intellect étaient capables de digérer.

Je me souviens qu'en ce temps-là, nous débattions souvent entre nous afin de savoir si, pendant les Bhava darshans, Amma entrait simplement en communication avec Krishna et Devi, si elle les imitait, si elle était possédée par eux, ou si elle devenait intégralement eux. Je conclus dès la première fois qu'Amma n'était autre que Devi, la Déesse personnifiée, et le légendaire Krishna en personne. Nealu, qui avait étudié les Ecritures, les utilisait pour en apporter la preuve et ses arguments étaient très convaincants.

Je me souviens avoir un jour demandé à Amma, toujours intrigué par les Bhava darshans : « Devi est-elle réelle? »

Amma a répondu en souriant : « Elle est aussi réelle que tu l'es ! »

Environ trois cents à six cents dévots venaient assister aux Bhava darshans, qui se tenaient trois jours par semaine, me laissant à peine le temps de me reposer de ces évènements successifs, chaque fois synonymes de nuits blanches !

Amma était véritablement avec nous à chaque instant. Elle mangeait avec nous (nous prenions nos repas dans la maison de Sugunacchan), nous nourrissait, méditait avec nous, et chantait des bhajans avec nous. Les bhajans avaient lieu juste à l'extérieur de l'étable.

A un moment donné, je suis tombé malade, et Amma est venue régulièrement à mon chevet me témoigner sa sollicitude et me prodiguer ses soins. En même temps, elle m'a fait sentir que la maladie du corps n'est pas si importante !

Le but que nous cherchions alors tous à atteindre était la Réalisation du Soi. Chacun de nous faisait d'intenses pratiques afin de s'en rapprocher. Je demandai un jour à Amma : « Quand saurai-je que je suis réalisé? »

Elle répondit : « Quand tu réaliseras que tu n'es pas séparé de moi ! »

Une autre fois, je lui demandai son opinion concernant les pratiques de *hatha yoga* que je m'efforçais de maintenir quotidiennement. Elle n'y accorda guère d'importance, comme si elle sentait que l'accomplissement de ces exercices risquait d'encourager mon ego et ma fierté. Dès que je le compris, Amma affirma que je pouvais très bien continuer à pratiquer mon yoga. Mais je savais désormais que je ne devais pas m'y identifier. Un jour, elle me déconseilla également de commencer des pratiques de *pranayama* sans la conduite d'un Maître réalisé. »

Lorsque j'ai demandé à Vyasa s'il avait un jour imaginé que l'ashram deviendrait ce qu'il est aujourd'hui, il s'est exclamé, « Absolument pas ! A l'époque, nous nous focalisions sur les pratiques spirituelles, principalement la méditation et le chant dévotionnel, et sur le fait de passer le plus de temps possible avec Amma, avec pour but de réaliser Dieu. Même le seva était considéré comme un prétexte fourni par l'ego pour interrompre les pratiques.

Mais Amma a ressenti la nécessité pour nous de développer notre compassion envers les autres. En servant les autres, nous sommes devenus moins autocentrés. Tout est advenu en temps voulu, comme elle l'avait assurément planifié.

Cependant, je n'aurais jamais pensé que sa mission inclurait une multitude d'œuvres caritatives, institutions et autres initiatives, pas plus que je n'aurais imaginé que de hautes tours surgiraient un jour du sol de l'ashram !

Toutefois, à partir de 1987, lorsqu'Amma a commencé ses tours du monde, j'ai compris qu'elle allait imposer sa présence dans le monde et que sa mission deviendrait universelle. Tout ceci relève encore du miracle, quand on sait qu'en 1982-83, les quelques personnes qui vivaient avec elle, avaient à peine de quoi vivre.

Un jour, après avoir constaté l'état pitoyable des ustensiles de cuisine, je me suis rendu à Oachira avec deux « garçons des huttes » (c'est ainsi qu'on appelait les brahmacharis) et j'ai acheté une batterie complète d'assiettes en métal, de tasses et de cuillères, ainsi que divers récipients de cuisson. Ce jour-là, nous avons rencontré un *avadhuta*[23] du nom de Prabhakara Siddha Yogi. Observer son comportement était une expérience époustouflante. Plus tard, il a rendu visite à Amma et je me souviens à quel point Amma prenait plaisir à le voir être si totalement lui-même.

Mais mon souvenir le plus frappant, lors de cette sortie à Oachira, tient à ce que m'a confié l'un des brahmacharis sur le chemin du retour. La veille au soir, Amma lui avait dit qu'il serait bien d'avoir des ustensiles de cuisine neufs. Cette révélation m'a sidéré !

---

[23] Une personne éveillée dont le comportement transcende les normes sociales

J'ai eu le sentiment que le seul *sankalpa* d'Amma était si puissant que l'univers entier pouvait se mettre en mouvement pour le réaliser ! J'étais heureux d'avoir été un humble instrument entre ses mains. J'ai compris qu'Amma maîtrisait davantage mon esprit que je ne le faisais moi-même, et cette pensée m'ébranla fortement.

Au début, j'avais eu l'intention de rester au moins trois ans à l'ashram. Mais j'ai découvert que j'étais toujours attaché à diverses choses dans le monde, et je n'ai pas voulu le nier. Mon petit garçon, que j'avais laissé à Santa Fe, me manquait particulièrement. Je suis donc resté trois mois, d'août à octobre 1982, puis je suis rentré chez moi.

Mais mon lien avec Amma demeura très fort. J'avais des photos d'elle, des cassettes de bhajans et une vidéo, que je commençai à montrer autour de moi, tout en partageant mon expérience. Une jeune femme du voisinage fut immédiatement et irrésistiblement touchée par Amma. Elle vint en Inde avec moi lorsque j'y retournai quelques mois plus tard en 1983, en compagnie de ma fille adolescente. Cette jeune femme était Kusuma, qui contribua à organiser la première visite d'Amma aux Etats-Unis en 1987.

A mon retour à l'ashram, j'ai découvert quelques huttes supplémentaires, ainsi que quelques nouvelles personnes vivant avec Amma. L'ashram avait été enregistré légalement par le gouvernement. Et l'étable avait été démontée et remplacée par une structure plus solide en ciment, le *kalari*.

Aujourd'hui, c'est le seul endroit qui est demeuré tel qu'il était alors. C'est là que j'ai reçu mon *mantra diksha* (initiation) d'Amma, le 2 octobre 1982. Rao reçut également cette initiation le même jour. Je me rappelle la date car après mon initiation, j'ai regagné ma hutte et Nealu a pris une photo de moi, avec un calendrier indiquant la date du jour accroché au mur juste derrière moi. Ce matin-là, j'avais demandé à Amma de me donner un mantra. Elle avait accepté et promis de le faire après les Krishna et Devi Bhavas.

Elle me recommanda de prendre une douche avant le début des Bhava darshans. Suivant la tradition, je pris une douche tout habillé. Elle me demanda également de préparer un plateau de fruits, puis d'attendre derrière l'étable jusqu'à la toute fin du programme, où elle enverrait quelqu'un m'appeler. J'étais dans un état de grande élévation intérieure. Amma me reçut dans l'étable. Une seule autre personne, un brahmachari, se trouvait avec nous. Amma me fit asseoir sur son *pitham* (siège sacré) et me murmura un mantra dans l'oreille droite, tandis que le brahmachari fermait mon oreille gauche. »

J'ai interrogé Vyasa concernant les photos qu'il avait prises à l'intérieur du Kalari. Ce sont les plus anciennes photos existantes des Krishna et des Devi Bhavas d'Amma. Vyasa a répondu : « Ces clichés sont réellement uniques et très précieux. Nealu avait le sentiment qu'il n'était pas convenable qu'il prenne lui-même des photos d'Amma à ces moments-là. Si bien qu'il me poussa à me munir de l'appareil et à aller prendre des photos dans le temple pendant les Bhava darshans.

Je le fis. Cette initiative déplut à tout le monde, mais elle ne sembla pas importuner Amma. Je pressai le déclencheur une première fois, une deuxième, puis à répétition, osant chaque fois m'approcher davantage d'Amma. Tentant divers angles de prise. Parfois à seulement cinquante centimètres d'elle !

Certains des clichés les plus exceptionnels sont ceux d'Amma donnant le darshan à Dattan, le lépreux, et léchant ses plaies. Un jour de 1983, alors que je me trouvais à Oachira, j'entendis quelqu'un m'appeler. Je me retournai et mis un moment à reconnaître Dattan. Ses plaies étaient totalement cicatrisées et certaines parties de son visage s'étaient régénérées.

Comme tout le monde était gêné que je prenne des photos, je demandai un jour à Amma si c'était un problème et si je devais arrêter. Sa réponse fut saisissante : « A ce sujet, fais comme tu le sens, mais n'hésite pas ! »

Un autre jour, nous étions tranquillement réunis autour d'elle quand certains brahmacharis exprimèrent leur difficulté à prononcer mon nom (Gregory). « A partir de maintenant, tu seras Vyasa ! » déclara Amma. C'est ainsi que j'ai reçu mon nom ! !

Vyasa est également connu pour avoir fabriqué pendant de nombreuses années des *kaimanis* (cymbales à main) pour l'ashram et pour Amma. Il m'a expliqué comment ce projet avait débuté.

« Lors de mes premières visites à l'ashram, lorsque j'écoutais les bhajans, j'en trouvais toutes les sonorités parfaites, à l'exception de celles des *kaimanis*, qui semblaient fausses. J'en emportai une paire aux Etats-Unis et m'efforçai de la régler, ce qui s'avéra une tâche très délicate. Je commençai donc à étudier les métaux dont les cloches étaient faites, ainsi que les propriétés physiques de ces cloches, et décidai de tenter d'en fabriquer moi-même.

Après des recherches supplémentaires, je trouvai le mélange de métaux adéquat et les meilleures proportions d'utilisation, et j'appris tout seul comment fabriquer des moules puis y couler le métal. Je m'attachai ensuite à régler subtilement la sonorité jusqu'à obtenir un son idéal. A partir de ce moment-là, chaque année, quand Amma venait aux Etats-Unis, j'avais amélioré des paires de *kaimanis* que je donnais aux swamis. Amma en a également une paire, que j'ai fabriquée pour elle. Elle la transporte avec elle dans le monde entier. Chaque fois qu'elle les utilise, elle parle à ceux qui se tiennent autour d'elle de Vyasa, le vieux dévot américain qui avait appris à les fabriquer. Elle ajoute souvent que je fus le premier Américain à effectuer le voyage des Etats-Unis jusqu'en Inde pour la rencontrer !

En ce moment, je profite de mon séjour à Amritapuri pour enseigner aux musiciens comment améliorer le son et la qualité des *kaimanis* qu'ils utilisent et finalement, comment les fabriquer. »

Lorsque j'ai demandé à Vyasa ce que lui inspirait la célébration du soixantième anniversaire d'Amma, il a répondu : « Je pense que tout cela ne signifie pas grand-chose pour Amma. Elle est simplement heureuse parce que c'est une occasion pour les gens qui viennent d'être heureux. Je vois clairement qu'Amma est toujours la même. Quelqu'un qui vient à elle aujourd'hui peut recevoir exactement le même bénéfice spirituel que par le passé, dès lors qu'il ouvre correctement son cœur et son esprit. Amma donne toujours avec la même générosité. Elle le faisait auparavant pour un plus petit nombre de gens. Elle le fait maintenant pour des millions d'individus, mais elle est toujours la même personne, elle n'est affectée ni par le nombre des personnes qui viennent à elle ni par aucune autre considération.

Elle trouve toujours la meilleure façon d'atteindre les couches les plus profondes de chacun et de l'aider à grandir spirituellement. Elle est unique. Elle l'était en 1982, à l'âge de vingt-neuf ans, lorsque je l'ai rencontrée pour la première fois, et elle l'est aujourd'hui, à l'aube de ses soixante ans ! »

(Septembre 2013)

Le Passage

Ma Mère

Br. Eknath, Inde

Certaines personnes, même si elles ne croient pas en Dieu, accomplissent de bonnes actions. Elles aident par exemple les pauvres et les nécessiteux. J'ai vu Amma faire asseoir de telles personnes auprès d'elle quand elles viennent au darshan. Peut-être leur accorde-t-elle ainsi sa bénédiction pour leurs bonnes actions.

J'ai connu un tel homme. Il s'agit de feu B.K. Tripathi. Je l'ai rencontré alors que je me rendais à la Kumbhamela[24], à Allahabad en 2001, afin d'aider à installer un stand pour l'ashram. Il m'hébergea chez lui tout le temps que me prit cette tâche. M. Tripathi était un ancien ingénieur en chef du Département d'Irrigation de l'Uttar Pradesh, mais sa maison était simple et sans prétention.

Dans le salon, il y avait une grande photographie d'une vieille femme, dans un cadre. Elle tenait un bâton dans une main et l'autre reposait, ouverte, sur son genou. Elle ressemblait à une mendiante. Une légende en Bhojpuri,[25] dont je ne comprenais pas la signification, était inscrite sous la photo. Ma curiosité éveillée, je demandai de qui il s'agissait. « C'est ma mère, » répondit M. Tripathi, avant de me relater l'histoire suivante :

~

« Je suis sorti premier de l'École d'Ingénierie d'IIT, de Kharagpur.[26]. J'ai trouvé un emploi dans le Département d'Irrigation du gouvernement de l'Uttar Pradesh. Puis je suis devenu ingénieur en chef, ce qui me valait un salaire attrayant et d'autres avantages. L'une de mes missions consistait à construire un barrage. L'intervention

---

[24] Festival religieux qui se tient uniquement tous les douze ans
[25] Dialecte de l'Inde du nord.
[26] L'une des meilleures universités d'Inde.

de certains lobbies a empêché la réalisation du projet pendant un moment.

Cependant, tous les membres de l'équipe investis dans le projet ont continué à recevoir leur salaire mensuel, sans que nous ayons aucun travail à accomplir. Durant cette pause forcée, mes collègues et moi passions notre temps à jouer aux cartes et à nous divertir.

Un jour, une vieille femme est entrée dans notre bureau. Elle devait avoir au moins quatre-vingts ans. Elle m'a demandé : « Mon fils, quand les travaux de construction du barrage vont-ils reprendre ? La faim me consume l'estomac. Je t'en prie, donne du travail à ces vieilles mains. » Mais au lieu de compatir au malheur de cette femme, nous nous sommes moqués d'elle et l'avons humiliée. Nous imaginions que notre dureté la dissuaderait de revenir.

Nous avions tort. Elle a continué à venir tous les jours nous supplier de lui fournir du travail. « Mon cher enfant, quand les travaux vont-ils reprendre ? Je suis affamée. Je t'en prie, donne du travail à ces vieilles mains ! » C'était toujours les mêmes lamentations. L'homme au cœur dur que j'étais alors a continué à se moquer impitoyablement de la malheureuse. Je me suis même montré insensible au point d'imiter sa façon de marcher et de parler !

Un jour, ma cruauté a atteint son paroxysme. J'ai apporté un appareil photo au bureau. Lorsque la vieille dame est arrivée et qu'elle a commencé à nous implorer comme à son habitude, j'ai sorti l'appareil et l'ai photographiée, ce que mes collègues et moi-même avons jugé hilarant. J'avais tendance, à l'époque, à tirer un certain plaisir de la souffrance des autres.

Plus tard ce jour-là, mes collègues et moi sommes allés chasser dans une forêt avoisinante. Je montais un éléphant. A un moment, j'ai aperçu un faon. J'ai visé et lancé une flèche qui a touché l'animal au flanc. Le faon s'est effondré avec un gémissement. Il a tourné sa tête vers moi et m'a regardé, la douleur et une profonde souffrance se reflétaient dans ses yeux. Il est mort quelques instants plus tard, sans que je ressente la moindre compassion.

Mais ce soir-là, en rentrant chez moi, j'ai appris que mon fils avait de la fièvre. Mon épouse l'a conduit chez le médecin, qui lui a fait une piqûre au niveau de la hanche. L'injection a eu un effet contraire. La jambe de mon fils est restée paralysée à vie ! Aucun mot n'est assez fort pour exprimer le choc que m'a causé ce drame. Dans mon esprit, la détresse de mon enfant était étrangement reliée aux souffrances que j'avais infligées à ce faon cet après-midi là. Le destin avait frappé mon fils à l'endroit exact où j'avais atteint le faon. La corrélation des faits était trop frappante pour pouvoir se résumer à une simple coïncidence. Dieu m'avait-il prodigué de cette façon les fruits de mon récent karma ?

Ce soir-là, en me couchant, j'ai passé en revue toute mes actions de la journée. J'ai pensé à mon fils, au faon blessé, à cette vieille femme, à ma réaction impitoyable face à ses supplications... J'étais jeune, instruit, et j'avais un salaire confortable mais tout ce que je faisais, c'était de gaspiller mon temps et mon argent en passe-temps vains et égoïstes.

Cette femme, quant à elle, était âgée et sans ressources. Malgré cela, elle ne mendiait pas. Elle voulait du travail, et pouvoir gagner honnêtement sa vie. Elle avait une dignité et un *samskara* noble (schéma mental), ce dont j'étais dépourvu, en dépit de ma prétendue bonne éducation. Sa détermination à être autonome, malgré les moqueries et les insultes auxquels elle était confrontée quotidiennement était extraordinaire. Le moins que je puisse faire, au lieu de l'insulter, était de respecter son intégrité. Cette femme aurait pu être ma mère ou ma grand-mère. Quelle brute insensible j'étais ! Pour la première fois, le souvenir de son corps voûté et de sa voix cassée m'a fait monter les larmes aux yeux. J'ai commencé à me haïr. Étreint par l'angoisse, j'ai éclaté en sanglots. J'ai pleuré toute la nuit.

Lorsque je me suis levé le lendemain matin, j'étais transformé. Je me suis rendu chez le photographe, j'ai fait développer le cliché et l'ai fait encadrer. J'ai inscrit les paroles de cette vieille femme sous la photo. J'ai également préparé moi-même de la nourriture pour elle, avec l'intention d'implorer son pardon et sa bénédiction. Une fois à mon bureau, j'ai attendu l'arrivée de la vieille femme. Mais elle n'est jamais venue. Les jours suivants, j'ai entrepris de la rechercher. En vain. Je crois qu'elle était venue à seule fin d'éveiller ma conscience. J'ai intitulé cette photo, « Ma Mère. »

Depuis lors, je n'ai jamais commencé une journée de travail sans avoir d'abord contemplé cette photo. Elle a gardé vivante en moi la pensée du pauvre et du nécessiteux. Le souvenir de l'intégrité de cette femme a également mis fin à mes pratiques corrompues, qui entraînaient des conflits entre mes collègues et moi. J'ai commencé à vivre selon certains principes. Je conservais une somme d'argent pour mes dépenses personnelles et distribuais le reste aux pauvres. J'ai même emprunté de l'argent pour leur venir en aide ; je ne priais jamais, mais j'étais convaincu qu'un pouvoir divin me soutenait en permanence.

Lorsque j'ai pris ma retraite, je n'ai reçu aucune gratification. J'ai tenté de rembourser mes nombreuses dettes, mais une fois tout mon argent parti, je devais encore 120 000 roupies. A cette même période, le mariage de ma fille fut arrangé, mais je n'avais pas l'argent nécessaire pour l'organiser. Qui aurait pu le croire, alors que j'avais terminé ma carrière en qualité d'ingénieur en chef ? J'ai craint que mon futur gendre ne renonce à épouser ma fille, s'il était informé de ma situation financière. Cependant, j'avais foi dans le fait que mes bonnes actions me protégeraient du malheur. De plus, ma conscience me disait que je n'avais plus fait de mal à personne depuis ce jour fatidique. Le mariage approchait. Quatre jours avant la noce, aucun préparatif n'avait encore été entrepris.

A ce moment-là, j'ai reçu un appel téléphonique de la mère du futur marié. « Notre fils nous a demandé de nous assurer que la cérémonie de mariage serait très simple, » m'a-t-elle expliqué. « Il a spécifié que, selon le souhait de son gourou, son beau-père ne devait dépenser pour les noces qu'une très petite somme d'argent. Comme nous partons tous nous installer aux États-Unis dès que le mariage aura été célébré et que nous possédons plusieurs propriétés à Kanpur, nous vous envoyons deux camions de matériel utile pour le mariage. Vous n'aurez plus qu'à en faire décharger le contenu à l'arrivée.

J'étais abasourdi. La providence divine ne m'avait pas abandonné ! Le mariage a été un grand succès. Je n'ai pas eu à dépenser une seule roupie. Parmi les présents que m'a faits mon gendre se trouvait une biographie d'Amma, et une souscription au *Matruvani*. Je n'avais jusque-là jamais pensé à Dieu ni révéré aucune déité. Après avoir lu la biographie d'Amma, j'ai éprouvé à son égard une telle vénération que j'ai versé des larmes. Dans le *Matruvani*, j'ai appris qu'Amma guidait de nombreuses personnes sur le bon chemin.

En même temps que je découvrais les expériences relatées dans le Matruvani, je recevais en direct les enseignements d'Amma par l'intermédiaire de mon gendre, qui les met en pratique au quotidien. C'était sur les conseils d'Amma qu'il s'était assuré que je n'aurais pas à dépenser d'argent à l'occasion du mariage. Ma fille m'a également expliqué comment son époux s'était transformé après avoir rencontré Amma et reçu son darshan.

J'ai commencé à attendre avec impatience l'occasion de recevoir moi aussi le darshan d'Amma. Ma famille et moi avons finalement pu la rencontrer lors de son programme à New Delhi. Quand est venu mon tour de passer au darshan, Amma s'est courbée en avant, une main reposant sur son genou et l'autre tournée vers le ciel. J'étais stupéfait ! Car à cet instant, elle m'a totalement rappelé cette vieille femme, que j'avais nommée ma Mère ! Au fond de mon cœur, j'ai senti que cette femme n'était autre qu'Amma. »

⌇

Ce premier darshan eut un effet phénoménal sur M. Tripathi. Par la suite, il consacra son temps à la promotion de *Matruvani*. Il dressa la liste de cinquante personnes renommées à Allahabad, et leur envoya à chacun une copie du *Matruvani,* à ses frais, leur indiquant que si elles aimaient *Matruvani* et souhaitaient s'abonner, elles devaient envoyer 40 roupies (le montant de la souscription annuelle en Inde, à l'époque)

Le résultat de cette campagne de marketing fut formidable. Quelqu'un envoya même 2 000 roupies à M. Tripathi afin de soutenir sa campagne en faveur du Matruvani ! Le souscripteur expliquait dans sa lettre qu'Amma lui était apparue en rêve, sans qu'il ait eu alors aucune idée de qui était cette femme vêtue de blanc. Mais en recevant la copie du Matruvani que M. Tripathi lui avait envoyée, il avait compris, à sa plus grande joie, qu'il s'agissait d'Amma, un *mahatma* révéré par des millions de gens à travers le monde. Il louait également M. Tripathi pour ses efforts désintéressés, l'encourageant à les poursuivre.

Avec les 2 000 roupies, M. Tripathi entreprit d'envoyer le magazine à beaucoup d'autres personnes. Certaines d'entre elles répondirent et exprimèrent leur souhait d'acheter également d'autres publications en provenance de l'ashram. L'engagement de M. Tripathi dans cette campagne prit une telle ampleur qu'il dut réclamer l'aide quelques étudiants et de professeurs pour remplir les carnets de reçus. En l'espace de six mois, il recueillit un millier de souscriptions. Il nous aida également beaucoup lors de la Kumbhamela en 2001.

En mars 2001, pendant le festival Brahmasthanam de Delhi, Amma bénit le mariage du fils de M. Tripathi, le garçon dont la jambe avait été paralysée. Vers quatre heures du matin, elle initia également le couple de jeunes mariés à un mantra. Un peu plus tard, M. Tripathi vint vers moi et me confia : « Amma a vraiment répandu sa bénédiction sur moi. » Je me suis toujours fait beaucoup de souci pour mon fils handicapé. A présent, j'ai le sentiment qu'en bénissant son mariage, Amma l'a pris sous son aile. De plus, existe-t-il au monde un gourou assez bienveillant pour initier des dévots au moment du *brahma muhurta*? »[27]

En juin 2001, M. Tripathi se rendit chez un ami, apportant avec lui tous les carnets de reçus de Matruvani et l'argent en espèces qu'il avait collecté pour les abonnements. Il les tendit à son ami en disant : « Je t'en prie, continue ce travail. Je pense que mon temps est venu. J'ai le sentiment que je vais bientôt quitter ce monde. » Son ami lui reprocha ses pensées morbides mais il accepta néanmoins sa requête. Le lendemain matin, M. Tripathi mourut. Il avait soixante-et-onze ans.

~

Au mois de septembre de cette année-là, un juge du Tribunal d'Allahabad se rendit à Amritapuri pour participer à l'anniversaire d'Amma. Il arriva un jour trop tard. La célébration était terminée. Comme Amma avait donné le darshan trois jours durant, de nombreux dévots pensaient qu'elle ne sortirait vraisemblablement pas de sa chambre ce jour-là. Mais à la surprise de tous, Amma vint pour les bhajans du soir. Après les bhajans, elle invita le juge dans sa chambre. Il passa près de trois heures avec elle. Au cours de leur conversation, Amma lui demanda comment il avait entendu parler d'elle. Le juge expliqua que M. Tripathi lui avait envoyé une copie du *Matruvani,* dont la lecture l'avait incité à venir rencontrer Amma.

A l'évocation de son nom, les yeux d'Amma s'emplirent de larmes. Elle affirma : « Amma voit clairement le visage de son fils, Tripathi. Jusqu'à son dernier souffle, il ne pensait qu'à Amma et à la façon dont il pourrait faire connaître sa mission. En pensant à chaque instant à Amma, il avait fini par ne plus faire qu'un avec Amma. Il est mort dans cet état et a atteint la Libération. » Amma parla encore un long moment de M. Tripathi.

---

[27] Une période de temps de 96 minutes avant le lever du soleil, considérée comme auspicieuse pour les activités spirituelles.

M. Tripathi n'avait reçu le darshan d'Amma que quatre ou cinq fois. Mais il avait une place très spéciale dans son cœur, par son désintéressement et son ardeur à servir les pauvres et les nécessiteux – des actions toutes dédiées à sa Mère.

(Décembre 2004)

Visitation d'Amma

Madhuree Biswas, Inde

Ma était malade depuis quelques mois. Elle vivait avec mes frères dans notre ville natale de Jeypore. Je lui parlais au téléphone deux fois par jour. Je sentais, à sa voix, qu'elle s'affaiblissait graduellement. Mais je n'imaginais pas que sa santé se détériorerait aussi rapidement. Elle n'avait que soixante-neuf ans, et était encore très active. Chaque fois que la maladie lui laissait quelque répit, elle se montrait très enthousiaste. Ma mère était une optimiste, une femme au grand cœur et à l'esprit large. Bien qu'illettrée, elle avait une façon de penser très moderne.

Le 22 juin 2009, à 14 heures, je me trouvais au siège social de ma société, à Gurgaon, quand je reçus un appel de *Dada* (« frère aîné » en bengali) m'informant que l'état de Ma se dégradait. L'inquiétude ne me quitta pas de l'après-midi. A 20 heures, Dada rappela pour m'annoncer que Ma était en train de sombrer dans le coma. Je lui recommandai d'emmener immédiatement notre mère à Vishakhapatnam, la ville la plus proche, où elle pourrait recevoir les soins adéquats. Notre ville n'était même pas équipée du matériel de diagnostique de base, tels qu'un électrocardiographe ou un simple échographe.

Cette nuit-là, je n'ai pas pu dormir. J'appelais Dada toutes les demi-heures pour savoir comment allait Ma. Et j'implorai Amma à chaque instant, en la suppliant de me laisser revoir ma mère vivante une dernière fois.

～

En 2006, lors du tour du nord de l'Inde d'Amma, j'avais emmené Ma à Delhi afin qu'elle rencontre Amma. Pendant le darshan, Amma lui avait murmuré quelque chose à l'oreille. Ma mère avait cru qu'Amma lui avait fait la grâce de lui donner un mantra, ce qu'elle avait ensuite raconté avec bonheur à toutes les personnes qu'elle connaissait. Quelqu'un lui avait expliqué qu'Amma avait probablement juste prononcé « Mon enfant chérie » en oriya ou en malayalam. Mais je savais que ma mère était convaincue du contraire. Elle se demandait constamment de quel mantra il s'agissait, me demandant même parfois si je le savais.

Après ce darshan, Ma ajouta une photo d'Amma aux images de dieux et de déesses qu'elle conservait dans la pièce où elle accomplissait ses pujas. Elle aurait souhaité se rendre à Amritapuri, mais sa santé délicate ne lui permettait pas d'entreprendre un aussi long voyage. Chaque fois que j'allais à l'ashram d'Amma, je regrettais qu'elle n'ait pas pu m'accompagner et priais pour sa santé. Je regrette encore aujourd'hui de ne pas l'y avoir emmenée.

~

Dada, mon frère cadet et leurs épouses respectives, arrivèrent le lendemain à Vishakhapatnam avec Ma. A 14h30, notre mère fut admise à l'Hôpital Seven Hills (Hôpital des Sept Collines), l'un des meilleurs hôpitaux de la ville.

Par la grâce d'Amma, je réussis à trouver un vol quelques heures plus tard et atterris à Vishakhapatnam à 16h30. Je me précipitai jusqu'à l'hôpital, sans même récupérer mes bagages à l'aéroport. Tout en m'efforçant de rassembler le courage nécessaire pour affronter le pire, je priais Amma pour qu'elle sauve ma mère. Lorsque j'arrivai au chevet de Ma, elle était déjà dans le coma. Elle était branchée à un respirateur artificiel ; d'inquiétants sons gutturaux montaient des profondeurs de sa poitrine. Malgré la peur qui m'envahissait, je m'efforçai de faire bonne figure, car je lisais la même peur, la confusion et le chagrin sur les traits de tous, même ceux de Dada. Je me remémorais qu'Amma était avec nous et qu'elle prendrait soin de tout.

Je mis de la cendre sacrée sur le front et la poitrine de Ma. Je voulus en glisser un peu dans sa bouche, mais les médecins me l'interdirent. Le lendemain, la situation s'était encore dégradée. Ma ne manifestait aucun signe de vie, en dehors de l'aspiration mécanique de l'air par le respirateur. Dada et moi comprenions à quel point son état était critique, et nous nous préparions au pire.

Mais mon frère cadet était inconsolable. Je sentais à quel point l'idée de perdre notre mère le terrifiait. Il était le plus jeune des quatre enfants de Ma. Il n'avait pas connu notre père, qui était mort d'un AVC alors que Ma était enceinte de lui. Il était très attaché à notre mère. Par moments, quand la pensée de la mort imminente de Ma s'imposait à lui avec une trop grande violence, il se précipitait hors de l'hôpital et courait se réfugier sur la plage ou dans un temple. A un moment, il revint et me dit qu'un de ses amis avait suggéré un remède homéopathique réputé salvateur. Je demandai au médecin si nous pouvions le donner à Ma et il accepta.

Soudain, je songeai, « Pourquoi ne pas ajouter au remède un peu de cendre sacrée d'Amma ? » C'est ce que je fis alors.

Nous comptions les heures, anticipant le pire. Je passai la nuit à somnoler dans le hall de l'hôpital. Tôt le matin, avant de pénétrer dans l'Unité de Soins Intensifs, je demandai des nouvelles de Ma au médecin qui avait assuré la garde de nuit. Il m'annonça qu'elle avait ouvert les yeux une demi-heure plus tôt. Lorsque j'arrivai à son chevet, j'appelai son nom et elle me répondit ! J'eus du mal à contenir ma joie et ma gratitude envers Amma. Les médecins étaient surpris et heureux que l'état de Ma se soit ainsi amélioré. Ils affirmèrent que si elle continuait à réagir de cette façon et qu'elle ne faisait pas de surinfection, elle pourrait se rétablir, même si un organe risquait d'avoir été détérioré.

Les deux ou trois jours suivants, l'état de notre mère continua à s'améliorer. Puis, soudain, sa santé recommença à se dégrader. Une infection fongique attaqua d'abord les yeux, puis envahit progressivement tous ses organes vitaux. Cette fois, elle déclina plus brutalement encore. Dada était désespéré. Cependant, par la grâce d'Amma, je fus en mesure d'alléger la détresse de ma fratrie, malgré la souffrance que me causait le spectacle de la mort lente et de plus en plus douloureuse de Ma, à mesure que ses organes vitaux cessaient un à un de fonctionner. Je vis alors le corps humain dans toute sa faiblesse et son impuissance. Le beau corps que nous chérissons tant, auquel nos proches et ceux que nous aimons sont si attachés, n'est qu'un paquet de chair et de sang fonctionnant à l'aide de quelques organes vitaux qui peuvent dysfonctionner et décliner rapidement. Lorsqu'ils sont atteints, le corps grâce auquel nous avions joui des plaisirs du monde peut nous causer d'insoutenables douleurs. Je remis mentalement le sort de ma mère entre les mains d'Amma.

J'ignorais si Ma ressentait de la douleur. Aucune expression ne se lisait sur son visage ; elle semblait comme plongée dans un profond sommeil, inconsciente de tous les maux qui assaillaient son pauvre corps. Mais au bout d'un moment, ne parvenant plus à endurer le spectacle de son agonie, je priai avec ferveur Amma de la délivrer de toute souffrance.

Le 4 juillet, vers 15 heures, alors que j'étais assis auprès de Ma, je vis soudain Amma debout à côté de nous ! J'ignore comment elle est apparue dans cette chambre d'hôpital. Ce n'était pas un rêve. Son parfum si reconnaissable de rose et de santal flottait dans la pièce. Elle était si près de moi que j'aurais pu la toucher. Avant que je ne puisse réagir, Amma souffla sur le visage de ma mère, dans ses yeux. L'instant d'après, Amma avait disparu. Je pensai : « Tout va bien aller pour Ma, car Amma l'a bénie. » Quelques secondes plus tard, les médecins et les infirmières se ruaient dans la chambre, annonçant que Ma était dans un état critique. Ils lui firent plusieurs injections, des massages cardiaques et autres gestes médicaux d'urgence. A 15h40, les médecins déclarèrent que Ma était décédée.

Tandis que le personnel hospitalier s'efforçait de la réanimer, je sentais que, par le pouvoir du souffle d'Amma, Ma avait déjà quitté son corps. Amma avait délivré ma mère de toute souffrance. Quelle bénédiction pour Ma ! L'expérience de la grâce d'Amma au moment de la mort de ma mère m'aida à mesurer une fois de plus la bénédiction qu'est pour nous la présence d'Amma à nos côtés sur cette terre.

(Mars 2010)

Compassion infinie

Bri. Niranjanamrita Chaitanya, India

Bon nombre d'entre nous traversent la vie hantés par des peurs infondées, y compris celle de la mort. A l'approche de la vieillesse, beaucoup de gens se demandent de façon morbide : « Ma mort est-elle proche ? » Existe-t-il un être humain capable d'accueillir la mort avec l'enthousiasme d'un maître de maison accueillant un hôte opportun ? Oui, j'ai connu un tel homme : mon père. Lorsque je me dis que ses mains sont celles qui ont tenu les miennes alors que je faisais mes premiers pas et qu'à mon tour, j'ai suivi ses pas jusqu'à la présence d'Amma, j'en éprouve une grande satisfaction.

Mon père souhaitait qu'à sa mort, son corps fût donné à la science. A cette fin, il avait préparé tous les documents officiels nécessaires, qu'il conservait dans une pochette en tissu. Je n'écris pas à son sujet poussée par l'attachement filial ou par une fierté quelconque.

Quand une personne plante une jeune pousse – qu'il s'agisse d'un bananier, d'un manguier, d'un cocotier ou d'un *tulasi* (basilic) – elle espère qu'il procurera de l'ombre et du soutien aux autres ; cette pensée est l'essence de la spiritualité. C'est également une façon de partager. N'est-il pas plus agréable, même lorsqu'il s'agit de déguster un simple *laddu* (sucrerie indienne), de le partager avec deux ou trois autres personnes ?

Amma a toujours donné l'exemple du partage, du service et du bonheur de nourrir les autres. Dans les premiers temps de l'ashram, lorsque nous avions terminé notre seva, qu'il s'agisse du transport de sable, de ciment, ou de nettoyage, nous trouvions Amma nous attendant avec des en-cas et du thé noir. Parfois, elle nous servait une salade composée de pommes, de goyave et de mangues coupées en dés. Dès que nous recevions son prasad, toute la fatigue causée par l'effort physique et la chaleur s'envolait.

Quand j'étais enfant, mon père travaillait au Moyen Orient. Lorsque j'ai atteint l'adolescence, il est revenu en Inde et a construit une nouvelle maison. J'étais fille unique.

A l'âge de dix-sept ans, j'ai accompagné mes parents à Vallickavu pour y rencontrer Amma. Mon père était un fervent dévot de Krishna. Il avait autant de dévotion pour Amma qu'envers le Seigneur.

Très rapidement, Amma est devenue notre gourou. J'ai grandi en étant le témoin de la dévotion de mes parents. Leurs pratiques spirituelles, leur foi et leur dévotion m'ont peu à peu rapprochée d'Amma. Si bien que lorsque j'ai terminé mes études universitaires, j'ai pris la décision de vivre auprès d'elle.

En y repensant, j'ignore si l'annonce de ma décision a simplement surpris mon père ou si elle l'a attristé. Ce que je sais, c'est qu'il est allé voir Amma et lui a dit : « Amma, je te confie ma fille. » Lorsque nous sommes sortis du darshan ce jour-là, j'ai vu des larmes dans ses yeux. Ce n'est pas uniquement la peine ou le chagrin qui peut emplir nos yeux de larmes. Ils peuvent également s'embuer lorsque la joie nous habite pleinement. C'était le jour d'Onam. Amma nous a distribué des *pappadam*, des chips de banane et du *payasam*, avec le prasad du déjeuner. J'ai adoré chaque instant de cette journée !

D'une certaine façon, c'est tous les jours Onam à Vallikkavu. Onam est une célébration ; plus encore, c'est une joyeuse anticipation. Personne ne peut être malheureux ou insatisfait à cette occasion. Le seul évènement qui réussit à saper partiellement l'esprit festif d'Amritapuri est le départ d'Amma pour l'étranger. Même alors, elle protège les résidents de l'ashram de la mélancolie en organisant des cours sur les Ecritures et des activités de seva. Baignant à l'ashram dans la joie et le bonheur, je ne pensais ni à mon père ni à ma mère. Tout le temps où j'y ai résidé, ils n'ont jamais cherché à entraver ma liberté avec les liens de l'attachement, bien que j'aie été leur unique enfant. En fait, ils ne m'ont jamais révélé leurs souffrances, quelles qu'elles soient.

Je voyais mes parents pendant les festivals Brahmasthanam de Kodungalloor et de Thrissur. Ils ne m'ont jamais demandé « Comment vas-tu, ma fille ? » Et je ne leur ai jamais demandé non plus comment ils allaient. Ils occupaient leur temps à cultiver une parcelle de terrain dont ils étaient propriétaires.

L'unique mode de transport de mon père était une bicyclette. Ce sont les raisons pour lesquelles il n'a jamais souffert d'aucun problème de santé grave. Après six années passées à l'ashram, Amma m'a confié un travail dans une de ses écoles. Mes journées à Amrita Vidyalayam[28] étaient bien remplies. Mon univers entier tournait autour des enfants, des parents et des professeurs, et je m'efforçais de m'acquitter de la tâche qui m'incombait aussi parfaitement que possible.

C'est seulement après que ma mère ait subi une chirurgie cardiaque que je me suis rendue compte que mes parents avaient vieilli et qu'ils avaient des problèmes de santé. Mais, sans que je n'en aie rien su, Amma s'était tout du long enquise de leur bien-être et avait toujours fait tout le nécessaire pour eux. En fait, elle avait veillé sur mes parents et pris soin d'eux bien mieux que je n'aurais jamais pu le faire en tant que fille.

En 2015, je suis retournée à Amritapuri pour les célébrations de *Guru Purnima*. A ce moment-là, mes parents s'étaient déjà installés à Amritapuri, où ils vivaient tous deux très heureux. L'agriculture et son amour pour les plantes avaient toujours fait partie intégrante de la vie de mon père. Il a accompli ces mêmes travaux de jardinage avec bonheur à Amritapuri. La seule chose que je ne voyais plus, c'était sa bicyclette.

En 2016, lorsque je me suis rendue au room darshan à Amritapuri, Amma a fait allusion à mes problèmes de santé. Elle m'a fait comprendre qu'elle s'inquiétait du fait que je vive seule, loin d'Amritapuri. Puis, après avoir donné le room darshan à tous les résidents de l'ashram, Amma est partie pour le tour des Etats-Unis.

---

[28] Réseau d'écoles à travers l'Inde gérées par MA Math et offrant une éducation basée sur certaines valeurs morales.

Je suis retournée à Durgapur et j'ai emmené mes parents avec moi, mais ils n'ont pas apprécié ce nouvel environnement.

Après les vastes étendues de Kodungalloor, où ils avaient passé la majeure partie de leur existence, ils n'ont pas supporté l'atmosphère confinée de l'école et de ses bureaux. Mon père m'a dit un jour : « Cet endroit ne me convient pas... nous voulons retourner à l'ashram. »

Je n'avais pas informé Amma du fait que j'emmenais mes parents à Durgapur. Je lui ai envoyé un message, alors qu'elle était toujours aux Etats-Unis. Elle m'a appelée et s'est mise en colère : « Ma fille, que crois-tu faire ? C'est moi qui ai recommandé à tes parents de s'installer à Amritapuri. Leur imposer un si long voyage à leur âge ! Raccompagne-les immédiatement à l'ashram. Je ne veux pas entendre un mot de plus ! » Sur ces paroles, Amma a raccroché.

J'ai été prise de sueurs froides. J'ai compris que j'avais intérêt à agir vite avant le prochain appel téléphonique, sinon, la situation deviendrait incontrôlable. J'avais énormément de travail à l'école. Mais comment pouvais-je laisser mes parents repartir seuls ? Je faisais à mon père des piqûres quotidiennes d'insuline. Je n'avais pas d'autre choix que d'effectuer le voyage avec eux. J'ai réglé les problèmes urgents à la hâte, puis je suis partie avec eux pour Amritapuri.

Pendant le voyage, mon père a dit à ma mère : « Si je meurs dans le train, n'en informe personne. Tu pourras en faire l'annonce une fois que nous serons à Ernakulam. »

Mon père avait l'habitude de toujours plaisanter. « Pourquoi cela ? » lui ai-je demandé.

Il a répondu : « Parce que ce corps doit être donné aux étudiants de l'université de médecine d'Amma. »

J'ai demandé à ma mère : « As-tu peur de la mort ? »

« Non, » a-t-elle répondu en riant.

J'ai ajouté : « Si papa donne son corps à l'université de médecine, ils vont le découper en tous sens pour l'étudier. »

Tout en tendant son doigt, ma mère a répliqué : « Puisque ce doigt est engourdi et comme mort, je n'éprouve aucune sensation. »

Lorsque nous avons atteint Amritapuri, mon père a affirmé : « A présent, je suis heureux ! » L'instant d'après, il distribuait autour de lui des jeunes pousses et des fruits qu'il avait rapportés de Durgapur. Le lendemain, quelqu'un m'a dit : « J'ai vu ton père se rendre à l'hôpital. » Je n'ai pas imaginé qu'il s'agissait d'un problème grave. Pensant qu'il était peut-être allé vérifier sa tension artérielle, je me suis dirigée tranquillement vers l'hôpital. Mais là, j'ai découvert mon père dans un état critique. Une infirmière tentait de le brancher à un goutte-à-goutte.

Je me suis assise à son chevet et j'ai commencé à lui caresser doucement les bras et les jambes. Peu après, de nombreuses brahmacharinis, informées du fait que l'état de mon père se dégradait, sont arrivées. En voyant la pochette en tissu dans sa main, elles ont demandé ce qu'elle contenait. Mon père a ouvert les yeux, il m'a regardée, m'a souri affectueusement et a appelé : « Amma ! Amma ! … » Il a ensuite dit d'une voix lente, « J'ai vu Amma… j'ai vu Amma… » Ses yeux se sont fermés. Le cœur plein de bonheur, il a quitté cette terre pour un monde dont on ne revient pas.

Amma adorait l'innocence de mon père. J'ai compris que c'était cette innocence qui avait attiré sur lui la grâce et la compassion du gourou. Que serait-il advenu si nous avions retardé notre départ de Durgapur, ne serait-ce que d'une journée ? Si je n'avais pas obéi sur le champ aux injonctions d'Amma ? Je n'ose pas imaginer les conséquences. Si Amma m'avait parlé avec une telle sévérité ce jour-là, en exigeant que je ramène immédiatement mes parents à Amritapuri, c'était parce qu'elle savait exactement ce qui allait survenir. Avec quel soin et quelle attention la Mère universelle veille sur nous tous !

(Février 2017)

Jamais trop tard

Madhavi (Raymonde Binner), Etats-Unis

J'ai rencontré Amma pour la première fois en juillet 1994. Ce fut une expérience incroyable, une rencontre qui allait transformer ma vie à jamais, et qui me fit verser de nombreuses larmes de joie. Après cette retraite avec Amma, je rendis visite à ma famille au Québec. Encore exaltée par ma récente expérience, j'avais hâte de la faire partager à ma famille. Mais ma joie se mua bientôt en tristesse face au mauvais accueil que reçurent mes confidences, spécialement de la part de ma mère : « Ne te laisse pas embrouiller l'esprit par cette femme indienne, » me conjura-t-elle. Elle imaginait que j'avais rejoint une secte et s'inquiétait pour moi. « D'abord, tu épouses un étranger, ensuite, tu pars vivre aux Etats-Unis, et maintenant, ça ! Quel est ton problème ? » Il me fallut donc me retenir de parler de ce qui importait désormais plus que tout à mes yeux. Seule une de mes nièces sembla éprouver quelque affinité avec Amma et souhaita avoir une photo d'elle. Je lui en donnai une.

Au cours de l'automne, je rêvai que je me trouvais dans la chambre de ma mère, où je balayais et nettoyais de la saleté ancienne accumulée partout dans la pièce. Dans une petite vitrine posée contre un mur étaient assemblées des bobines de fil, selon les couleurs de l'arc-en-ciel. « Ces bobines de fil ont-elles toujours été là ? » demandai-je à ma mère. Elle me répondit que oui. A mon réveil, j'eus la forte intuition que l'une de nous allait mourir. L'arc-en-ciel représentait le pont entre ce monde et l'autre. Ma mère étant âgée de quatre-vingt-onze ans, je me dis que ce présage la concernait plus vraisemblablement. Cet hiver-là, je me rendis donc au Québec afin de passer Noël auprès de ma mère et du reste de ma famille, en pensant que ce serait la dernière fois – et ce fut le cas.

Un jour de juin de l'année 1995, à un retour de vacances, j'appelai ma mère comme à mon habitude : « Je ne vais pas bien. » déclara-t-elle. « Je vais devoir aller dans une maison de retraite. Quand te verrai-je ? » Je lui expliquai que comme je revenais de vacances, j'allais devoir travailler deux semaines avant de pouvoir m'absenter de nouveau, et que je viendrais la voir ensuite.

A la fin du mois, je me rendis en voiture jusqu'au Québec. Comme ma mère se sentait un peu mieux, ma sœur et moi la ramenâmes chez elle pour une semaine. Imaginez ma surprise lorsqu'en entrant dans sa chambre, je découvris une photo d'Amma au-dessus de la tête de lit. Ma nièce, qui avait rendu visite à ma mère à l'occasion de son anniversaire, lui avait donné une photo d'Amma en assurant : « Tiens, cette femme peut t'aider ! » Quel changement par rapport à l'année précédente ! Amma était arrivée au chevet de ma mère avant moi, et sa magie avait déjà commencé à opérer. Quel soulagement ! Je sentis que la porte était à présent ouverte, et m'offrait l'opportunité de parler de mon expérience avec Amma.

Une nuit, ma mère ne se sentait pas bien et elle avait peur de s'endormir. Je lui offris de dormir par terre, dans sa chambre. Avant d'éteindre la lumière, je lui dis de prier Amma, et qu'Amma pouvait l'aider. Elle prit la photo d'Amma et s'adressa ainsi à elle : « Tu as intérêt à m'aider ! » « Eh bien, c'est une façon comme une autre de prier quand on a peur ! » pensai-je. En tout cas, elle dormit bien cette nuit-là. Je le sais, parce que je ne fermai pas l'œil de la nuit à cause de ses ronflements ! Cette expérience l'incita à se dire qu'elle pouvait peut-être avoir confiance en Amma pour l'aider.

Le lendemain matin, elle m'interrogea au sujet d'Amma : « Cette femme prône-t-elle une religion particulière ? »

« Non ! » répondis-je. « Elle prône l'amour, le fait d'aimer tout le monde, malade ou bien-portant, riche ou pauvre, jeune ou vieux… » Ma mère décida alors d'emporter la photo d'Amma avec elle lorsqu'elle retournerait à la maison de retraite.

Tout au long de la semaine qu'elle passa chez elle, ma mère ne prononça pas une seule parole négative, elle ne manifesta ni tristesse ni mélancolie. Nous l'aidâmes à trier ses vêtements afin de choisir ceux qu'elle emporterait à la maison de retraite. Les enseignements d'Amma concernant les biens matériels - « Vous ne pouvez pas les emporter avec vous » - m'apparaissaient dans toute leur pertinence.

Il y avait dans chacune de ses actions quelque chose d'irréel, comme quand on regarde un film, en étant détaché de la situation. Etrangement, ma sœur, ma mère et moi avons accompli tous ces gestes sans en éprouver la moindre tristesse ; de la part de ma mère ou de la mienne, c'était pour moi très inattendu.

Une nuit, ma mère fit un rêve. Elle rêva que nous étions tous ensemble, elle, ma sœur, mes trois frères et moi. Elle nous disait qu'elle allait mourir et nous demandait de ne pas pleurer.

A la fin de la semaine, il était temps de la ramener à la maison de retraite. En quittant sa maison, elle dit : « Oh, j'ai oublié de jeter un dernier regard à l'intérieur de la maison. » Elle savait qu'elle ne reviendrait jamais. Ce fut un moment très triste pour moi.

Au mois de juillet, je participai à la retraite avec Amma, et lui apportai une photo nous représentant, ma mère et moi, afin qu'elle la bénisse. J'étais convaincue qu'Amma savait que ma mère allait mourir, et que mon vœu le plus cher était d'être auprès d'elle jusqu'à la fin. J'étais accablée par la tristesse. Je pleurais beaucoup et commençais à faire mon deuil.

Quelques semaines plus tard, je retournai au Québec pour être auprès de ma mère. On lui avait diagnostiqué un cancer du poumon et elle avait perdu beaucoup de poids, mais elle ne souffrait pas. Elle refusa la chimiothérapie. Elle se sentait bénie d'avoir déjà vécu quatre-vingt-douze ans en bonne santé. « Si telle est la volonté de Dieu, qu'il en soit ainsi » déclara-t-elle.

Nous commençâmes nos habituelles prières du soir ensemble, ma mère tenant la photo d'Amma contre son cœur. Nous priâmes Dieu de nous guider, de nous donner le courage, et la protection nécessaires, et nous priâmes pour qu'Amma soit à nos côtés. Après cela, ma mère me dit : « Rentre à la maison et dors tranquille. Je vais bien. Je n'ai pas peur. Je te verrai demain. »

Un jour, je lui confiai mon sentiment concernant la réincarnation et ce qu'Amma disait de la mort. Elle m'écouta attentivement, mais ne me posa aucune question. Toutes ces notions étaient très nouvelles pour elle. Plus tard, elle me dit qu'elle était heureuse que nous ayons eu cette conversation, que cela l'aidait beaucoup, et que mes frères et ma sœur n'auraient jamais pu lui apporter ce soutien-là.

Une autre fois, je lui dis : « Cela a dû être dur pour toi de quitter la maison que papa et toi aviez construite et dans laquelle vous aviez vécu près de soixante ans. »

Elle me regarda et répliqua : « Non. Lorsque j'ai lâché prise, je l'ai fait d'un seul coup et j'ai tout lâché, la maison, la télévision, l'appareil à musique » Puis, elle ajouta : « Quelqu'un me donne le courage de le faire. » Ce n'était pas ma mère qui parlait. Elle était complètement détachée et dans l'instant présent.

A une autre occasion, j'affirmai : « Je suis si fière de toi : tu fais cela très bien ; je veux dire, mourir. »

Elle répliqua : « J'ignore d'où me vient toute cette force. Je commence à soupçonner notre Amma chérie d'y être pour quelque chose. »

Un jour, comme la fin approchait, elle dit : « Ca y est, il n'est plus temps de plaisanter, il est temps de lâcher totalement prise. Demain, c'est dimanche. C'est un bon jour pour mourir. » Elle commença à donner des instructions concernant la robe qu'elle souhaitait porter dans son cercueil, quels bijoux, quelles chaussures, qui tiendrait la croix, et qui porterait le cercueil. Je lui fis remarquer que là où elle allait, elle n'aurait pas besoin de chaussures ; elle pouvait partir pieds nus. Elle sourit, avant de répliquer d'un ton détaché : « Tu as raison ! »

Elle nous demanda de ne pas nous quereller concernant le partage du contenu de la maison, puis indiqua qu'elle souhaitait mourir les mains jointes autour de son rosaire et un sourire sur les lèvres. Elle était totalement en contrôle de la situation, comme si toutes ces mesures avaient concerné quelqu'un d'autre. Plus tard, elle nous confia que c'était sans nul doute la décision la plus difficile qu'elle ait jamais eu à prendre. Nous n'avons pas souvent l'occasion de nous entraîner à mourir. Elle gardait la photo d'Amma toute la nuit sur son cœur, et la conservait la journée sur sa table de chevet.

Le lendemain matin, elle semblait vraiment sur le point d'expirer ; un changement phénoménal s'était opéré dans la nuit. Mais elle ne mourut pas. Je lui dis qu'elle avait fait sa réservation trop tard auprès de Dieu et qu'Il ne viendrait la chercher qu'à son prochain voyage. Elle sourit.

Dimanche matin, après avoir reçu les derniers sacrements, elle nous dit que si nous avions quelque chose à lui dire, notre dernière chance de le faire était venue. A un moment, elle fit signe à mon frère, à sa compagne et à son ex-femme de s'approcher du lit. Elle prit leurs mains et les posa les unes sur les autres comme pour dire : « Il est temps de faire la paix, » car ils ne se parlaient plus depuis de nombreuses années. C'était un geste très fort.

Tout ce que ma mère fit et dit ce jour-là ne ressemblait décidément pas à la mère que j'avais connue autrefois. La veille de sa mort, j'eus la forte intuition que je devais passer la nuit auprès d'elle. Mon vœu d'être à ses côtés jusqu'à son dernier souffle se réalisa lorsqu'elle rendit paisiblement l'âme à six heures du matin.

Un sourire éclairait vraiment le visage de ma mère, dans son cercueil, et ses mains étaient jointes autour de son rosaire – exactement comme elle l'avait souhaité. Parce qu'Amma avait si grandement pris part à cette expérience, je plaçai sa photo et un petit bouquet de fleurs sauvages dans le cercueil. De nombreuses personnes, incluant le prêtre, voulurent ensuite savoir de qui il s'agissait. J'eus donc l'occasion de leur parler d'Amma.

La sœur cadette de ma mère, alors âgée de quatre-vingt-neuf ans, me demanda si elle pouvait avoir une photo d'Amma. Je fus heureuse de lui faire ce plaisir. Elle mourut deux ans plus tard. Son fils me demanda alors s'il pouvait conserver la photo d'Amma que j'avais donnée à sa mère. Autant que je sache, Amma poursuit son œuvre au sein de ma famille.

Au travers de cette expérience, et avec la grâce d'Amma, j'ai beaucoup appris. Par l'intermédiaire de ma mère, Amma m'a montré comment mourir sans peur, avec courage et dignité – exactement comme elle en parle dans son livre. La mort devrait être une belle expérience et elle l'a été. Au début, j'ai pensé qu'étant engagée depuis un certain temps sur un chemin spirituel, je serais le professeur de ma mère – quel ego ! C'est exactement l'inverse qui s'est passé : ma mère est devenue mon professeur. Amma avait ses propres plans.

Je suis extrêmement reconnaissante d'avoir pu être auprès de ma mère au cours des deux derniers mois de sa vie. J'ai reçu tant de cadeaux au cours de cette expérience. Tout d'abord, j'ai été délivrée de ma peur de la mort. Ensuite, pour la première fois de mon existence, ma mère m'a dit qu'elle m'aimait. Enfin, parce qu'elle a découvert une autre facette de mon être, elle a affirmé que j'étais extraordinaire, une autre première. Après cinquante-huit ans d'attente, ces paroles ont été une musique mélodieuse à mes oreilles, et je les chérirai le restant de mes jours. Tout est advenu par la seule grâce d'Amma.

(Juillet 2010)

Glossaire

Acchan : « Père » en malayalam

AIMS : Institut de Sciences Médicales Amrita, également Hôpital AIMS, un hôpital ultra spécialisé, implanté à Cochin, dans le Kerala.

Amma : « Mère » en malayalam.

Ammuma : « Grand-mère » en malayalam.

Amrita Vidyalayam: Un réseau d'écoles disséminé dans toute l'Inde, dirigées par le M.A. (Mata Amritanandamayi) Math, et offrant une éducation basée sur certaines valeurs.

Amritakutiram: Le projet de logements gratuits du M.A. Math pour les personnes sans ressources et sans abris.

Amritanidhi: Le plan de pensions du M.A. Math pour les personnes sans ressources.

Amritaniketan: Un orphelinat à Paripally, dans le district de Kollam, dirigé par le M.A. Math.

Amritapuri : Siège international du M.A. Math, implanté sur le lieu de naissance d'Amma dans le Kérala, en Inde.

Amriteshwari : « Déesse de l'Immortalité « , un des attributs associés à Amma.

Archana : Récitation d'une litanie de noms divins.

Ashram : Monastère. Amma définit ce terme comme l'assemblage de *aa* - cet et *shramam*– effort (vers la Réalisation du Soi.)

Ashtottaram : Litanie de 108 attributs.

Atma : Soi ou âme.

Avadhuta : Une personne éveillée dont le comportement est en décalage avec les normes sociales.

Avatar : Incarnation divine.

Eveilleᴢ-vous, Mes enfants ! : Une série de neuf ouvrages relatant les conversations d'Amma, compilées par Swami Amritaswarupananda Puri.

Ayurveda : « Science de la Vie » ; méthode ancienne et holistique, de médecine et de santé, de l'Inde ; l'adjectif associé est « ayurvédique ».

Bhagavad Gita : « Chant du Seigneur », il consiste en 18 chapitres de versets dans lesquels le Seigneur Krishna prodigue ses conseils à Arjuna. Ces conseils lui sont donnés sur le champ de bataille de Kurukshetra, juste avant la bataille entre les bons Pandavas et les mauvais Kauravas. C'est un guide pratique pour surmonter les crises survenant dans la vie personnelle ou sociale d'un individu, et l'essence de la sagesse védique.

Bhagavatam : Egalement connu sous le nom de *Srimad Bhagavatam* ou Bhagavata Purana (qui signifie « Récits sacrés sur le Seigneur suprême »), l'un des textes puraniques de l'hindouisme. Il contient des récits concernant Vishnou, incluant la vie et les actions de Krishna.

Bhajan : Chant dévotionnel ou hymne de louange à Dieu.

Bhakti : Dévotion envers Dieu.

Bhima : Deuxième des cinq frères Pandavas, qui combattirent contre les Kauravas pendant la Guerre du Mahabharata.

Bindi : Point rouge porté au centre du front par les femmes hindoues.

Brahmachari : Disciple de sexe masculin ayant fait vœu de célibat, qui pratique une discipline spirituelle sous la direction d'un gourou. Brahmacharini est l'équivalent féminin.

Brahman : Vérité ultime au-delà de tout attribut ; la Réalité suprême sous-tendant toute vie ; le fondement divin de l'existence.

Brahmasthanam : « Lieu de Brahman ». Nom des temples qu'Amma a consacrés en divers endroits de l'Inde, ainsi qu'à l'Ile Maurice. Le sanctuaire du temple abrite une idole à quatre faces qui symbolise l'unité qui sous-tend la diversité des formes divines.

Brahmane : Personne appartenant à la caste des prêtres. Les quatre castes principales de la société indienne sont Brahmana (le clan des prêtres) Kshatriya (le clan des soldats), Vaishya (la communauté des marchands) et Shudra (la communauté des serviteurs).

Cent : Unité de mesure encore en usage dans l'Inde du sud. Un cent est égal à une surface d'un centième d'acre (approximativement 130 mètres carrés).

Dakshina : Honoraires; donation ou rétribution pour les services rendus par un gourou, un professeur ou un prêtre.

Dakshineswar : Ville située au nord de Calcutta, au Bengale-Occidental.

Darshan : Rencontre avec une personne sainte, ou vision du Divin.

Devi : Déesse/Mère divine.

Devi Bhava : 'Humeur Divine de Devi.' L'état dans lequel Amma révèle son unité et son identité avec la Mère divine.

Devi Mahatmyam : 700 versets à la gloire de la Mère divine.

Diksha : Initiation à un mantra ; également connue sous le nom de « mantra diksha ».

Duryodhana : Aîné des cent fils du Roi Dhritarashtra et de la Reine Gandhari ; chef du clan des Kaurava et prétendant au trône d'Hastinapura.

Ganapati : « Chef des ganas », qui composent l'armée du Seigneur Shiva ; autre nom de Ganesh.

Gange : Le fleuve le plus sacré de l'Inde.

Gourou : Enseignant spirituel.

Guru Purnima : La première nuit de pleine lune après le solstice d'été. Ce jour-là, les dévots rendent hommage à leur gourou et au Sage Vyasa, le compilateur des Védas, profondément révéré par les hindous.

Hari-katha : Narration de récits sacrés, spécialement centrés sur le Seigneur Krishna, entrecoupés de chants sacrés (*bhajans*).

Hatha Yoga : Exercices physiques conçus pour améliorer le bien-être général en tonifiant le corps et en en ouvrant les différents canaux afin de favoriser la libre circulation de l'énergie.

Homa : Cérémonie du feu sacré au cours de laquelle des oblations sont offertes aux dieux.

IAM : Méditation Intégrée Amrita, une combinaison simple de postures de yoga, de *pranayama* (régulation du souffle) et de méditation, élaborée par Amma.

Ishwara Kripa : La Grâce divine.

Japa : Récitation répétée d'un mantra.

Kai-mani : Petites cymbales à main.

Kalari : Généralement, un centre d'entraînement aux arts martiaux ; ici, le terme se réfère à un temple où Amma donnait autrefois des darshans de Krishna et de Devi Bhava.

Kali : Déesse à l'aspect effrayant ; dépeinte de couleur sombre, portant une guirlande de crânes, et une ceinture de mains humaines ; féminin de Kala (le temps).

Kanji : Gruau de riz

Karma : Action : activité physique, mentale et verbale.

Kartika : Troisième constellation, Pléiades ; l'étoile de naissance d'Amma.

Kathakali : Forme de théâtre dansé, originaire du Kérala.

Kripa : Grâce

Krishna : De *krish*, qui signifie 'attirer à soi' ou 'enlever le pêché' ; principale incarnation du Seigneur Vishnou. Il naquit au sein d'une famille royale, mais fut élevé par des parents adoptifs et vécut comme un jeune vacher à Vrindavan, où il fut aimé et vénéré par ses compagnons et dévots, les *gopis* (vachères) et les *gopas* (vachers). Krishna fonda ensuite la cité de Dwaraka. Il fut l'ami et le conseiller de ses cousins, les Pandavas, et plus spécialement d'Arjuna, à qui il servit d'aurige pendant la Guerre du Mahabharata et à qui il révéla ses enseignements, sous le nom de *Bhagavad Gita*.

Krishna Bhava : « Humeur divine de Krishna », état dans lequel Amma révèle son unité et son identité avec le Seigneur Krishna.

Kumbhamela : Festival religieux qui a lieu en Inde une fois tous les douze ans, au cours duquel les Hindous se rassemblent pour se baigner dans une rivière sacrée.

Laddu : Friandise indienne en forme de boule, composée d'un mélange de farine, de sucre et d'autres ingrédients, variant selon les recettes.

Lakh : Cent mille.

Mahatma : « Grande âme », utilisé pour décrire quelqu'un qui a atteint la réalisation spirituelle.

Mala : Guirlande. Collier ou bracelet de perles utilisées pour le japa.

Malayalam : Langue parlée dans l'état indien du Kérala.

Mantra : Son, syllabe, mot ou association de mots au contenu spirituel.

Matruvani : « La Voix de la Mère ». La publication phare du M.A. Math, qui diffuse les enseignements d'Amma au travers de ses messages, des essais sur des sujets spirituels, les expériences de dévots et de disciples, ainsi que les nouvelles des activités caritatives du Math, parmi d'autres sujets d'intérêt spirituel. Publié en 16 langues, incluant neuf langues indiennes (malayalam, tamil, kannada, telugu, hindi, marathi, gujarati, bengali et odiya), ainsi qu'en anglais, français, allemand, espagnol, italien, finnois et japonais, et au lectorat mondial.

Melpattur : Melpattur Narayana Bhattattiri était un érudit qui composa le *Narayaniyam*.

Moksha : Libération spirituelle.

Mudra : Geste accompli par les mains et les doigts, ayant une portée mystique.

Mundu : Vêtement porté autour de la taille.

Muruga : « Celui qui est beau ». L'un des noms de Kartikeya (enfant des Pléiades) ; second fils du Seigneur Shiva et frère de Ganapati.

Narayaniyam : Poème sanscrit qui résume le *Bhagavatam*.

Om : Son primordial dans l'univers ; la graine de la création ; le son cosmique, qui peut être entendu en méditation profonde ; le mantra sacré, enseigné dans les *Upanishads*, qui signifie Brahman, le fondement divin de l'existence ; dans la méditation enseignée par Amma, le son qu'il convient de synchroniser mentalement avec chaque expiration pendant le stade initial de la méditation (avant que le son ne se dissolve dans le souffle.)

Om namah shivaya : « Salutations à Celui qui est propice ».

Onam : Festival des récoltes dans le Kérala.

Ottur Unni Namboodiri : Auteur de l'Ashtottaram dédié à Amma (cent huit noms).

Panchamritam : Entremet sucré composé de cinq ingrédients.

Panchavadyam : Ensemble Instrumental traditionnel composé de cinq instruments, se produisant habituellement dans les temples et/ou les festivals, dans le Kérala.

Paramagourou : Gourou suprême.

Parashakti : Pouvoir, énergie suprême.

Payasam : Entremet sucré.

Pitham : Siège sacré.

Prarabdha : Conséquences d'actions accomplies dans des vies passées, qu'une personne est destinée à expérimenter dans sa présente existence.

Prasad : Offrande ou présent béni par une personne sainte ou par un temple, souvent sous la forme de nourriture.

Puja : Adoration rituelle ou cérémonielle.

Pujari : Prêtre.

Purana : « Ancien » (tradition). Récits populaires hindous contenant des enseignements éthiques et cosmologiques relatifs aux dieux, à l'homme et au monde. Ils tournent autour de cinq thèmes : la création première, la création secondaire, la généalogie, les cycles du temps et de l'histoire. Il existe dix-huit Puranas majeurs.

Radha : Vachère et compagne bien-aimée du Seigneur Krishna.

Rama : Le héros divin de l'épopée du *Ramayana*. Une incarnation du Seigneur Vishnou, il est considéré comme le modèle humain idéal du *dharma* et de la vertu. *Ram* signifie « se réjouir » ; celui qui se réjouit en Lui-même ; le principe de la joie intérieure ; aussi, celui qui réjouit les cœurs des autres.

Ramayana : « Véhicule de Rama ». L'histoire d'amour tragique de Rama et de Sita, dont les vies exemplaires ont aidé à établir de hauts critères de noblesse et de dignité comme une part intégrante du *dharma* hindou.

Sadhak : Aspirant ou chercheur spirituel.

Sadhana : Ensemble de pratiques spirituelles s'appuyant sur la discipline et la dévotion qui mènent au but suprême, la Réalisation du Soi.

Samadhi : Littéralement, « cessation de tout mouvement mental » ; unité avec Dieu ; état transcendantal dans lequel une personne perd tout sens de son identité individuelle ; union avec la Réalité Absolue ; un état d'intense concentration dans lequel la conscience est complètement unifiée.

Samsara : Cycle des naissances et des morts ; le monde du flux ; la roue de la naissance, de la désintégration, de la mort et de la renaissance.

Samskara : L'ensemble des traits d'une personnalité, acquis par une personne comme le résultat du conditionnement subi lors de nombreuses vies. Peut également signifier le degré de raffinement intérieur ou le charactère.

Sanctum Sanctorum : « Saint des saints ». L'emplacement le plus sacré d'un temple, dans lequel est installée l'icône principale.

Sankalpa : Résolution divine, habituellement associée aux mahatmas.

Sannyasi : Moine ayant officiellement fait vœu de renoncement (*sannyasa*) ; il porte traditionnellement une robe de couleur ocre, représentant la destruction par le feu de tous les désirs. L'équivalent féminin est sannyasini.

Sanskrit : Ancienne langue indo-européenne ; la langue utilisée dans la plupart des Ecritures anciennes hindoues.

Seva : Service désintéressé, dont les résultats sont dédiés à Dieu.

Satsang : Etre en communion avec la Vérité suprême. Egalement être en compagnie de *mahatmas*, étudier les Ecritures, écouter un discours ou une discussion spirituelle, et participer à des pratiques spirituelles dans un groupe donné.

Shakti : Pouvoir ; personnification de la Mère universelle ; principe de pure énergie associé à Shiva, le principe de pure conscience.

Shiva : Vénéré comme le gourou primordial dans la lignée des gourous, et le substrat sans forme de l'univers en relation avec Shakti. Il est le Seigneur de la destruction dans la Trinité formée par Brahma (Seigneur de la Création), Vishnou (Seigneur de la Conservation) et Maheshvara (Shiva.)

Sishya : Disciple

Sri Lalita Sahasranama : Litanie sacrée des mille noms de Sri Lalita Devi, la Déesse suprême.

Sri Mata Amritanandamayi Devi : Nom monastique officiel d'Amma, signifiant 'Mère de la Béatitude Immortelle.'

Sri Ramakrishna Paramahamsa : Maître spirituel du 19ème siècle, du Bengale-Occidental, salué comme l'apôtre de l'harmonie religieuse. Il généra une renaissance spirituelle qui continue à toucher la vie de millions de personnes.

Sri Ramana Maharshi : Maître spirituel éveillé (1879-1950) qui vécut à Tiruvannamalai, dans le Tamil Nadu. Il recommanda l'introspection comme chemin vers la Libération, bien qu'il approuvât une variété de chemin et de pratiques spirituelles.

Sri Sharada Devi : Compagne de Sri Ramakrishna Paramahamsa.

Sudhamani : « Perle d'ambroisie », nom que les parents d'Amma lui donnèrent à sa naissance.

Swami : Titre de celui qui a fait le vœu de sanyasa.

Tulasi : Basilique sacré.

Upanishad : Parties des Védas traitant de la Connaissance du Soi.

Vallickavu : Village situé sur la côte Est de la péninsule, de l'autre côté du bras-de-mer, en face de l'ashram d'Amritapuri. Il est parfois fait référence à Amma en tant que « Vallikkavu Amma » ou « Vallickavil Amma ».

Vedanta : « La fin des Védas ». Il se réfère aux *Upanishads*, qui traitent du thème de Brahman, de la Vérité suprême, et du chemin vers la Réalisation de cette Vérité.

Védas : Les plus anciennes de toutes les Ecritures, émanées de Dieu, les Védas n'ont pas été composés pas un être humain mais révélés en profonde méditation aux anciens prophètes. Leurs révélations de sagesse furent par la suite connues sous le nom de Védas, qui sont au nombre de quatre : *Rig*, *Yajus*, *Sama* et *Atharva*.

Vibhuti : Cendre sacrée.

Yashoda : Mère adoptive de Krishna.

Yoga : De *yuj* (*samadhau*), qui signifie « concentrer l'esprit » ; « *yuj* » (*samyamane*), qui signifie « contrôler » ; et « *yujir* » (*yoge*), qui signifie « unir ». Union avec l'Être suprême. Un terme général, qui fait également référence aux diverses méthodes par lesquelles on peut atteindre l'unité avec le Divin. Un chemin qui mène à la Réalisation du Soi.